THE MANIFESTO

未主义宣言

设计的课

苏丹艺术设计十二讲

苏丹 著

中国建筑工业出版社

另一种课

讲座是另一种形式的课，它表面上看起来是单向的，由站在台上的演讲者口若悬河、滔滔不绝而成，像是一种灌输。但是从教三十多年的我却以为，无论是教育者还是被教育者，讲座在一个人的教育生涯中都是不可替代的课。它的作用有两面性，对外在于输出和传播，对内则是自省。一方面是对于听众，另一方面是对于自己。这两个面构成了自我修正和知识生产及输出的机制，是一种既能惠及他人，又能催促个人自我提高的方式。对于自己而言，礼堂、报告厅里的讲座和教室里的课堂共筑了一种独特的教育人生，使我在大问题的思辨和小问题的对策上找到了平衡的抓手。并且经过多年积累最终发现，其实讲座中不断轮回的问题是屈指可数的，讲座数量的累积并非只带来数量的增加，同时也是对一些根本性概念反复认知的过程。

从学生的角度来看，讲座的作用更是巨大的，它往往是对既有知识体系的一次次捣乱重整。它的陌生感可能会令一些人反胃，但是它能清空你积食的肠胃，让你生机勃勃地去面对接下来的学习。因此跨越文化地理的讲座效果常常会更好，它会自然而然地造成知识或观点之间的反目，会引发巨大的反响和深刻的反思。回想一下过去，我觉得自己学生期间在觉悟方面的闪光记忆几乎全部与外来学者的讲座有关，他们振聋发聩的话语和我们耳熟能详的口头禅之间的差别，在于新鲜感和突然性。它们如同意大利版浓缩咖啡和卡布奇诺的差异，也像是酱香型白酒和啤酒之间的区别，在烈度和口感上都具有强大的压迫感。如果说教学中的口头禅像均匀敲击的木鱼，那么一场好的讲座就是一次奋力的撞钟，铿锵浑厚、清扬激越。

正因为如此，在过去的二十多年间，我是如此迷恋讲座，对于来自各方面的邀约几乎从不拒绝；也在不断追求讲座的质量，无论是内容还是形式。我深知仰仗讲座这种自我进化的方式，自己会逐步提高修养并修正已有的思想体系。虽然艺术与设计涉及广泛，形态多样，但是其核心概念总是在"何为艺术""何为设计""何为艺术与设计之间的桥梁"之间徘徊。在教育和实践方面，则反复拷问"知识"和"逻辑"，"计划"与"行动"，"思维"与"身体"这些问题。这些最根本性的问题，我通过一次次讲座去扬弃观点，厘清困惑。二十多年来的不懈坚持，自己终于积少成多，完成了几百场次的演讲，结识了数万人次的听众。最重要的是这些讲座如一次次奋勇的搏击，开拓了自己思考和行动的范围，形成了思想的雏形。

讲座是一种课，所以准备讲座的过程就是在备课。这个过程令人兴奋，首先需要抛出一个在当时令人疑惑且关注的焦点问题，再建构一个可以自洽的逻辑。这其中包含着论证的技巧，对我来说还具有美学价值。好的讲座需要连续性、层次感，这是营造语言力量的结构性思维。而更好的讲座还需要跳跃感，这种跳跃感能使表达长出翅膀，飞跃非语言表达的困境。此外，准备过程中的论据收集是非常关键的，不仅要贴切还要数量可观，令人信服。但二十多年前为一个观点寻找证据是比较困难的，因为当时国家国际化程度不高，自己还不具备四处翱翔的能量。实际上没有见识也很难建立自己的观点，演讲是建立在不断行走的经历之上的。行走和讲述犹如旋转的磨和碾碎颗粒后形成的粉末，知识在身体的运动和行进中吸纳，思想在稳定的形态和关系中形成并输出。因此在讲座中我喜欢使用自己亲自获得的一手资料，它们蕴含着现场认知的具体性和深度，体现机制和结果的关系。它还有唯一性，讲座中绝大多数图片都由自己亲手拍摄，我熟悉各种角色的每一句对话，窃以为这是个体认知正确与合法性的主要来源，远远胜过引经据典。

空间、环境，历史、当代艺术，逻辑、身体，设计、劳动，是这些讲座中闪烁迷离的概念，它们组成了本书的内容。同时这些概念在表述中都是成对出现的，它们相互比对、相互衬托，形成知识生产中的生产资料和生产关系。后者往往是在现代教育中被忽略的，这些讲座的意义犹如补药，会让你满血复活，重新成为一个真实的、客观的、智慧的设计人。讲座内容的丰富性和专注性之间的平衡对于自我而言是非常重要的，课堂上的辅导是日常，讲座是阶梯。若打个比喻的话，讲座就像楼梯间的休息平台，具有某种标志性，而课堂中的言说质量则是在不断重复中缓慢地提升。

艺术和设计领域的讲座也特别注重形式，讲座的形式和内容难解难分。问题、思路、语言、图像都是形式的一个组成要素，支撑着表面形式的是见识和思考能力。它还包括空间现场的形式，演讲人的着装、语气和手势。2003年在印度孟买参加IFI世界室内设计师大会，开幕式上有一位身着印度传统服装的女性哲学家，她的演讲让我大开眼界。无论语言的抑扬顿挫还是举手投足都有极强烈的表现魅力，千余人的会场被她牢牢掌控着，最后全体起立向她鼓掌致意，雷鸣般的掌声

经久不息。身在现场的我被这种古典风范的演讲深深折服了，我似乎感受到了来自古希腊的一种优雅的传统，这种遗世独立的风采在快节奏的现代社会依然释放着迷人的光辉。另一次令我振奋不已的演讲是几年前在上海的一次设计论坛上，同场的一位女性嘉宾——英国建筑联盟学院的新任院长伊娃·弗兰奇·吉拉贝尔（Eva Franch I Gilabert），她的演讲如同飓风一般疾速猛烈，滚滚而来。与此同时，其身后的图像播放也不断闪变，让我们感受到一个时代的瞬息万变和与之匹配的创造雄心。在中国，朱青生先生的演讲风范是我最欣赏的，他雄辩的能力令人钦佩，缜密的叙述和激昂的宣言都是在脱稿中一气呵成，一些灵感在连续的陈辞中闪闪发光又一闪而过，留下无数悬念和惊叹。在演讲的道路上这些都是学界的榜样，是我努力效仿的对象，虽然自己现在还在这条路上慢慢腾腾行进。

像我这样热爱大庭广众之下演讲的人，对听众的勾勒和对空间的想象是每一次讲座前必要的思忖。常言道：对症下药方有效用。的确，每一次讲座的对象也不尽相同，不同的群体关注的问题差异很大，探讨的深度也不同。二十多年以来，我讲座的对象包括大学里的学生、职业设计师、国际同行、

EMBA 的商界精英、党校里的革命干部、区县里组织的乡镇干部，甚至还有年龄、职业、受教育程度千差万别的广大群众。每一次讲座前我都会去找主办方了解听众的组成，以便在内容上取舍，表达时拿捏力道，取得最佳成效。除了内容和听众，演讲的场所也非常重要，但凡场所都有其精神。对场所精神保持尊重乃至敬畏是必要的，这是对演讲者素质更加全面的要求。如果被场所精神压制，那就是一个失败的开始。反之，如果在讲座现场它和讲演者发生相互作用，那就会相得益彰，使演讲更显精彩。我有几次记忆深刻的演讲场合，一次是 2010 年首尔的奥林匹克设计大会，那一次同台演讲的嘉宾还有来自日本的原研哉先生，演讲是在金寿根设计的 1988 年汉城奥运会主体育场中举行的，台下听众黑压压一大片，远远超出了我的预判；另一次演讲是 2013 年在俄罗斯圣彼得堡，会场选在了俄罗斯国家杜马的议会大厅，那个高高在上且装饰威严的演讲台实在是令人敬重。空间的规模、听众人数对讲座上演讲状态的影响是直接的，因为每一个演讲者都不是一座固若金汤的城池，外在的环境是一个塑造讲座整体品质的潜在因素。

每一次讲座前的思考是痛苦的，更是令人兴奋异常的。无疑它已经成为我梳理思想的一种方式，而那些讲座也成为生命中的一次次波澜不惊的绽放。清楚地记得，我第一次的公开讲座是在 1999 年世界建筑师大会分论坛，那是一个开放式的论坛，听众可以在国际会议中心的各个会场自由选择，最终初出茅庐的我获得了人们的认可。这个堪称华丽的开局令我信心倍增，从此一发而不可收。在过去的二十多年里，国内外四处演讲是我工作生活的一个重要组成部分，俨然留下了许许多多美好的瞬间。在讲台上激情四射地演讲是生命燃放的过程，它们如焰火，风流云散；似探照的明灯，既在指引又在找寻。

把鲜活生动的讲座转化成书本知识也是一件费力的事情，因为在纸本的叙述里，演讲者语气没有了，情绪的写照就失去了；在场感没了，场所精神就无从谈起，讲座的整体性就缺失了一个重要方面；还有就是现场氛围，主持人的表达水平，观众们的热烈掌声都是一个讲座中交流活态的表征。若在现场，这些都是非语言表达的方式，对于信息、情感传递有重要的作用。而在修辞方面，口头和书面差别巨大，很多时候一些生动精湛的现场表达转化成书面文字后会显得破碎、错乱，讲座中的照本宣科则会显得教条呆板。因此本书的整理成册实际上是一次巨大的转译工作，是从口头汉语到书面汉语的跟头把式过程。但我很清楚这个整理对于我和更多学习者的价值和意义，于是耗时两年在两位学生骆佳、刘朔的协助下尽心尽力而为，力争获得最好的效果。此外，为了最大程度地还原讲座的现场感，本书在图片的选择和获取授权方面亦付出巨大的努力，最终获得了绝大多数机构和个人的支持。面对各方慷慨的支持，本人感激涕零！

苏丹

2022 年 9 月 28 日

目录

第一讲

设计的课

地点：鲁迅美术学院

时间：2013 年 5 月 9 日

1

概要

"设计的课"有两层含义，一方面是指设计这个专业本身的课程设置与其他专业的区别，也就是其本身的属性问题；另一方面，"设计的课"暗示设计专业的课程本身是理应经过设计的一门课程，不能过于随意与感性，但是也不能过于理性。其中理性和感性、精致与粗糙应当是交叉进行的。

引言

今天的讲座将从"设计的课"这个可大可小的概念入手,围绕设计教育的现状与未来展开探讨。现阶段的中国已然是一个数字上的设计大国,每年设计专业的毕业生有 40 万之多,但我们要切记不能得意忘形,因为我们还不是真正意义上的设计强国。许多从事设计教育的工作者乐观地认为我们已是设计"大"国,在这里,怎么理解这个"大",是需要理智判断的。我个人认为,到目前为止,这个"大"仅仅是规模大而已。比如说韩国一年的设计毕业生有 4 万名,但是这 4 万名毕业生对他们国家创造的价值却非常大,包括国际影响。更不用提欧洲、北美和日本了。这就要求中国设计专业的教师理应进一步反思,进而去解决当下存在的问题。如果真能这样坚持下去,我乐观地预见在这方面我们还有相当大的提升空间。刚才马克辛老师也谈到清华大学美术学院是这个学科的"老大",到目前为止,我们的确是中国最早出现的真正为设计而开办的一所学校。但这是否意味着 20 世纪 50 年代我们所开办的就是一种现代的教育模式呢?我认为这里面还是存在着一些悬念的。

今天讲座的第二部分我将和大家探讨实践案例,即我们的教学目标和理念与设计实践的过程究竟能不能统合。现在做设计的人往往抱怨环境太恶劣,所以就主动性地人格分裂,说一套做一套,以至于设计工作完全变成一种彻头彻尾的社会服务,致使科学的、理性的工作方法,艺术的想象力和创造性都受到了压制。这也许是许多同行所困惑的一点,因为若不能以身作则,何以说服学生接受你的教育理念。但是我认为事在人为,理想和原则绝不能丧失,机会总是为信念坚定的人而准备。

第三部分,则涉及今天的一个小活动。我从 1999 年开始关注清华大学美术学院悄然发生的变化(其环境改变所诱发的内在变化),这些可能对其他兄弟院校有一定的借鉴作用。2011 年,我用了一整年的时间把这些线索和现象捏合成了一本书,书中内容的时间跨度长达十几年。这本书在出版的过程中历经磨难,甚至换了两个出版社,一些传统的出版社对书名有歧义,认为《工艺美术下的设计蛋》这个书名有些不雅,所以第一个出版社让我更改书名,我坚决抵抗;此外,他们还删掉了过多的内容,一气之下我就将第一个出版社的合约撕毁了。后来换到清华出版社,也是一个艰涩的过程,出版社除了关心里面的意识形态问题,同时还要关心清华的声誉问题。如此一来,这家出版社进行了更为细致的筛选,这是我没想到的,同时自己也没有退路了,只好忍气吞声地接受改造。好在这本书终于在去年底出版了。

说起来,我的第一个身份就是一名从事设计教育的教师,年轻的时候有很多梦想,想做著名的设计师,甚至想做文化领域先锋性的边缘人物。一段时间里当文章得到夸奖时又想做职业作家,总之每天想入非非,有着各种各样的梦想。但是进入中年之后，经历的事情多了，也就想清楚了，我就是一名职业教师。非常荣幸，昨天下午多莫斯设计学院（Domus Academy）和米兰新美术学院（Nuova Accademia di Belle Arti di MILANO，简称"NABA"）从意大利寄了聘书给我，聘用我为他们学院的客座教授。在 Domus 和 NABA 任客座教授的华人不是太多，得到聘书是出于他们这些年对我的了解。多年以来，我一直想在国际设计教育界做一个能够推动设计教育发展的人。我觉得这是自己唯一可能对这个世界和社会有所贡献的事情。

今天讲座的题目是"设计的课"，用了一个双关语。一是讲设计的本质，它的课程是怎么一回事；另一是说设计的课是需要设计的，是要经过筹划的，是一个非常有逻辑的过程。

一、"课比天大"

1999 年，中国设计教育界发生了一件众所周知的大事件，中央工艺美术学院"并入"了清华大学。真实的情况是，当时并不叫"并入"，而称为"合并"，当时校园里挂的条幅和写的标语都可以证明。结果到了 2001 年，在清华 90 周年校庆的会场上，说法上就被偷换成了中央工艺美术学院"加盟"清华大学，再之后就赤裸裸地变成了"并入"。这就是大学对艺术学院慢慢蚕食的一个软"施暴"过程。其实艺术家还是比较天真的，在这个过程中"任人宰割"。对于这些往事我不愿去抱怨，对我而言比名分更重要的是事实。我从"合并"中看到了积极的一面，并积极地面对接下来可能发生的变化，并将其视为一个个机遇。

首先，进入清华这个以工科教育为主的体系之后，清华的管理和评价系统就自然而然地施加在了美术学院身上。美术学院过去的专业教育是以项目为导入、以设计项目牵头的方式而展开的。20世纪八九十年代的时候，课程安排一度是根据项目的具体情况而灵活制定的。比如环艺系突然接到一个设计项目，设计课程就紧跟着转到这个项目的相关内容之上。课程的机动性很强，随意性、偶然性也都很大。进入大学这个体系后，大学对于课程严格的监管体系体现了真正的现代教育，我认为过去美术学院的教育体系不能完全称作现代教育，因为有些东西是不能现代化的，比如个人经验，个人之间的情感交流，以及艺术院校一直以来非常注重的天赋、实践性、技艺等等，这些都是现代化进程中非常顽固并难以消化的东西。所以我认为，过去美术学院的体系根本没有完全被现代化，它是迷信经验的。比如工作室式的教育，跟了谁就必须全面接受谁的传承。然而大学的教学不是这样的，大学的标准化、科学性要更强一些。所以在这个过程中，两种文化开始发生剧烈的碰撞。

有一点我感触颇深，在综合性大学任教的过程中有很多东西震撼了我。比如清华有一句话对我影响很大，曰"课比天大"，它告诫在清华任教的所有教师，你要重视你的课，不要误人子弟，你的使命、你的责任就是来教书的。这些年来，我自己也会从事很多社会上的活动，有时甚至同时操持着三四种完全不同类型的事情，但是我的思想意识会随时明确地告诫自己：无论如何是一定不能误课的。出差时即使再累，我也要搭乘最晚的航班返回北京，无论什么情况，第二天早上一定要准时出现在课堂上。当时，我一个台北的好朋友易介中说，大陆能有人喊出这样的一句口号是很牛的事情。也就是这句话，促使我把"课"视为一个研究对象。

因此，这些年来我一直一边做研究一边做实践，课上课下的事情交叠进行，成为驱动自己思考的一种行为方式。在许慎的《说文解字》里，"课"的定义是"课，试也。从言，果声。"即"用言语查询事情结果的行为"，首先"课"是一个行为过程。但是课是有目的性的，揭示事物的缘起和成因，以至于我们上课之前要对授课的效果做出一些预计。比如一门课上下来究竟要灌输给学生几个知识点，要达到什么样的目标，学生能得到什么东西，这都是有一些要求的。

二、"课"的历程

1 课程诞生与发展历程

在此我想为大家简要回顾一下"课"的历史演进。"课"也是历史上人类文明的一种现象，一种具体的表现。人类正是因为有了"课"，知识才得以传承，经验才得以归纳，文明才得以不断演进。所以课是很重要的，从古埃及的祭司传授，到希腊雅典的人们可以在公共场所进行辩论，古印度人在佛学院讲经说法……中国在这方面也不是空白，最早的私塾——春秋时期孔子的讲堂，通过讲、辩的方式来传授知识；始自唐代的书院，其功能也最终转变为师徒讲学，具有课的雏形。到了中世纪，教育得到更为显著的发展，大概在12世纪的时候，世界上逐渐形成了三所大学，分别是博洛尼亚大学（University of Bologna）、巴黎大学（University of Paris）和萨莱诺大学（University of Salerno），其中两所在意大利，一所在法国。这三所大学创立了大学的范式。

如今，我们也不甘落后，把湖南的岳麓书院翻了出来，说我们的大学也是千年的，是从北宋时期开始的。虽然这个说法略显牵强，甚至有点不靠谱，因为其实真正的大学教育是有明确特质的，也是有系统性规则的。到了17世纪，教育有了进一步发展，形成了相对稳定的规范，授课的模式就变了。同时，由于教育内容发生了变化，不同类型的大学也出现了。早期的大学教育主要是三个学科，也就是服务于宗教的神学，解释和研究身体的医学，还有社会学和医学。18世纪后期，慕尼黑理工大学、苏黎世理工大学才出现了和工程有关的设计教育。所以我们看，教育是分不同领域、不同层面的，而以"课"的形式出现在不同层面的教育，从私塾到职业教育到大学教育，都用"课"的方式在进行。从最早家教式的个别教学，到16世纪末西欧宗教改革大机器生产时代，再到17世纪捷克的约翰·阿姆司·夸美纽斯（John Amos Comenius）给予"教育学"理论上的确定，再到19世纪班级授课制在世界各国大规模推广，整体上看教学组织形式开始从个别化向集中化转化。

2　传统课程与现代教育

通过研究我们便能发现，传统的课和现代的课差别还是很大的。传统的课其结构方式是四段：提问—讲新教材—巩固—布置家庭作业，这是一个相对比较静态的模式。现代的课则包括设计教育的课，它更强调实践、应用、综合、反思，这是现代的课不一样的地方。过去的课主要是经验的传授，现代的课则除了知识传授之外，还指向了培养个体，甚至会反对经验、质疑经验，最终在这个过程中，逐渐建立自己的一套认知体系。

而在各种学科的领域里，设计是比较特殊的，因此设计的课有自己非常独立的规律，这个规律是在人们对设计认识的逐渐发展中形成的。这些年，包括像我们清华大学美术学院也走过一段弯路，但是在走弯路的过程中，我们也在不断思考一些问题，比如课到底怎么上，是要坐到大教室里面

听讲，看老师的板书和PPT，还是通过项目实践，还是两种结合起来进行呢？我认为，"课究竟怎么上"是如今教育面对的一个最为严峻的问题。这个问题对于全世界而言也是悬而未决的，也存在着各种争论和立场，但也达成了一个共识，那就是设计的教育不能脱离实践。

在清华美院环艺专业中，现在的状况是职业设计师只有一位（其实像我这样的都不属于职业设计师），其他人都是利用业余时间做一些设计，挂着一块清华的牌子挣一些养家糊口的费用，这其实是很危险的。去年我引进了一位优秀的校友，他曾给弗兰克·盖里（Frank Owen Gehry，1929-）做过助手。从清华毕业后，他也在张永和的非常建筑事务所工作过一阵，后来分配到中国建筑设计研究院，之后又去耶鲁读书，成绩一直名列前茅，在他毕业的时候，弗兰克·盖里在全球选助手，他就被选进去了。但他在进清华这个体系应聘的时候遇到很多问题，有一次在试讲过程中，清华的教务处有一位专管教学的人听完了问道："你这个课是讲参数化，你上来首先得介绍一下参数化是怎么回事，要讲几点知识点。"他们用对理工科老师的授课评

M.H. 马赫穆托夫在《现代的课》中对"课"的教学论结构示意
图片来源：苏丹工作室

价标准来要求这位老师，所以当时该校友得到的评价并不是很高。但我认为，设计的教育必须有这种类型的教师。我也意识到，他现在是唯一在一线做设计的人了。从课堂上看学生对这位老师的反应，大家对他还是很信任的，因为他既有工程经验，也有实践方面的见识。由此可见，对于设计的课，内容中的实践性是很重要的。

刚好昨天给我下聘书的两个学校历史都不算悠久，一个是1980年建校的，一个是1982年建校的。我一直在想这样的问题，这两个学校为什么要从传统里出走，从主流里出走呢？像多莫斯学院里聚集了主流院校里面的一批大牌教授，包括像吉奥·庞蒂（Gio Ponti，1891-1979）、索特萨斯（Ettore

Sottsass，1917-2007）等人，这样一批人另辟蹊径成立了这所以研究替代传统教育的学校；而米兰新美术学院也是从主流美术学院中分裂出来的。为什么20世纪80年代会出现教育的分化呢？我觉得这是因为大批文化精英认识到过去的现代主义主流教育机构在设计教育方面出现了问题，所以他们要创立一种新的模式。多莫斯学院从1982年建校到现在，短短三十多年的时间，它在全球评估中已经排名第四。世界教育对于多莫斯学院的高评价在于它创立了一种新的教育模式，是用项目研究带动设计教育的。清华一位副校长和我一起参加座谈的时候，问对方"你们有多少学科？固定教授有多少？你们有博士么？"他们回答"我们所有的教师都是来自全球富于职业经验的专业设计师"，由此可见，他们认为在实践中学习是非常重要的。

但是除了多莫斯和米兰新美术学院之外，我在欧洲也看到过另一种学校。比如说像欧洲设计学院（Istituto Europeo di Design），大约有5000名学生，来自99个国家，用四种语言教学，英语、意大利语、西班牙语、加泰罗尼亚语。那个学校以纯粹的项目实践带动教学，他们和商业公司合作，和研究机构车间合作，也很有影响力。但貌似不如多莫斯发展得好，因为它忽略了理论的教育。所以我认为，实践性和理性的培育对于设计的课都是十分重要的，这两个部分在课程里都是不可或缺的。但设计的课首先取决于一个大学的教育主张，因为每个学院的定位不一样，每个学院的理想到底是什么，要培养什么样的人，这是个基础目标。之后的问题就是要怎样去促成，这时则需要选择适合自己的路径和方法。

3　课程设置与教学设计

其次，设计的属性决定了设计课的内容，所以设计的课是综合性非常强的。但突出综合性对于教育来说又是非常复杂的事情，那么怎样才能给学生传授解决综合性复杂问题的方法呢？首当其冲的就是要求教师一定要有理性思考的习惯和能力，用它去分解和剥离复杂的东西，变成相对简单的罗列，最后再通过训练进行复合。我认为这是设计课程的基本规律，因此设计的课程需要被设计。

设计课程最早出现于中世纪职业行会的训练。我4月份去苏黎世，4月15日正好赶上一

个叫送冬节（每年4月第三个星期日）的庆典活动。那天整个下午，苏黎世城"瘫痪"了，人们都穿着各式各样传统的服装游行，最后燃烧掉一个巨大的稻草人（象征冬天的巨大"雪人"），通过燃烧的时间来看今年夏天的长短。由此我想，中世纪就出现了大量的职业，把社会变得更加丰富了。多种门类出现以后，各种职业要传承，人们就要学习，最早的设计课就是跟职业传承有关系的。在意大利留学的学生给我介绍过意大利的小作坊，说是好到令人难以置信的程度。那里的作坊确实不仅敬业，而且工艺精湛，这得益于手工艺技术的世代相传并逐步优化。意大利许多知名的学院都和这些小作坊合作，像服装设计专业的学生会专门到小作坊做皮革处理，那里的技术好到无以复加。像意大利中部托斯卡纳，那一带是手工艺最集中的地方，几乎所有最精良的手工艺都在那边，因此诞生了还有很多重要的品牌，像 Prada、Gucci 等，也包括一些家具品牌如 Edrea、Flou 等都聚集在那边。

其实著名的包豪斯学校也是强调动手，号召师生在工房里进行实践，所以设计的课程是必须重视实践的。但同时，设计的课程也是要有讨论的。设计的目标很多时候不是追求真理，而是实用性。设计是为生活服务的，跟宗教信仰和科学研究不一样。科学研究在努力发现真相，因此，强调实证，提倡质疑和批判性，这是不可动摇的。时尚则是不断变化的，实用性的设计就像"野火烧不尽，春风吹又生"的草本植物一样。教案里面肯定存在被怀疑、被讨论的东西，要有批评的方法去推进和优化设计。优秀的设计教育不是让你相信老师告诉你这事应该怎么做，而是告诉你哪些地方不对，根据现有的情况排除掉一些可能性。因此，设计其实是一个不断优化的过程。所以在全球最优秀的设计院校中，授课都采用评图的形

式，你拿出一个方案让大家都来评判。在职业发展过程中也是这样的，设计是一个民主的形式。所谓民主的形式，其实就是在互相尊重的基础上进行协商。

给大家举个实例，我昔日的一个学生在意大利米兰理工读了五年的硕士和博士，并且拿到全优的成绩毕业回国，之后我费了很大劲把她聘回清华教书。后来在一次交流中我问她："你回母校授课也一年多了，有没有什么感想，你觉得现在和过去变了么？"她回答说："有很大的变化，但最大的感受就是课堂的知识传授方式不民主。"这句话对我影响特别大。那么，究竟什么是民主的教育方式呢？她说民主的方式就是不要以一种非常傲慢的、不容置疑的训导方式去传授知识，而应当采取一种讨论的方式。这位老师的言外之意，是针对已经成为惯性的家长式、师徒式的授课方式表达了善意的提醒。因此，设计的课应当是开放的，要有包容性。在我看来，设计的课除了要求教师要包容学生们的奇思妙想之外，教师团队本身的知识体系也要持续开放，始终保持接纳新生事物的能力。

我觉得还有一点很重要，就是关于设计的现场。环境艺术的设计是发生在具体场所中的，产品设计的最终呈现也离不开具体的环境，其他门类也大抵如此。设计本来是一个现场性工作，设计应当非常注重现场性。因此，对于场所性的认识十分重要，这是培育人的感官性的有效途径。过去我们强调理性化教育忽略了这一点，而我认为这种"抽象对具体的否定"对设计教育的负面影响是非常大的。比如我在 20 世纪 80 年代接受建筑教育的时候，当时我的一位老师在英国学习，她在罗马看见美国建筑系的学生参观万神庙，她几乎是带着艳羡在介绍这种情形，我们当时也觉得这些学生真幸福。等到了 1987 年的时候，清华建筑系 85 级的学生到利比亚做测绘，当时联合国教科文组织有一笔经费，给了清华建筑系，让他们组织学生到利比亚的沙漠去测绘一个清真寺。这个消息很快就传遍了全国的建筑系并引发了强烈反响，大家都羡慕死了（听说他们在罗马转飞机，因为那里离利比亚近）。但当时对于现场还没有一个清楚的认识，后来逐渐认识到现场认知实在太重要了。我第一次到雅典卫城、万神庙的时候感受到的那种震撼，是图像和文字永远无法生成的。对于建筑学最伟大的东西的认识，就是感受它和劳动的关系，以及它和环境的关系。这个必须在现场体验，书本是苍白无力的。所以现场非常非常重要，有条件的话，设计的课程尽量要和现场发生关联，长期的现场感受和判断会将人的感知灵性系统打开，会将对现场场所敏锐的观察力和感知能力建立起来，从而获得启发。

综上所述，设计教育当是一个完整的系统，有发端、有手段，自然也会有特有的结果。我认为设计教学首先要有教学主张，然后才有课程的特点，最终要通过课堂良好的状态把主张在课程上进行完全的实施。

所以接下来的一部分我首先讲的，是"课"的调研。这些年我走访的院校特别多，国内就不用说了，亚洲和欧美也有很多。尤其这两年在欧洲不停地奔跑，到目前为止大约去过三十次之多，所以许多院校跟我都挺熟的。先说韩国的设计教育，20世纪70年代金寿根把现代设计教育从日本移植到了韩国，他们比我们早走了一步。所以现在看他们的教育模式现代化的程度要更彻底一些。再看日本，东京艺术大学毕业生教室里的状况，那年我去的时候正好赶上他们的毕业季，从那些毕业生的教室里清理出的垃圾堆积如山，简直就是长期学习过程中的海量排泄。最终我发现世界名校和最著名的设计院校机构的成功，和他们的校训、理念密不可分。他们的理想大大地书写在他们的网页上，镌刻在心灵深处。反过来看国内的学校，基本没有这一项，非常遗憾，包括清华、北大，强调的都是做人的道理和高远的志向，到了学术目标就都稀里糊涂了，对于知识、教育目标要达到一个什么高度、要有什么视野、要有什么关怀、要解决什么问题，则没有那么清晰。

AA 学院 DRL 十周年活动，2008 年
摄影：刘延川

三、"课"的典范与教学经验

接下来我为大家罗列的都是一些非同凡响的学校的校训，如：19 世纪建立的英国建筑联盟学院（Architectural Association School of Architecture，简称"AA"），它的设计教育是世界最先锋的，目前包括哈佛大学、麻省理工学院、东京艺术大学等几乎所有的好学校都在观注 AA 的发展。我记得有一次去东京艺术大学，中午的时候美术学部部长六角鬼丈请我们吃工作餐，在餐厅里碰到他们曾经的一个教员（石上纯也），他特别骄傲地向我介绍说："这是我们东京艺术大学的老师，现在被 AA 聘过去做教师了。"他们认为有一个学生能在 AA 任教，实乃莫大的荣幸。我想大家

知道这些年普利兹克奖的获得者有大量毕业于 AA 或者在 AA 任教的。

AA 无疑是充满想象、充满激情的学校，这些年一些传统的老牌的设计院校也开始从 AA 引进他们的毕业生。我们看到 AA 是这样推介和宣传自己的："我们最终的希望不是将我们的学校看成一个不变的机构、一个充满声誉的地方，而是一个可以无限延展的平台，一个充满了好奇思想的讨论的会场和空间。"AA 追求当代性，当代性就是不希望僵化，不希望变成纪念碑，不希望声誉把它淹没，最后死掉，它希望永远充满活力。AA 还有一句话"未来将在这个平台上浮现"，这句话讲得太牛了，它相信一流的院校都是研究未来的，未来是从我们的行动里浮现出来的。洛桑联邦理工学院（EPFL）建筑系非常强大，多年来我也跟这个学校建立了很好的联系。EPFL 是瑞士联邦理工在洛桑的分部，另外一个分部在苏黎世。可能更多的同学知道苏黎世理工，对洛桑不太了解，但我相信 EPFL 以后的发展可能要超过前者。它的教学理念是这样的："通过设计对于环境的帮助，保证一个可持续发展的环境"。米兰理工设计学院（INDACO）的校训："通过结合欧洲及欧洲以外的研究，INDACO 希望通过设计推进文化的创新，并延伸和融入其他意大利的工业领域"，他们相信技术基础通过设计影响生活方式，推进文化。瑞典皇家美术学院（KKH）着眼于世界，它似乎有拯救全人类的使命感："我们多着眼于世界性质的社会、资源与环境问题，从地质、历史、人文、建筑等多角度探讨人类如何创造更加美好的生活环境"；瑞典皇家理工学院（KTH）说："KTH 定位于自然科学与技术科学，社会科学和人文科学之间。我们致力于建立科研、商业和公共领域之间完美的结合。并通过专业性组织建立关于教育体系与发展的传统的、不间断的良好教育模式。"

荷兰有一个很好的学校叫贝尔拉格。我们有个学生可保送清华美院，最后放弃清华和 AA 选择去贝尔拉格。金融危机后贝尔拉格倒闭了，他今年回到清华美院又重新考研。我觉得这是一个非常有抱负的学生，为了理想敢于舍弃在他人看来非常重要的东西。这些年清华的优秀本科毕业生大量流失，都到欧美去了。这两年去美国的像罗德岛设计学院、威斯康星大学、宾夕法尼亚大学的学生都有，到欧洲的德国、英国、意大利的也有很多。所以现在清华有个问题就是很多好的生源都走了。我把这个现实问题说出来的时候引起很多人的恐慌，而我倒以为这是个好现象，因为若是学生们看到了母校的局限性，他们的出走会督促我们不断自省、改良、变革。通过我们的努力，几年以后若是可以吸引欧美的学生到这里来，那才是真正的强大。这是我们的目标，如果没有这个气度是不会发展好的。

● 英国建筑联盟学院

> "最重要的是一个召集者：对新的建筑思想和冲动的收集者和促进者。我们最终的希望不是将我们的学校看成一个不变的机构，一个充满声誉的地方，而是一个可以无限延展的平台，一个充满了好奇思想的讨论的会场和空间。从这里，可以浮现出下一个时代的新的，甚至是意外的建筑思想和建筑人才。"

—— AA

AA 的课堂是一种很民主的课堂。清华这几年有好多去 AA 读书的，也有读完回来的，听他们介绍后感觉确实不一样。选择 AA 就说明你有一种宏大抱负。AA 往往代表着某种先锋性、实验性的东西，代表着人的一种气质。有一年我们去米兰理工的建筑系参观，推门进去看一个教授坐在讲台桌面上讲课，学生们在下边讨论。AA 的体系更加缜密，信息化的教学条件下，同一教学空间设置了多块屏幕，播放着不同内容，在课堂上给学生提供了多元化的选择。去年我请了一位国际著名的建筑师来清华美院做演讲，他就是 20 世纪 80 年代设计奥赛美术馆的建筑师伊塔洛·罗塔（Italo Rota）。他现在仍是意大利当红建筑师，主持了米兰几个新的地标性建筑设计。他来讲课前提出的条件中有要求会场里摆出七块屏幕，我们满足不了，主要原因是懒得去满足他（笑），觉得这个要求太过夸张。我们从来没摆出过七块屏幕，最后很遗憾地只布置了左右两块屏幕。他的演讲方式因此就受到了很大影响。演讲过程中，我看到两块屏幕上竟然是完全不同的内容。这启发了我，在这个习以为常进行线性叙事的空间里，我仿佛感受到一种交响性的话语，复合的话语之间在相互比对，相互呼应着，简直非同凡响。

这个老头非常了不起，他今年 60 岁，突然由一个主流的建筑师去研究新媒体空间，而去年米兰设计周最好的一个展览是他做的新媒体展览设计，那是由三星公司资助的一个研究未来家庭生活交流方式的展览。他去年讲的一句话令我深受启发，"在新的时期，所有设计的物品都具有媒介的属性"，这是他对设计的概括。他对意大利设计的概括是："意大利设计史是在实现一个东西，就是'家中的家'"。这位老兄把意大利这么复杂的设计史现象用一句话就概括出来，实在太厉害了！他站在一个艺术人类学和社会学的高度去概括意大利的设计。我认为这不是一般人能概括的，所以有的时候艺术家比理论家更伟大，因为他的想法总是横空出世，突如其来。那么，AA 为什么要在课堂上用这么多屏幕？就是要实现一个民主的、多元化的课堂。

另一方面，AA 还在鼓励劳动，传授建造的经验，鼓励学生在现场真材实料地进行建造。所以这些年为什么大家都做 1∶1 的东西，有的人是很倾情地在做，有的人是在起哄。张永和十几年前在同济授课的时候，他有一门课的作业方式把同济老师都吓一跳，即做建筑设计初步的时候，他要求学生做一个 1：1 的项目。但我们今天看 1：1 的方式很多学校都在用，像是赶时髦。到处都是所谓的建造节，但却没有太多人去追问这种方式的最终目的。AA 的学生在建造，是因为其教育理念之中在强调一种现实性，设计是虚拟的行为，所以它要接受现实的考验，要有对抗性。正是因为这种对抗性的无处不在，设计专业的学生才能如此坚强、坚韧，必须要有这种对抗！我觉得有必要上升到人类学角度去认识这种对抗。人类应该如何去进化，这不是一句两句能解释清楚的，但我对这个问题想得很透。就像科技发达的美国为什么保留了原始性的对抗，如自由摔跤、职业拳击、橄榄球，因为他们知道，一个国家的强大不仅仅是大脑，一定要保持最根本、最野性的东西。

我还有个讲座叫"当代设计师的野性培养"，那个课程内容也很有意思。在好多院校讲完后，有同学跑到讲台上和我说"老师我觉得我们还不够野蛮啊！"我回答道："野性和野蛮可是完全不同的啊！"设计教育水平较高的院校，他们工房配备完整，管理井井有条。并且管理工房的人不是八级木匠，而是学识渊博的、精通各种软件的高级知识分子。前几年清华打算把米兰

理工那个负责工房的老爷子保罗·帕多瓦（Polo Padova）请来，因为他马上要在意大利退休了。保罗虽然是管理工房的，但是他是社会学专业出身，现代家居演变历史讲得特别好。他的工房里也有教育职能，内容不仅仅是辅导学生刨子怎么推，机床怎么用。所以工房对于设计教育很重要，学生在工房的状态能反映出设计教育的状态。我看见很多欧洲院校的工房里学生的状态特别好。有一年我和洛桑艺术设计大学做交流，带着一票中国学生去瑞士一周。看见一个才 18 岁的瑞士小姑娘，刚刚入学还没接触设计教育，图虽然画得一塌糊涂，但一进工房，这个人就变成了神采飞扬的模样，各种机具使用得都很熟练。反观中国式的教育不是这样。我听说北京林业大学有个学生到阿尔托大学（Aalto University，就是原来的赫尔辛基艺术设计大学）读博士，入学后一台机器不会用。而那里没有人去辅导你使用机器和工具，人家认为这是必须会的技能。

AA 的每一个作业都可能变成区域或者城市的事件，它是公开化的。现在我给大家介绍一个 AA 很有意思的课程——"设计文本"。设计的文本不仅仅是一个设计的说明，它和设计相关，但是又和设计的进度差了半步。文本和实践是两个互相促进的东西，就像库哈斯主持的 OMA 和 AMO 的关系一样。所以 AA 的训练里开始注重文本和实践上下文的关系。这是 4 个学期的课程，3 个长学期，1 个短学期；第一学期是地形分析，第二学期是原型分析，第三学期是原型衍生，第四学期是整理汇报。但是我们看到设计文本的课程是从中间切入的，在整理文本的过程中会对设计提出新的思考及问题。所以感性和实践的结合，要有条理，要有合理的安排，不是胡来，设计的课是高度理性化的东西，但不完全是为了培养理性的能力，还要培养感性的东西。

● 米兰理工设计学院

我们接下来看米兰理工设计学院，米兰理工在意大利设计史上无限辉煌，70% 的设计师、建筑师都出自这所学校，包括像伦佐·皮亚诺、马里奥·博塔（Mario Botta）、阿玛尼、普拉达这些意大利建筑界和设计界的大人物。他们的巨幅头像就悬挂在学院的中庭上空，以激励学生。

> "INDACO 研究集中于将设计作为一种国家经济体系的主要的基础和力量。通过结合欧洲及欧洲以外的研究，INDACO 希望通过设计推进文化的创新，并延伸和融入其他意大利的工业领域。"
>
> —— INDACO

米兰理工设计学院中庭
摄影：苏丹

这是米兰理工设计学科的理想和设计课程的理念，所以在课程里面他们注重团队合作，注重工艺的作用，以及理性的分析、推演能力。今年我们学院有 4 个米兰理工的学生硕士毕业。我从 2006 年开始和这个学校建立关系，并通过不间断的课程交流促进了双方的学位合作项目。到 2011 年完成了在中国设计界第一个双学位的项目，现在清华大学环艺设计专业的硕士是拿双学位的。清华的学生在清华两年在意大利一年，意大利的学生在意大利两年在清华一年。这个项目已经逐步成熟，现在第一批研究生马上要毕业了。在和他们交流的过程中我还是受益匪浅的，除了课程设置和授课技巧以外，还有管理方面的特色包括他们在教学资源公共化方面的举措，集约型的管理使各年级在一起，进而增加经验的分享和交流。他们的公共空间则是一个展示空间，展示了不同年级的作业，成果惊人。

还是在 2007 年我刚去的时候，正巧赶上他们的一门课程在进行之中，那个任课教师现在去奥

米兰理工设计学院中庭展示学生作业
摄影：苏丹

克兰大学任教了），当时这门课在做欧洲马耳他的一个课题，内容是从城市设计做到室内设计这样一个扯得挺远的课题。通过这个课题我发现他们虽然在做室内设计，但理念是从城市规划开始的。米兰理工还有一个非常有特点的课程就是其"workshop"，每年他们都会安排一个 workshop 课程，聘请职业设计师执教，然后让其他年级全放假，把所有的资源都给这个 workshop 来用。有很多著名的设计师参与workshop 的指导，包括亚历山德罗·门迪尼（Alessandro Mendini）。听说这位大牌教授经常吐槽说自己不喜欢在大学做教师（其实他是很著名的教师，他在米兰理工教授设计评论课程，据说能连讲 8 个小时），而他们学校最好的课程就是这门课程，并且完全用意大利语授课。

米兰理工设计学院工房
摄影：苏丹

● 洛桑联邦理工学院

"学院的角色使人们能以一种创新的方法去面对当代最重要的挑战——保证一个可持续发展的环境。"

—— EPFL

"人才是来推进严格的和富有远见的思想，以及提出尖锐的意见；我们采取一种非常规的方法通过跨学科的方式来解决复杂的问题。"

—— EPFL 建筑系主任

下面我寻为大家介绍一下洛桑联邦理工学院（EPFL）这个学校。这也是一所我这些年一直合作的学校。一个很偶然的机会，我发现了这个硬核的学校。2008 年他们的作品要参加威尼斯建筑双年展，邀请我去瑞士参加课程评审（我发现他们的训练方式和我现在上课的方式基本是一致的）。交流中有一门课引起了我的注意。其建筑系有个教授叫迪尔兹（早期和赫尔佐格是合伙人，也是瑞士非常著名的建筑师），他负责的一个课程是在 4 周内用犀牛软件做个建筑小品设计，在这 4 周课程结束之后要用 2 周的时间把建筑的 1：1 构件做出来，等到了暑假的时候两个教授带 12 个学生雇卡车把这些构件拉到阿尔卑斯山底下。这是给某音乐节做的一个小型建筑，像个舞台和观景平台的结合体，规模不大但空间挺复杂的。之后他们又雇直升机（这些资助都是教授在社会上自己找的）把这些构件从山底下运到山上，最后教授和这些学生戴着安全帽，用 4 周的时间叮叮当当地把这个建筑建好，这就是这个学霸云集的学校所做的事情。

这门课程是非常有特点的，它的训练和 AA 有共同的地方。这个学校还有一个很牛的事情就是前年的美洲杯帆船赛，他们的校队竟然荣获全球第一，绝对强悍。2011 年的时候清华和他们有个合作的课题就是做 citybody 的一个项目，用货场运输的一个构件（货场里我们经常看到的木构件）来搭建一个空间。这个 workshop 项目共合作了 8 个星期，在瑞士做 4 周，在北京做 4 周。令人没想到的是 workshop 进入尾声的时候，中瑞学生之间发生了冲突，瑞士的老师让他的学生用一晚上的时间把中国学生做的构造体给拆掉了，后来我的研究生就和他们发生了争执。瑞士的训练体系

劳力士学习中心，室外空间
图片由西泽立卫事务所提供 ©SANAA

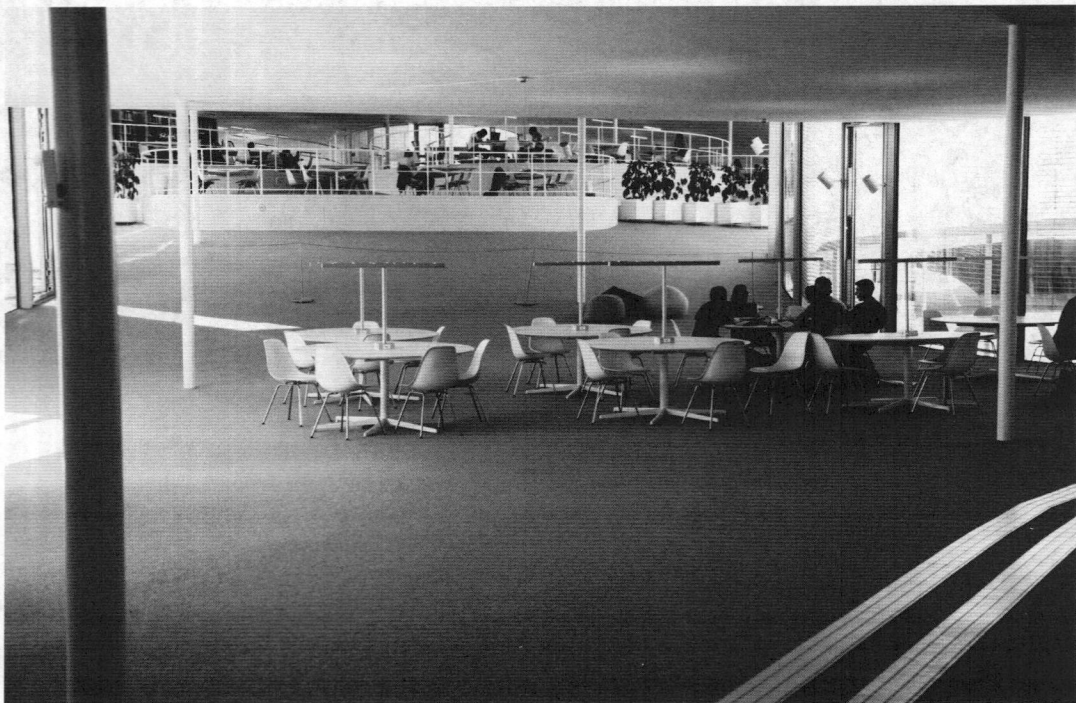

瑞士劳力士学习中心，洛桑 EPFL 校区，SANAA 设计
摄影：苏丹

很特别，老师在指导学生的时候甚至骂脏话，包括女教师，非常强悍。现在来看就是这些性质差异使双方在合作上出现了问题，瑞士的学生们干起活来个个生龙活虎，中国的学生显得温文尔雅且女生太多。建造的时候真的要搬运重物，中国学生在使用工具或上上下下爬梯子时是有些问题的。

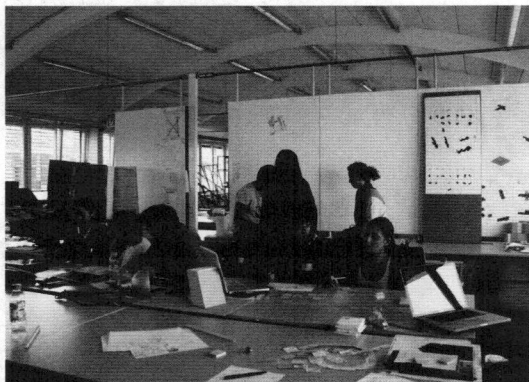

洛桑联邦理工学院建筑系教室
摄影：苏丹

● 瑞典皇家理工学院

> "我们的研究和教育针对的是社会的未来。如何更好地设计和建造城市、建筑及基础设施，如何为机构和管理体系的发展建立良好的生活环境，以及如何为企业提供良好的发展条件。"
>
> —— KTH

下面我们再看北欧的学校。瑞典皇家理工学院（KTH）也是一个誉满全球的学校，建于19世纪末。我先给大家讲个小故事，2010 年的时候瑞典大使馆科技处让我协助他们在北京的中国科技馆做一个展览，名叫"视觉电压"。这是瑞典国家研究院用 6 年时间研究后收获的一些成果，我安排了几个助手每天帮忙协助，结束以后他们邀请我带着一个助手去瑞典访问，出行前问我在斯德哥尔摩想看些什么，我回答道："你们想让我看什么？"于是我们两边各列出参观项目名单，最终核对发现竟然差不多。

在斯德哥尔摩五天的时间里，接待方让我看了 7 个机构，其中的 3 个院校都给我留下深刻的印象。先说皇家理工建筑系，这是许多清华建筑系学生留学的梦想之所。当时由中瑞友协两个上了年纪的人陪我去的。

瑞典皇家理工学院工房
摄影：苏丹

在学院门口他们一下车看到建筑系的建筑就笑着说："这个楼真难看！什么时候把它拆掉啊？"我下车看了一下就说自己很喜欢这个楼，并赞美它如此的形象矗立在斯德哥尔摩就像一面旗帜。我的意思是这个建筑反映了这个学科的主张，后来到里面一看果真如此。他们的系主任是从南斯拉夫巴尔干地区请来的，属于全球招聘。看得出来在他的管理下，这个学科充满生机，咖啡厅里教授们在讨论问题，教室里学生在制作模型，走廊里课题结束时的评审正在进行……

为什么看见这么一个楼我会有那么一番感想呢？因为斯德哥尔摩是一个非常精致、非常富有的城市，一是因为许多年没打过仗，二是因为它特殊的地理位置，过去俄罗斯的矿产运到欧洲要经过这里，所以这个城市积累了大量的财富。很多建筑的屋顶都是用铜来做的，铜屋顶经过长时间的氧化后长了一层灰绿色表层，建筑外墙涂料或石材是褐色、土红色、白色的，城市的色彩饱满又不失明快。加上水系又很多，因此又叫北方的威尼斯。斯德哥尔摩和苏黎世属于我去过的城市中最漂亮的。在这么漂亮和高贵的一个城市里，48 年前这座城市的建筑骄子们竟然大言不惭地建造了一座这样风格简朴、外观没有粉饰，像个未完工似的简易楼房，表面看是令人大跌眼镜，实则反映出瑞典皇家理工学院建筑系当时的眼光和格局。反映出一代风流人物们不仅仅着眼于瑞典，而且在考虑世界问题。它没有脱离现代主义发展的整体语境，48 年前是现代主义理念在全球传播、推广风头正劲的时期。所以我觉得修造一个不修边幅的现代主义建筑，令其突兀地置身于此地，当是一种生命态度的表达。

瑞典皇家理工学院教室
摄影：苏丹

● 瑞典皇家美术学院

"KKH 建筑学院运用为期一年的进修班教
学模式,分为两个设计专业:建筑设计与
建筑修复。每个专业 20 名学生。我们在建
筑学、建筑历史、建筑修复专业各具备一
名教授和三名讲师。"

"……对于进修课题,我们多着眼于世界
性质的社会、资源与环境问题,从地质、
历史、人文、建筑等多角度探讨人类如何
创造更加美好的生活环境。"

—— KKH

接下来再看瑞典的另外一个学校——皇家美
术学院(KKH)。这几乎是个袖珍大学,面
积非常小,看上去也就是鲁迅美术学院现有
规模的十分之一。但其在斯德哥尔摩的地理
位置非常优越,它建立在一个小岛上,左边
是国立艺术博物馆,右边是当代艺术馆,其
文化生态中,古典的珍贵隆重和当下的生猛
鲜活,什么都有。迈入那个小黄楼之后我见
到了建筑系的几位教授和负责人,他们建筑
系主任问我有什么安排,我说先参观一下再
座谈吧。他却说他们那没什么可看的,整个
建筑系加起来就 500 平方米。我目所能及的
空间就是所有的教室和教授办公室加起来的
面积。但是我一看他们研究的项目可是不得
了,这个学校是没有学位教育的,它针对的
是有经验的、有责任心的职业设计师。课程
都是来自联合国教科文组织的基金项目,也
就是当代世界最敏感最迫切的课题。我去的
时候他们正在做印度果阿邦(Goa)的城市
规划和城市环境治理,研究果阿邦的城市交
通问题、视觉问题、环境污染问题、噪声问题、
卫生问题,等等。看着这一大群人心无旁骛
地在网上收集资料,煞有介事地聚在一起讨

瑞典皇家美术学院走廊
摄影:苏丹

论分析，我在想印度与瑞典有什么关系，让这群衣食无忧的人操心？我想这或许是由一种由来已久的"帝国的胸怀"所致，抑或是现代化的终极目标引导。在这个课题里，参与者把所有收集来的信息都放在走廊的墙面上，以方便大家讨论，然后进行信息的筛选，留下重要的信息。我觉得当代的教育基本就是这种方式，通过批评把重要的东西留下，然后再重新塑造。这些研究者都是年纪较大的专业设计师，他们的生活很简单，却个个志存高远。

瑞典皇家美术学院教室
摄影：苏丹

瑞典皇家美术学院学生作品
摄影：苏丹

● 米兰新美术学院

下面为大家介绍的这个学校叫作米兰新美术学院（NABA）。我今年在这个学校做过一场展览，由此开始关注并了解这个机构。这个学校是意大利本土的美术学院，也曾经入选全球十大美术学院。据说在意大利，佛罗伦萨美术学院排第一，它排第二。这个学校过去没有英语授课，全部是意大利语。最近发生了一件事情，意大利有两所重要的学校被美国劳瑞特财团收购了，其中就有NABA，我认为这是当代设计教育值得关注的事情。美国的财团为什么要买这两个学校（NABA和Domus）并将二者混合在一个校园环境中？因为他们要在全球推广这种混合模式。美国这个财团的首席CEO是前任总统克林顿，财团在全世界有60多所大学，其中5所是跟设计相关的学校。现在跟意大利人谈论此事的时候，他们说NABA已经不是意大利而是美国的学校了，除了东家变更以外，他们也开始推行英语授课。

由左至右依次为：NABA 策展专业教师弗朗切斯科·扎诺特（Francesco Zanot），马罗科·斯科蒂尼（Maroco Scotini），斯特凡诺·格拉齐亚尼（Stefano Graziani），清华大学苏丹

图片来源：苏丹

米兰新美术学院（NABA）

摄影：苏丹

● 多莫斯设计学院

相比之下，大家可能更知晓多莫斯（Domus）设计学院，Domus其实是一个非常袖珍的学校，学校在1982年建立的时候，是由一批世界建筑史上的大腕和重量级设计师撮合而成的。我这次去意大利的时候，有几个元老也纷纷现身，曾在那读博士的一个中国老师说我和其中一个元老很像。她指的是大名鼎鼎的安德烈亚·布兰齐（Andrea Branzi）教授，意大利设计史上的传奇人物。本来在米兰理工当老师的他或许看到米兰理工的一些积重难返的问题后，自己出来和一群志同道合的同仁创办了学校。他们用全新的方法训练学生，Domus成长飞快，短短三十多年的时间就变成排名全球前十位的学校，甚至一度排名第四。我们喜欢用数据和他们比有多少教授，但是人家根本不谈这个，校长骄傲的口头禅就是"奥迪Q5、Q7的概念都是从这个学校出来的"。他们现在的在读学生全院加起来289人，没有硕士学位，只有学历教育。现在法拉利和菲亚特等也纷纷和这个学校签约了，所以这个学校的竞争力是非常强的。美国人把这两个学校买了以后，还做了一个很重要的决定：在NABA的一个角给Domus学院改建一栋新楼。目的是什么？我觉得这是需要研究设计教育的人去认真思考的。我似乎提前思考了一步，因为从最近意大利设计界对米兰理工的评价来看，设计界的精英似乎已经开始认识到纯理性的教育存在着一种危险。过度理性对设计教育而言有可能会丧失设计最本质的东西，因为设计要作为社会中人与人之间情感的媒介，除去功能以外，设计要通过一个人的情感去感动另一个人，它需要的不一定是在逻辑链条上的形式，而应是一种发自内心的东西。同时设计还要多样化，这在理性的教育里是全然没有的。理性的教育是把所有的人打造成所谓绝对"正确"和优秀的人，个体的差异性没有了，所以这是现代教育潜在的危险。

苏黎世大学的汉学家诺兰教授是我的好朋友，他最近被德国维尔茨堡大学聘为讲席教授。我们去年在苏黎世的小山上聊天，我问："你最近在研究什么，还在研究纪晓岚吗？"他说："不是，我在研究中国的私塾教育。"我当时感到既好奇又兴奋，就和他谈了我个人的观点，我觉得研究私塾教育最有价值的地方，是在对现代教育现代化的修正上。他听完问我为什么，我说私塾的教育是因人而异的，这里的"人"指的是教育的主体。因此它是多元化的，所以我认为美国人买这两所学校，说明设计既不可以缺失理性，也不可以缺失实践，还要强调人的艺术气质。NABA是强调艺术家气质的学校，教师们一个个特立独行，状态绝对"狂野"。我认识NABA是因为学生苗苒被这个学校聘请过去，目前是唯一一个在那里当助教的华人。我当年预言他十年后会成为被世界关注的一个人，现在意大利时尚界开始关注他了。所以为什么美国财团看到这个商业机会并把它们整合，是因为他们看到了设计的本质是感性和理性兼具，都不可缺失，都要做得很好。感性和理性的关系就像人的左脑和右脑，既适度分离又适度结合，这是设计最重要的东西。

四、'课'的实践与教育前路

下面谈谈我授课的情况，为大家介绍几个课程的情况。我自己是有一定理想的，所以1999年在环艺系做副主任，到2005年做系主任 今天清华美院所有的老校友回来，发现这个系跟过去相比变了许多，我认为我功不可没。这个倒不是吹牛，是我这些年坚持教学改革，敢于得罪一些低头不见抬头见的同事，开放式办学所致。我认为学校要从完全实践化中走出来，要有适度的思考。所以我当时写《工艺美术下的设计蒙》有一个目的就是当我不再做系主任的时候，告诉大家我认为现代性的设计教育应该是怎么样的，和过去工艺美术教育要有一个重大的分野，它们的内核要有本质的区别，那本书相当于一个华丽的谢幕。所以当时在做系主任的时候，我觉得我们的定位一定要搞清楚，我们不是在培养一个完全职业化的设计师，而是期望培养对设计界的未来有一定影响的，但是又不能脱离职业本身的人才。针对这种教育，课程里就需要灌输一些常识以及一些信念。比如逻辑性如何建立，思考的高度如何获取，让学生受用终生的东西如何建立，当然还有感性如何打开。20世纪90年代初我留校后，张绮曼老师认为我是从建筑系来的，做项目就让我画"门头"，她觉得这个部位的设计是建筑设计和环艺设计交汇之处，于是每一次系里组织大型工程设计，我就处在一种边缘状态。还有就是给项目写设计说明，不过这份工作倒令我在90年代的社会服务性工作中没有入戏过深，保留了一点火种。后来我才开始做教学管理，我讲授的课是制图，做得还是比较扎实的。从专业制图开始教，然后教建筑设计，教了好多年。我现在还有一门新课叫"景观形态研究"，分析研究形态成因的复杂性使得自己和文化的研究拉近了距离。

● 课程精神与教学理念

这些年我在做这些课程设计时，首先坚持的是开放性。因为我看到目前设计教育的问题，也是在院校教育和社会实践领域都出现的问题，我要努力解决这些问题并试图让二者融合，因此就必须把一线设计中的佼佼者有选择地引进。有一年我的课程结课的时候，有很多外校的人员来观摩，中央美院来了50多人，清华大学建筑系来了20多人，其中建筑系的老师来了8位。2010年库哈斯在清华演讲，演讲结束后有个嘉宾对谈环节，谈及当代设计教育问题。观众席上有建筑系的老师说："苏老师，请你谈谈对中国当代设计教育的看法"，我坦率感觉中国的设计教育太陈旧了，就说，"前一阵子看建筑学院的一个训练题目跟三十多年前的一样，方案竟然也做得有点像，但实际上生活已经发生这么大的变化"。说完以后可能将建筑系师生得罪得够呛。我们的课程基本在每一个阶段都有评审，靠一轮接一轮的批评来推进课程。最终的评审是一个盛大的节日，这个节日我一般都要把评审会场设在学院的公共场所，让其成为学院社区中的一个事件。我希望营造一种氛围去影响这个学校，学校不要装扮成一个神圣的、一尘不染的、正襟危坐的场合，学校要有活力。所以我为什么一直在研究景观形态，我认为"形"和"态"是两个概念，"态"是更本质的东西，"态"是有生命的一种表现。我们现在往往在意"形"，而我想努力地塑造一种"态"。所以在清华美院，我的课程往往是在大厅里评审，老师来了像大夫一样会诊，学生会分成若干组，也有很多人会来评审。学生在不同阶段会做很多模型，需要通过模型的建造来修正自己的想法，每个阶段都会有这种模式的训练。

● 课程合作与教学精进

下面我简单说一下近些年来自己合作的几门课程的情况。2009年，4个星期的建筑形态学的课程中，我把哈佛大学的西鲁·那吉教授请来了，他在全世界参数化设计的教学和研究方面非常著名，曾在世界上很多所名校任过教，包括美国的康奈尔大学、哈佛大学、麻省理工学院，英国的AA，其实我就是看重他在AA任过教的经历。当时我邀请他的时候他已经到阿根廷布宜诺斯艾利斯一所大学的建筑系任教，这种类型的教师才是真正国际化的职业教师，正所谓"莫愁前路无知己，天下谁人不识君"。我把我的建筑形态学课程留出一个星期做参数化的专项学习和训练，西鲁·那吉则提前把课程要求通过邮件告诉中国的学生，其中重要一条就是自学犀牛软件。在这之前我已经让外聘的一位老师把犀牛软件给学生培训了一遍，西鲁·那吉来了就主要讲如何运用参数化进行设计。在他任教的一个星期内，这个班所有学生没有一个人回宿舍睡过觉，大家都熬了整整一周的夜。他们天天睡在教室里，但是能看得出来所有的学生都很兴奋，保持着高昂的状态。这从另一方面也反映出来，学生对时代的敏感性，他们似乎早盼着这一课了。他们分成五个组，四到五个人一组做作业。评审的时候社会上职业建筑师来了很多人，最后西鲁·那吉对这次 workshop 的评价是：这是他在全球执教生涯中非常成功的一个案例。

2010 年我请了一名奥地利的教授，建筑师皮克（Rainer Pirker）来和我合作，这个人的设计理念和训练方法也非常有特点，他在 20 世纪 90 年代就开始实践他自己的理论。所以我一直觉得职业设计师很了不起的一点是，在其成熟的过程中逐步建立对设计的理解和理论体系。在做教学的时候他也把这个方法给学生尝试。可惜他 2012 年出车祸去世了。当时他从奥地利去德国汇报方案，返程的时候高速公路在修，于是他改走乡间路，最终

哈佛西鲁·那吉教授与苏老师联袂建筑形态学，课堂讨论，2009 年 11 月 23—27 日
图片来源：苏丹

天黑路窄，疲惫的他不慎驾车一下扎到河里就去世了。后来我和学生们在清华美院还给他做了一个纪念活动，学生们在教学楼三层过厅的一个角落里摆出他的照片并献上鲜花。看得出学生们非常怀念这位认真点拨过他们的老师。那一次皮克提前半个月把作业要求传到了清华，作业名称很有趣，"软包（softbag）"。"软包"是皮克对现代建筑设计方法的再思考，把建筑设计整个过程归纳为软包理论，是他通过实践反复追问现代主义的个人学术主张，他用这套理论来指导教学，表现出他独立的见解。由于学生在皮克到来之前并未认真去看作业要求，因此在他辅导的一周内作业的时间就显得非常紧张，这种紧张感主要体现在思想的交流方面而非最终的作业制作，反映出学生对此在思想准备上的仓促感。

结课时我照旧邀请了许多教师和社会上的职业建筑师参加作业评审，皮克在评审前做了半个小时的讲座，讲座题目就是"软包"。讲座非常精彩，通过他本人的四个作品来阐释他的观点，这些设计作品的时间跨度长达十五年，从而反映出他坚持不懈地进行理论研究和设计探索。通过这个讲座我们看到设计观的形成并非如我们

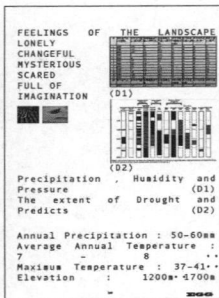

2007 级本科生建筑形态学课程作业，
授课教师皮克，2010 年
图片来源：苏丹

2007 级本科生建筑形态学课程海报，
授课教师皮克，2010 年
图片来源：苏丹工作室

习惯上的认识，而是大量工作之后的归纳结果。我们也看到思考在先的一种主动性实践。这种有目的的实践显得很崇高，因为设计不是无目的的劳作而是追求真理的实践活动。课后一些同学感想颇多，我也在深刻反思过去的教育和当下现象之间的某种因果关系。精英式的教育目标是培养未来世界的引领者而非旧世界的捍卫者，它必须对受教育者提出立场、主张、观点等方面的要求，我想这就是所谓的精英意识。精英意识决定着精英式的实践行为，它是实现理想的第一步。

但是我也发现一些东方的课堂旦不太适应奥地利老师这种比较高冷的方式，东方式的教育需要老师用热情感染课堂，以利于带动学生们思考的热情。中国、日本、韩国都存在这样的问题，即课堂的氛围需要通过互动的关系来引导。当时皮克和我合作完之后，下一个课程老师是来自日本的一位年长的教授。日本的老师就每天和学生混在一起，晚上还会请学生吃饭。相比之下中国学生明显更愿意接受态度亲和的日本老师。

2011 年我和库哈斯的高级助手埃里克·阿米尔（Erik Amir）进行了一次课程合作，这个年轻

2010 级本科生建筑设计课，授课教师埃里克·阿米尔，课程讨论现场，2011 年
图片来源：苏丹

的犹太老师非常活跃，他在世界很多大学任过教。他在建筑学学习过程中就读过两所学校并且在美国拿过佐治亚理工大学的科学硕士。去年我推荐他到国内的几个学校讲课，听说反响强烈。他的课程计划很缜密，将建筑设计的要旨从四个方面去讲解：第一个方面是比例尺度和身体（scale and body）。第二个方面是功能与研究（program and research）。每个上午他会拿出一节课的时间来讲课，然后引导大家讨论，第二节课让大家准备一些东西，然后互相批评。第三个方面是分析，设计与概念（analysis, concept and design）。第四个方面是关于地块、形状和其他要求（site, context and intervention）。他选择的场地往往是开放的、具有复杂性的，以此要求和促进学生去研究这块场地及其周围复杂的社会环境，最后大家给出的一定是社会、经济、交通以及建筑审美综合性的答案。我跟他的合作很愉快，结束时课程评审的时候安排了一个非常豪华的阵容，当时卒姆托事务所、斯蒂芬·霍尔事务所、贝聿铭建筑事务所各来了一位老师，还有来自中国台湾的一位老师。不要认为一门课程用不着如此兴师动众，教育中所有的深耕都会有回报的，这一点我深信不疑。

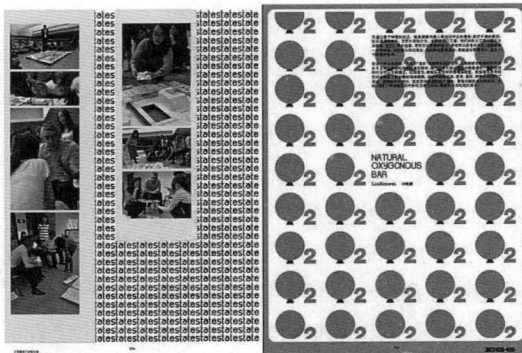

2010 级本科生建筑设计课，
授课教师埃里克·阿米尔，2011 年
图片来源：苏丹

这里有一张照片是哈佛大学西鲁·那吉老师结课的状况，这些东西都可能会走向世界和未来的。我们必须看到未来，计算机的出现，计算机与人交流的方式，计算机的超级计算能力还有制造的方式……比如最近全世界关注的 3D 打印，它会从反向刺激从而改变设计的格局，会把制造业重新变成社会化的制造业，会影响整个人类的生存形态。我在去年做过一个关于 3D 打印专门的沙龙，发言者都显得兴致勃勃，对未来充满幻想。事实也是如此，当下国家很关注 3D 打印，认为这会是一个制造业的新拐点。

哈佛西鲁·那吉教授与苏老师联袂建筑形态学，结课现场，2009 年 11 月 23—27 日
图片来源：苏丹

● "设计程序"与教学挑战

最近我上了一个比较有意思的课——"设计程序"。设计需要程序么？当然是需要的。程序是唯一的么？答案肯定不是唯一的。我们过去的设计教育的确把程序唯一化了，这是历史问题。所以今年我在上这门课的时候，一共四次课我请了四个人。一个是像我这种身份做教学的老师，一个是职业建筑师，一个是职业的室内设计师，还有一个是设计院生产型的设计师。大家做的设计类型不同，方法更是大相径庭。他们完全不同的设计思维和工作程序会告诉学生们一个道理，每个人都会有自己的方法，但是每个人的方法都饱含理性。所以我认为在后现代教育里一定有发现、塑造个人的过程，不像现在的课堂，如果面对二十个人，二十个人只是一个集体，没有个人。而今天是个人的时代，互联网又进一步把个人解放。我国一直在强调集体主义，强调共性需求，个性往往会被打压。但是今天你却完全不能回避一个问题，就是个性变得愈加重要了。所以我认为今天的设计教育更加复杂，它面对的对象是一个个自我塑造欲望强烈的个体。大多数个体已经不再接受过去那种把"我"塑造成样板或模范式人物的教育理念。今天的教育就是针对这个诉求，围绕共同价值又结合个体的特质和诉求去塑造。我这门课上完后效果非常好，为什么？因为学生们通过展现四种可能性建立了自我信心。但是我还要告诉学生们，每个人的方法都是经历很长时间摸索整理出来的。

最近做毕业生毕业前检查时，听一个来自意大利的留学生汇报分享，感觉这个学生非常了不起，他的思想深度明显超过同班的中国学生。后来了解到他是抱着追随社会主义的社会理想来中国的，当然这个想法深受其父亲的影响。他爸爸是意大利的左派，大家都知道20世纪六七十年代，意大利的左派思潮汹涌，激进的事件频发，左派政党势力非常强大。他的作业一直是从社会学和经济学的角度切入的，建筑的表达既有超越建筑中功能至上的东西，又会从日常生活、城市空间最基本的元素构成入手，特别扎实。他的毕业设计是做上海浦东的一个修船厂码头遗址的改造，做完以后让人感觉什么都没有做，看起来空荡荡的，但仔细辨别又发现这是一个很好的设计，因为他通过浦江两岸和场地内视觉元素的整合，把所有的问题都解决了。他把"浦东的这块场地对于浦西的意义"这个问题解释得特别好。他的设计文本逻辑性强，资料翔实，厚厚的一大本，而且这么厚的文本全是用中文写的。这个学生对待作业的深度思考习惯，我是非常欣赏的。但是在中国不是所有的老师都能接受这样的学生，他总是对老师提出的问题进行质疑，经常会反问老师道："就是这样的么？"有的老师就不太接受。那天最终评论的时候，我真诚地表达了对他的赞许，他的方案最终结果虽是一大块空地，但特别符合场所的历史气息，以及一个城市功能的定位。但是如何面对评委呢？评委大多是要看具体设计结果的，不能最后拿来张白纸说已经解决了问题。于是现场许多老师对他的方案挃出质疑，对此他似乎早有准备。他说："你们卩国人评价方案总是要问'设计'在哪里？"他讲这句话的时候我就看出他比中国孩子对设计本质理解得更深。我们往乺为了设计而设计，为了让人看到所谓设计师介入后的结果而做一大堆"设计"，显摆工作量和炫耀个人技巧。而他只是做了一个很简单的东西，但把问题全解决了。所以这种设计在我们评价的时候就产生了一个问题，到底给他高分还是低分？因为他没有那么多建造出来的造型，但是他做出了城市最需要的东西，就是这块空地，具有沧桑感和历史印记的空间，具有很多功能可变性的空间。他只做了一个活动的结构，满足场所多变的功能，他把这个场所吃透了，并没有做那些拆不掉的垃圾。

所以我觉得在这样一个剧烈变革的时期，设计教育挺难的。难在我们不仅面对的是一个没有边界的工作区域，还有一群丰富多彩，要做"自己"的学生。比如我今年带的一个毕业生，他要研究参数化设计，要把经济学和社会学的原则用计算机编程生成设计结果。到现在一直看不到结果，没有模型，因为要等所乺的研究定性后，参数才能确定，模型才开始生成。该学生在选毕业课题方向时，完全不顾及我这个导师的计算机水平而"一意孤行"……所以我觉得，今天我们的设计学教育一定要做好准备，以面对各种没有见过的问题。但是对于老师来讲，恰恰正因为设计课堂的丰富性和生生不息的流变性，也给我们自己带来新的知识、新的体验。这是从事教育工作的一份福利，经常令我感到幸福。所以我现在知识的拓展经常通过学生提供的线索来完成，这就是所谓的教学相长吧。当然每一个课题或一次调研、一次展览都是我和学生们共同面对的挑战，这时他们也是助手。包括出国都是学生给我订票、订宾馆、订参观地点，比如我到维也纳让他们给我

意大利留学生设计方案汇报
摄影：苏丹

查查我需要看什么，马上就能帮我查出来，早期瓦格纳做了哪些设计，汉斯·霍莱茵在20世纪70年代做了什么设计，这些都是我的学生给我准备的。所以我觉得我是一个钻在教育里的寄生虫，我总是能得到互动，学生也很满意，觉得学到了很多东西。很多社会上的职业建筑师为什么喜欢到高校的课堂任教，应该出于跟我同样的目的，以此获得一种新生。你不可以否认人类总会衰老，总会过于迷信，没有斗志的时候就会凭借过去积淀下来的经验来获得一种效率，这样时间长了身体就会衰老。所以眼见许多职业设计师进入高校的课堂时就像打了羊胎素一样焕发青春，寻找到了一种状态，看到学生源源不断地产生想法，在互动中探讨并得到一些知识。其中有些想法对设计师的方案是很有帮助的，所以这些年与我合作的职业设计师们一个个都酷爱教学。

我给大家讲一个极端的案例，有一个美籍华人建筑师名叫安迪，能讲中文但写不了中文。他高中就在美国读的，后来在哈佛一直读下来，再后来到中国谋求发展。之前约好了我和他一起合作讲课，后来一个好友突然提醒我说你可要警惕呀，安迪是常常迟到的，从来不遵守时间的。这个信息把我吓坏了，之后我就和老温（安迪姓温）说学校上课绝对不能迟到，这个是原则问题，如果不答应这次课程就算了。他说："你放心，我一定不迟到！"后来在7周的上课时间里他每天早晨七点半就来到教室，辅导到中午才离开，有时候晚上十点多再杀回课堂看看学生们在做什么。我感觉最疯狂的是他曾经同时在三个学校任教，两个中国学校一个美国学校，中国是清华大学建筑系、中央美术学院建筑系，美国是罗德岛设计学院建筑系。为了上好课，他必须一个星期飞一次纽约，他到纽约上完课就立即飞回中国再上。是什么样的刺激能让他保持这个状态？不是兴奋剂，不是讲课费，也不是荣誉，我认为是我刚才所说课堂里那些令人兴奋的因素。正是因为这些因素，设计的课堂才具有如此魅力，"引无数英雄竞折腰"，所以有的时候我们这些人去上课前既兴奋又恐慌。我在上课前大概一个月的时候就会烦躁，因为我用的课件从来不重复，每年我会在过去的基础上重新准备。这期间我会反复思考如何面对一个新的群体，如何"征服"他们，如何通过课堂获得一些东西。所以要做充分的准备，无论是知识储备，教案制定的条理性，还是精神状态的准备。

● 形态研究与教学批判

这些年无论是在研究生还是本科生的课堂上，我都讲授关于形态的研究，积累了一些控制引导课堂的经验。我发现一开始我们的学生一般不爱讨论，课程快结束大概倒数第二个星期时，状态才开始出来。但是那些作业做出来后都超出我的想象，特别好！所以设计课程中的理性教育是必需的，技术训练也不可或缺，要培育每个人掌握一套自己的方法，这个方法在现当代的教育里也在不断变化。比如过去我们强调的速写能力，大家说速写是记录，通过速写在脑海中描摹对象，触摸对象，我觉得这是一个对设计对象认知的过程。但是如今西方的现代设计教育注重现场的体察，使用更有效率的工具——照相机。像慕尼黑工业大学（TUM）建筑系的课程训练，就是让学生拿着照相机去现场发现问题，之后对海量的图片进行梳理、筛选。他们的教师对图像非常敏感，对相同场景中的照片老师们要问："你为什么用这个角度？反映出什么问题来？"我觉得他们设计的表达和整个设计的研讨过程都是一体化的。

另外他们课堂式教学方式也是一种批判式的，通过挑学生的毛病去排除设计思维中一些经不起推敲的东西。最优化的东西是不存在的，人类是不可能有真正的创造性，说到底拥有创造性的只有造化，所谓的上帝，是一种看不见的东西，一种超越经验性的绝对性的东西。今年我在意大利多莫斯设计学院演讲的时候，讲对创造性的重新认识的问题时强调："不要太轻易地提'创造性'。我们顶多算发现者和模仿者，因为最优化的东西都已存在了。"新的设计教育理论提出，应该开设仿生学的课，增强学生向自然学习的意识。而我认为仿生学应该作为通识教育的课程，小学中学就应该有这样的教育。所以在这个理解的基础之上"否定"是挺合理的一个教育方式，因为无法"肯定"，所以"否定"是一种常态。

● 设计实践与空间变革

下面我讲一个案例，来给大家介绍一下我做设计的方法。这些年我和我的团队一直坚持适度参与实践，我是一个不愿意脱离实践的人，但是不可否认在 20 世纪 90 年代到 21 世纪初，大概十年的时间里做了大量庸俗性的设计。我不能把自己说得多么纯粹，多么有操守。在中国快速发展的历史时期，完全按照学院派的理想行进自己的职业人生几乎是一件不可能的事情，因为整个社会环境比较复杂。大多数人都在进行乱中取甓的挣扎，你想找到一个翻开这去底子都很"干净"的人，基本绝迹了，能存活下来的人一定是经过妥协的。了不起的是，在这种条件下，不能让理想死亡，而是智慧地让其蛰伏起来，等待时机。最终理想在一定条件下会像遇到阳光雨露的种子，迸发出巨大的生命力。我可以自豪地说自己从未丢弃理想，从 2006 年开始就逐渐形成我们自己的方法，不断地做实践，积极参加竞赛。我在这一段时间里的成功率极高，只是前一阵有个项目"打破了纪录"——苏州的一个项目输掉了。但是从 2006 年到现在仅有这么一次，其他时候基本上都是第一名。当然我不太参加乱七八糟的竞赛，一般只参加邀请性方案征集。

我先给大家介绍广州城市规划展览馆这个项目，它是广州当时亚运会结束后广州市最大的一个项目，大概十万平方米规模，建筑师是何镜堂院士。业主要求受邀单位进行室内设计到展览设计投标。方案征集的时候高手如云，大家都知道这两年一些设计机构都打破脑袋争着做城市规划展览馆的项目，这次我们也参加了这个热门项目，最后第一名，且得分遥遥领先，把第二名拉开一大截。因为我们和其他参加投标的方案设计不在一个话语体系里面，理念上相差很大，给了业主方和评委耳目一新的感觉。过去我的团队分成两个部分（后来有人说我的模式和库哈斯很像），一个团队在学校，做概念研究和梳理文本，另一个团队在北京西山一个创意产业区，是操持技术性工作的团队。梳理文本的这个团队要抓住项目所处的环境特质及其本体建构中最重要的一些问题，提出关键词及解决的方式。问题是什么？解决方式是什么？关键词向图形转变的过程是如何进行的？学校的团队做到这个环节，然后再由另一个团队负责图纸文件制作，这就是我的工作方式。所以面对广州这个城市展览馆的项目，我不会先考虑具体展陈形式怎么做，领导参观路线怎么走这样的细节问题，而是空间形而上的思考，要揭示城市化过程中出现的各种各样的诉求和种种问题，一个有民主意识的南方都市的城市规划展览馆要传达什么理念，这种理念和人的行为模式有什么关联。

因此研究文本的过程中发现很多线索，如有位摄影师连续十年拍摄广州的变化；有媒体曾做过一次关于广州的幸福感是什么样子的调研，所有人回答是什么样子的……这个时候我们研究广州是从社会学这个层面进行的，然后把广东社科院的报告也调了出来，最后就得到了一些有价值的信息并与相应的空间信息对照。城市规划展览馆是人们在里面进行自觉活动的空间，人们带着自觉性来这个空间进行认知活动的地方。

这两年我们调研了城市展览馆的展陈模式几乎全是新媒体技术一统天下，进去后黑咕隆咚像看电影似的。我认为这就是一种灌输式的宣教方式，所以我们一定要建立新的展览模式，让人们始终保持清醒的头脑，而不是给人们营造一个虚拟的世界，不是让人们忘记现实，进入忘我的状态。所以这个城市规划展览馆刻意让人们保持头脑清醒，在空间中客观判断现实问题。而且广州这两年的城市发展也在尝试民主化的进程，比如开始有听证制度，即规划展览馆在发布的时候设有听证会，这是别的城市没有的。我们通过一种科学的，和艺术性的工作相结合的方式把这些特质演变成展览模式，然后继续深入细节处理。

我们套用了柯布西耶的一句话来解释空间和社会变革的关系，并把它大大地呈现在设计方案的首页。从社会学的角度透析，再用专业的角度观览社会发展的趋势，再谈空间开放体系的建立，再谈广州作为一个民主多元化的载体应该呈现什么状态。我们试图把一个规划展览馆转化成一个公共空间，像城市的街道和广场。最终目的是形成一种综合性的环境空间，一种没有分界线的整体性的城市生活。在那里破除工作与休闲、公共与私人的分界，更不用说有形的或无形的阶级分界，所有这一切都将被消解，这是人类社会聚居环境的理想。城市在建造的

过程中带来了无限的问题，形成各种各样的壁垒，但是最终理想是消除这些界限，使城市最终变成一个开放性的城市。

在研究具体的技巧上，在对观览空间的发展历史回顾的基础上预测未来，对不同时期技术创造下展览模式发生的变化也进行一定程度的归纳。我们要研究今天技术变化后，会应用什么方式讲述、传达这种信息。同时还要对项目所在地理环境进行分析，分析其气温、湿度和行为模式的关系。像意大利和希腊的广场是一个民主的、共和的载体，但是在中国南方，太热太潮，所以在此地大型公共建筑的室内反倒有可能是个公共场所。整个文本讨论了从空间属忙的各个角度去探讨的可能，待这套理念成熟后，设计团队开始介入，在方法上针对不同空间怎么去做，怎么解决灰空间，怎么解决空间中有新媒体的状态，怎么解决走廊，如何把走廊还原成街道、城镇的感觉。其实最终的效果图很少，理念基本讲完后就胜局已定了。

我认为目前我们从设计实践中已经找到了一种有效的方法，这种方法实际跟我的教学程序是有关系的。我们在教学的过程中就是按照这些方法处理课题中遭遇的问题，所以教学和实践可以形成一种密切的、关联性的、互相支撑的状况。如今通过我个人的调研、课程实践以及设计实践，提出了我个人化的一套理念。还是那句话，我是一个把自己献给设计教育的人，我不会回头的，也不可能再做任何其他的东西，所以我希望通过自己这些年以来的思考和发现，能够对中国的设计教育有所帮助。

在清华的最后一课，景观形态研究结课汇报，2021 年 11 月

图片来源：苏丹

第二讲

当代设计师的野性培养

2

时间：2012 年 8 月 24 日
地点：清华大学美术学院
讲座：清华美院研究生入学教育培训

概要

在当今的艺术设计界，不只是职场设计师过于机会主义，中国传统教育模式也存在野性不足的危险，大多数情况下是在"把玩设计""画设计"，而并非"做设计"。本讲从设计野性的内涵出发，探讨了教育与野性的抗衡、野性价值的证明、传统院校式教育模式的危险等内容。进而提出"行走"是保持思维鲜活和抢救野性的最佳方式，并传达对于设计教育的期望。当代设计师的培育理应提升实践方法与能力，重视文化建设与气质培养。

一、野性与驯悍

我想从"野性"这个表达本身切入今天的话题。首先，让我们回到古汉语和经典语录，来看野性的解释：汉代路乔如在《鹤赋》中谈到野禽的野性"故知野禽野性，未脱笼樊"；唐代韦应物《述园鹿》描绘"野性本难畜，玩习亦逾年"；沈从文则在《湘行散记·虎雏再遇记》中提到他看到的野性"眉眼还是那么有精神，有野性"……实际上，在这些古老的文字里已经透露出些许对野性的赞美，因为笼中的老虎是没有那种难以驯服的生性和灵性的。同时，野性也被描述成一种天真自然、未被开发、未经改造的属性，比方说：唐代韬光在《谢白乐天招》中写道"山僧野性好林泉，每向岩阿倚石眠"；陆游在《野性》中认为"野性从来与世疏，俗尘自不到吾庐"，等等。

但是我愈发感受到，在如今的教育之中，野性早已变成了被规训、调教、去除的对象。当然也正是因为要去除野性，才产生了教育这个计划缜密、条理清晰的系统。教育总是希望通过逐一精心设计的环节，把人与生俱来的野性一点一点予以革除。在传统的观念里，教育往往和启蒙有关。那么启蒙又是什么呢？那就是让你从蒙昧时代开启一个新的、理性的、自觉的状态。教育的开始往往是调教和驯化。驯化，也是要把野性去掉，要听话，要让你按照"人"的想法，按照"人"的意志表现自己。而改造是一种最基本的方式，归顺、说服、塑造都是具体的动作。在去掉野性的过程中，教育往往先是说服你，告诉你很多道理，告诉你"野性"怎样不好。驯化改造完成后，人和人的相处就是个体和社会之间、社会和国家之间的关系。背后一定带有社会的意志，国家的意志。因此在教育的过程中，个体往往是绝对被动的。

对于设计和艺术这种提倡创造性的事物，对于它们的教育而言，问题就来了，我们不难发现它天生就存在着规范和破除规范之间的矛盾。于是我们看到，在教育环节里会产生如自由和规定等诸多的矛盾。在解决这些矛盾的过程中，包括思想和身体、技巧和力量、文本和实践、赞颂和批评、顺从和传承、解读和草创、知识和气质、抚慰和攻击、因循和冒险、接受和对抗、传承和创新、解构和建设等问题。所有概念都是成对出现的，我们去掉一方面，另一方面就得到了凸显。比如冒险精神的去除，最终会让你选择更保守的道路，极端就导致因循守旧；传承和创新也是这样，传承就是延续建立在一套过去成熟的系统经验；再比如说"知识"和"气质"也很有意思。气质是一个关于身体的、精神上的、内在的表现，从刻画形体的角度上来讲，它是无形的，很难被描述。可是一个人知识是否渊博，读过多少本书，这都是可以衡量的。但很多人读了一辈子书，最终还是没有气质。我认为气质带有某些天性的东西，想以教育、培养、训练的方式赋予不一定见效；还有"技巧"和"力量"，技巧是人们在实践中摸索出来的东西，但力量是一种混沌的、最初始的一个状态，所有的技巧都是从力量中产生出来的。但是掌握了技巧之后，人们又尽量避免佪用更多的力量，其实这是一个悖论。因此掌握了技巧的人往往力量逐渐就退化了，变得没有力量；"文本"和"实践"也是这样，文本中的知识能使实践减少挫折。但懂得了知识，通过文本掌握经验后，它并没有转化成身体知觉的一部分，因而我并不认为这是真正的知识。所以说，人在认识事物的过程中，仅仅在概念上厘清是远远不够的。真正透彻地理解一件事物，还是要通过身体、劳动、工作、现场去感知，往往实践比文本、力量、技巧更具有野性。

而我国是一个崇尚"读书"的国度，大家都喜欢指手画脚，喜欢娓娓道来，而不愿意用身体行动去探讨概念。我们的教育也是非常反对冒险的，几乎所有的教育都在告诉你不要去冒险，而要选择一种经世耐用的方式。实际上没有冒险精神的时候，主体就不会倾尽全力去做一件事情。我认为冒险恰恰能够把人的潜能唤醒，冒着有可能失败的风险，用尽全力去做事情，这在美学里恰恰是一种至高的境界。但是现在看来，冒险在我们的教育中是被回避的，甚至是受到反对的。

二、现实与实现

下面我想深入谈谈我们的现实。中国是一个经济、人口方面的大国，这已经是一个不争的事实，我们是制造大国、经济大国、奢侈品消费大国、建造大国、餐饮大国、金牌大国、考试大国、培训教育大国、吉尼斯纪录大国、设计拷贝大国。但是我们还有一个强国的梦想，我们不想以"做大"为最终目的，还要实现"做强"的梦想。在这个背景下，设计从制造到创造，基本上也处于这样的语境下。我们需要在设计领域不断努力，给自己树立更高远的目标。

一个轶闻是我 2008 年在意大利听到的，也一起跟大家分享一下。我的意大利朋友弗兰切斯科·达贝雷是一个诚信的、爱思考的商人。当时中国和意大利人在设计创造领域最大的分歧，是许多意大利制造商总认为中国人在拷贝抄袭他们。因此，大概从 2000 年开始，米兰设计周家具展想尽各种方法防范中国的设计师和商人，但最终发现防不胜防。最早是不允许中国商人拍照，因为意大利人发现他们请职业设计师做出的作品，在家具展上正在展出，只是打样，还没有转化成商品，而这时中国商人去了，举起相机"咔吧咔吧"拍了几张照片，一周之后在广东东莞、顺德，深圳宝安区这样的地方，欧洲设计师的这款作品就已经出现在厂家的专卖店里了。因此他们一度在展区中贴了标签，用中文写出"禁止拍照"的字样，同时相关的资料也不太愿意给中国商人，但这一切根本难不住坚韧不拔的中国商人。

这些第一批中国家具商大多是从零基础开始的，可能曾经也就是木匠而已，或是搞木材经销的商人。俗话说"光脚的不怕穿鞋的"，他们在实现"四化"的道路上，个个只争朝夕。于是他们就派设计师到意大利展厅去画速写，这些可爱的同胞们认为："你不是不让拍照吗？你西方人不是有这样的规则吗？那我就派设计师去画速写呗。"就这样被派到现场的设计师们，在熙熙攘攘的人流中，打开速写本，一本正经地围着一款家具，几个立面都画了一遍，回来以后还是很快又生产了出来。这样一来，欧洲人可谓是不堪其扰，这些中国商人们的行为也变成了一个争执的焦点。

一次，这位意大利的朋友诚恳地跟我说，西方应该站到中国迫切发展的立场上，对中国表示出更多的包容性。但最后他也跟我开玩笑说："中国的商人太聪明了，当我们实在斗不过中国人的时候，我们就会让那不勒斯人来对付你们的浙江人和广东人。"这是什么概念？当他对那不勒斯人进行了一点科普后，我差点儿魂飞魄散，连美国的犯罪史上最后的纽约黑手党莫雷洛家族（Moreno），最终也是让来自那不勒斯的组织"卡莫拉"（Camorra）给摧毁了。在我看来，意大利人的意思其实是在最后不得已时，他们也要释放他们的野性，最后可能会从一个设计之间的比拼，创意之间的比拼，甚至经济法律规则的比拼，演变成肢体冲突和丛林性的角力。

所以，在文明评判和设计领域里，我们今天要谈的野性到底有什么价值？这是需要我们进一步去考虑的。刚才谈到的几个问题，或多或少触及野性，比如出于对规则的无视而展现出令人生畏的进攻性之外，也通过创造产生了一个系统之外的系统，这个系统可能对既有系统具有一种破坏性和摧毁性的力量。

三、摩擦与抗争

如果我们回顾人类文明史就可以发现，实际上很多文明的衰退和其野性的丧失是有关系的。比如在北京的一个沙龙，有朋友在讨论一个问题，大家经常遭遇到民族主义者反对知识分子谈希腊文化的情形，过去就有"逢言必称希腊"之说，这是过去中国知识分子的习惯。那些质疑希腊文明的人总会这样问："你们总说希腊多么多么牛，怎么最后还是被灭掉了！"希腊文明曾照亮我们蒙昧的时代，但是从现在对文明史的判断中，也会看到希腊最终被比它更强有刀的罗马兵团所征服。

世界上还有很多文明可能都是这样，最终是文明人输给了野蛮人。像古印度哈拉帕文明，即印度河文明，最终失落是因为什么？其实是因为它没有铁器，没有修理过像样的灌溉工程，生产方式的缓慢导致了整个系统停滞不前。那时人们建造的城市市政设施已经都很完善，社会生产力、社会组织能力、艺术手段已经十分强大。从考古发现的一个小型男性雕像的肢体语言不难看出其生动性，不仅造型技艺高超，冶炼和铸造技术也很发达。古印度河文明当时已经到达了很高的程度，但是最后依然莫名其妙地突然终结了；古巴比伦文明也是如此，我们知道古巴比伦文明是人类四大古文明之一，当时其农业灌溉技术是很强大的，这也造就了他们一个阶段的辉煌。但他们只懂得引水灌溉，却不懂得排水洗田，这就导致土壤的盐碱成分越来越高，最后社会生产力严重衰退；希腊和马其顿之间的关系也是这样，北方的马其顿崛起以后，它以强悍的马队裹挟着无敌的方阵呼啸而至，后来取代了希腊的王者地位，罗马军团所向披靡地挺进奏响了希腊文明的挽歌；埃及也是这样，它先后被波斯人和罗马人打败，直至被征服和统治。

● 米兰列奥纳多·达·芬奇科技博物馆

同样地，我们在设计领域也能看到这样的现象。2008 年我在米兰拜访了达·芬奇科技博物馆，这个博物馆把达·芬奇在文艺复兴时期手稿所展现出的奇思妙想进行了展示陈列，通过那些根据其草图制作的木制模型，我们不难看出达·芬奇伟大的预见性。他把艺术和技术进行了良好的结合，但是他的所有创造性艺术成就离不开技术。所以我们可以这样说，和艺术相比，技术更具有野性，因为技术是在驾驭力量与技巧，产生根本革命性的东西，和艺术相比它当属雄性。在科技博物馆里，我们也能够看到意大利社会如何培养整个社会创新的后备力量。节假日和日常闲暇时间，有大量的中小学生在达·芬奇博物馆中的公共教育空间里围绕不同的问题进行讨论，然后制作模型，也有专业老师对他们进行辅导，而且这样的活动是艺术博物馆开展的一种社会性的教育活动。学生们离开课堂，来到艺术博物馆，看到这些事物，在动手实践过程中找到灵感，从而进一步理解历史上伟大的人物、天才。

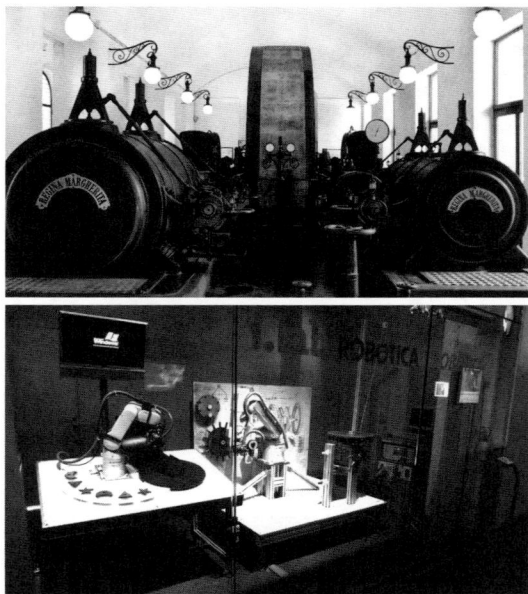

达·芬奇科技博物馆
摄影：苏丹

中小学生在达·芬奇博物馆中的公共教育空间讨论
摄影：苏丹

●2010 威尼斯建筑双年展

还有一个特别的案例，2010 年威尼斯建筑双年展史无前例选择了一位一线建筑师而不是理论家作为策展人，这也是威尼斯建筑双年展上的一个奇迹。在过去，策展人都是由理论家来担当的。但这一届他们选择了日本的妹岛和世作为策展人，我们知道妹岛和世当时刚获得了普利兹克奖，她是一位成绩卓著、默默无闻的耕耘者，一位一直勤勉实践的女性建筑师。作为日本人，她在全世界各地留下了很多精彩的建筑作品（当然这也是亚洲人的骄傲）。本届威尼斯建筑双年展选用这样的一位策展人，也传达了一个信号，即提醒

2010 年威尼斯建筑双年展西班牙馆装置"*Balancing Act*"，摄影：苏丹

由设计师安东·加尔恰-阿布里尔（Antón García-Abril）设计（合作：西班牙事务所 Ensamble Studio），为妹岛和世指导的"People meet in architecture"展览的一部分

整个建造领域，不要过于理论化和知识化，因为所有的认知和真理均是来自实践的。虽然理论的总结很重要，但想真正把握世界的规律，必须在与实践的摩擦和抗争过程中逐步形成。当实践者通过作品输出他们的成果后，理论家再在这些成果上进行总结。因此我们看到，这个世界上历史超过百年的最重要的当代艺术展，也开始强调实践的伟大作用。

其中，西班牙馆尤其引起了我的好奇，它的主题叫作"平衡操作"（Balancing Act）。平衡操作看上去是一组结构所构成的一个平衡状态，比如说静和动——在梁和梁之间有弹簧，刚性和弹性组合形成一个非稳定的体系。另外我们注意到，建筑主体结构钢梁上，放着一块巨大的未经雕琢的原石，石头形成的重量、重力对结构的稳定产生了巨大作用。这组动态的结构生成了建筑景观里最精彩的部分。精彩之处在哪呢？精彩之处第一点在于刚性和柔性的结合，非稳定体系和稳定体系的一种辩证关系。第二点在于人工和天然的关系，我们看到被放到最醒目位置的巨石是天然形状，它与几何状的精细的人工构架组合，形成一个很矛盾但又非常生动的视觉形象。钢梁上的那块石头显然是得到了强调，我觉得这就是野性未被雕琢之前的一种形态。因此，展厅围绕着这样一个结构形成了动态平衡的建筑作品，传达出深刻的思想意识，着实发人深省。也就是说，我们的建筑体系经过一代代结构工程师的精确计算，而逐步优化并产生了效率，但是到了新的时代，恰恰又成为我们的束缚，对我们的身体和思想的束缚便是来自这种严谨的系统。所以说，我们应当返璞归真，寻找那些未被雕琢的东西，包括我们自己。

我们再看瑞士国家馆，关注一下瑞士参加建筑双年展的作品。瑞士国家馆用"景观与结构"

2010 年威尼斯建筑双年展瑞士馆，主题为"景观与结构"
摄影：苏丹

（Landscape and structures）这样一个直截了当的主题来展示瑞士工程建筑方面的创造力来源。我们都知道瑞士是一个建造能力相当强大的国家，诞生了很多伟大的建筑师，如现代主义建筑大师勒·柯布西耶（1887—1965 年）、当代的建筑师德梅隆和赫尔佐格，以及彼得·卒姆托等，许多杰出的建筑师都来自国土面积不大、人口不多的瑞士。瑞士的人口只有不到 800 万，这让人很好奇，这些英才，展现出的这种创造力和才华到底来自哪里呢？瑞士国家馆给我们展示了瑞士创造力产生的源泉——用结构来对抗严苛的自然条件和危机。展览内容的全部项目都是桥梁和隧道、护坡这种工程性极强的建造，尤其是不同时期各种各样的桥梁，有跨越大峡谷的，也有小镇通往外部世界的小型桥梁，有传统石桥、砖木结构桥、木结构桥、钢筋混凝土桥，也有钢结构桥，等等。

就地理因素而言，瑞士是个多山的国家，长期面对的环境问题是山体不断塌方。我经常坐火车从意大利北部进入瑞士，从米兰到科莫再到卢加诺，最后到苏黎世，沿途我看到穿越山区的隧道很多，建筑的护坡也很多，要经过不同的桥梁，也经常看到有塌方事故。有的时候火车速度放慢，就是因为前面有抢修塌方的工程。因此，我感觉瑞士一代又一代的人都需要通过他们的努力，在崇山峻岭之中和自然地貌与地质条件艰苦地做斗争。他们要建桥梁、打隧道、做护坡，防止塌方。因此，他们的伟大是建立在这种非常强悍的工程之上的，通过结构来和自然环境抗争，并逐步形成了强大的建造能力。这个展览就是在强调景观的自然生成，它没有刻意造作的景观变化，而是在掌握了这种强大的控制和平衡能力之后，凸显着外在的自然形成。比方说修建一座桥梁的时候，必然精确计算，让它变得更加轻巧。自身的轻盈实际上也是对结构的一种安抚，因为结构的问题往往是来自荷载和重量，减轻自重是一个很好的途径，我认为这就是瑞士人的智慧所在。

我们再看另外一个国家馆——克罗地亚国家馆。他们在亚德里亚海做了一个临时的漂浮物，威尼斯的展览是这个漂浮物体的物理和精神投射。展厅做得很简洁，准备了一沓沓打印好的关于展览的介绍，还有一段录像。他们建造的临时漂浮物类似一个大船坞，但这个漂浮物是由纵横交错的三个方向的钢筋焊成的网络，最终在密密匝匝充满刺激的网络里切割出一个空间形状。我觉得这其中也有深刻的政治寓意，映射出一个国家和民族在复杂的地理地缘政治关系里，通过对抗和挣扎所获取的一种平衡。通过装置来表现一种社会性的对抗，同时反映出建筑学本身的一个道理，这是我个人的理解。

我还想说一下中国建筑师王澍的作品，他展现的形态是东方式的，用很规则的一个个白松木方，通过我们传统门窗上的挂钩，相互联结形成了结构，这个结构又形成了对空间的覆盖，这就是他的作品。2008年的时候他还没有获得普利兹克奖，但这个苗头已经展现出来了。因此当时我看完这个展，感到王澍已经进入国际一线敏感人物的状态了，他们在进行着同样的建筑哲思。

还有妹岛和世刚刚获得普利兹克奖的这个作品，就是在瑞士洛桑联邦理工学院校区。它是为高级访问学者所建的一个学习中心——劳力士学习中心。我是在它开始打基础时发现了这个了不起的建筑，后来因工作原因每年到洛桑理工访问我都会格外留意它的进展，一直到它完工。建筑最根本的创造性还是在于结构，建造的初心是用轻巧去形成一个庞大的建筑实体。所以西泽立卫在做结构设置的时候，它的屋顶并不是一个沉重的钢筋混凝土壳体，而是使用了日本建筑师非常擅长的木结构，如此一来建筑就大大减轻了自重。在美丽的湖边，这样一个巨大的构筑物延续着地貌的起伏，形成了一种自然而然、延绵不断的环境意象，这种环境意向的支撑，需要一个很雄浑的具有力量感的结构。但是在它的室内设计里

中国建筑师王澍作品，《衰变的穹顶》，2010 年威尼斯建筑双年展

摄影：苏丹

并没有突出结构，也没有任何装饰，唯有起伏不定的界面。它带给人们一种大自然的清新感，人们可以席地而坐，就像户外的景观一样，可以坐到湖边去阅读，白色的柱子仿佛让这个空间结构体消失了一样，变得如此通透。

这一届双年展其实为我们展现了建筑本体中的结构和建筑文化的关系，和文化相比结构属于野性，虽然结构属于一种理性认知，但其本质是对抗性的，非常强大，是能够让建筑物对抗自然环境的最根本力量。而文化是被赋予其上的，是存在于想象之中的东西，是我们想象出来的一种生活方式的系统，是一种语言。所以妹岛和世作为这届双年展策展人的这个事件，也让我有很多启发。我认为这是全世界精英人士在思考的一个问题，即如何防止我们退化，防止我们世界的没落，我们还是需要继续实践。理论在一个阶段起到了作用，毋庸置疑，但是根本性的力量在于那些勇敢的实践。

劳力士学习中心

图片由西泽立卫事务所提供 ©SANAA

清华教学实践，结课汇报在美院 A 区中庭进行
图片来源：苏丹工作室

● 雷姆·库哈斯

下面我再来讲一个当代风云人物身上所具有的野性，他就是雷姆·库哈斯（1944—）。2010年，我请库哈斯来清华做了场演讲，地点就在美术学院。因为在之前他设计的CCTV新台址遭到了许多国人的攻击，包括像清华大学这样的学校里的个别学者。很多人对他提出了非常尖锐的批评，所以库哈斯一直想找一个机会来和北京的官方渠道及知识界进行一次沟通，我和建筑学院的徐卫国老师促成了这次演讲。这次演讲很轰动，库哈斯的题目是"*Why we are here*"（为什么我们在这里）。主要讲他在中国实践的意图、理想、途径和方法。其中展现了他改造社会的雄心，解决大都市问题的雄心。库哈斯的作品在中国的争议比较大，他的作品理论性非常强，但是通过这次演讲，我也看到了他具有强大的雄心和野性的一面。他并不是一个温文尔雅的人，在他每一次建筑实践过程中总是充满了争议，而每一次的争议又对他的思想进行了注解，这样的作品是活态的，它在褒奖和批判中被不断塑造着，所以他的作品很当代。艺术就是在一个实践的结果之上，人们的争论和分析最终形成作品的各种解释。他自己反而没有做太多阐释。

库哈斯（右）受邀在清华美院开展学术活动
图片来源：苏丹工作室

当天来的人很多，我们的报告厅定员350人，最后挤进来大概600人。走廊座席的后排、讲台的前面挤满了人，结果还有五六百人进不来，最后我把这些人疏导到了旁边的一层门厅里，同时利用图像传输技术把现场的图像发布出去。还有一个非常巧的事情，这次对话和讲座之所以很轰动，原因之一是大家对库哈斯的思想好奇，另一个原因是CCTV新台址刚着过火，加之讲座那天又是他70岁生日，当我获知他生日这个消息后，就让我们陶瓷系的章星老师带着学生做了70个烛台，每个形状都不一样，但每个都是着

西泽立卫（中）做专题报告，清华美院A308报告厅
图片来源：苏丹工作室

火的配楼楼体造型的变体，这些烛台最后点着并摆了一个心形，也是向他的生日表达祝贺的装置，该装置吸引了很多人。我利用库哈斯演讲这个事件，在现场将充满冲突、对抗的调侃变成了艺术化的形式。另外我在给人们提供的饮料里面偷偷加了白酒，让这些人喝完以后晕乎乎地去听他的讲座。我记得当时库哈斯跟我从贵宾室一出来，看到烛台他捂着脸就跑了，其实看得出他很喜欢这个作品。

库哈斯在中国有很多实践项目，除了 CCTV 新台址以外，还有深圳证券交易中心等大型工程设计。其实这样的建筑实践对习惯唯美的设计群体是一种伤害。中国的设计界一直以来被这种所谓的形式主义装饰腐蚀着，大概已经读不懂什么叫力量，什么叫野性了。在建筑界，我几乎很少听到有人对他的褒奖，很多人都不喜欢他的建筑，觉得建筑样子太简单，太粗暴了。但是我非常喜欢他的建筑，为什么呢？比如深圳这个项目它体现出一种建立在结构创新之上的力量之美，做得很果敢。这样的一个体块，简单组合的两个柱状和一个台状，同时台状漂浮在上空节约了用地。库哈斯的演讲题目其实也表达出他作为一个荷兰人，一个精英

分子自认为的一种拯救意识，他想担当人类社会都市化过程中一个应对和解决复杂性的建筑师。

在库哈斯演讲结束大概三个月，又来了一位重要的人物，2010 年获得普利兹克奖的妹岛和世与西泽立卫这两位建筑师之中的一位——西泽立卫。妹岛和世与西泽立卫共同负责着从概念设计到施工落地的各个环节，并通力合作解决了项目全程的复杂问题，最终得以呈现如此轻盈的建筑形态，而其背后由强强联合的结构处理作为支撑；所以他的到来也是非常有意义的事情。但无疑社会对于西泽立卫的关注，不如库哈斯，这说明了什么呢？建筑创作和表达中的主题方面对社会问题的关注必然在社会层面掀起轩然大波，它会变成社会的话题。西泽立卫的到来则安静了一些，但人依然非常多。那天大家因他飞机延误而一直翘首以盼，结果西泽立卫从机场下了飞机就风尘仆仆地赶来了。我看他当时的着装，感觉像是从工地上直接来到了讲座现场。他就是这样一个非常朴实木讷的人，在那天讲座过程中通过图像和工程信息所展现出的奇思妙想，以及解决这种奇思妙想所做的结构处理和建造，让我们感到非常震惊。我觉得作为一个建筑师，始终要用工程技术去对抗复杂的自然环境，同时你的奇思妙想必须有强大的东西作为物质支撑。所以不懂得结构的建筑师也不是好建筑师。

非常有意思的一点是，他给我们展示了他刚刚完成的劳力士中心的项目概况时，有人向他提问说："那个看上去起伏不定的大屋顶到底是怎么做的？"他开始有些犹豫是否展开，之后在一个听众刨根问底般地讨问下，才揭秘是混合结构，其中的工程细项包括屋顶钢结构梁柱及支撑柱、屋顶木结构梁柱结构、预应力索梁结构以及"壳体"混凝土结构等方面，并坦言得到了瑞士当地工程机构与专业人士的多方支持。这也解开了我

的一个疑惑，因为从 2007 年一直到 2010 年，我每年会到洛桑理工去和教授们交流，见证这个奇异建筑的成长。我对它的屋顶一直很好奇，我觉得它又像壳体又不像壳体。我觉得它像壳体是因为有连续曲面，不像壳体是厚度超出了壳体的厚度，如果做那么厚的壳体在结构上就完全失去了壳体结构的价值。西泽立卫最终给我解开了这个谜，所以我觉得他是善用结构的高手。他在濑户群岛上的丰岛美术馆做得更有意思，首先用土堆了一个模，上面绑钢筋再以混凝土浇筑，最后又从美术馆屋面上的采光洞口处把土掏出来，整个过程充满了劳动感，充满了乐趣。要塑造出这样一个形，其实要付出很多艰苦的劳动，所以说西泽立卫其实是一个敢于实践的建筑师，这也是他非常强悍的一点。

四、缺失与隐患

我觉得对于当代的中国设计师而言，从目前的表现来看的确存在着一些问题，这是我们今天谈这个问题的根源。从现象上来看，当代中国设计师的表现存在一些顽固的、积重难返的症结，过度唯美的倾向，不敢触及根本性问题，这是第一个问题；第二个问题是文化方面的，我们所喜爱和制造出来的东西存在模仿和贩卖西方表面的生活方式的倾向，而不是本土所挖掘出来的东西；第三是自我意识和商业利益的平衡问题，如今大多设计商业性比较强，为享乐服务，为权力服务，为"贵族"服务，卑躬屈膝，最终在这条路上越走越远，迷失了自己，这可能是我们现在的设计师所存在的普遍性问题。

● 教育险境

从培养人才的传统式院校来看，教育里也存在着很多危险。首先，就是我们的设计教育在内容和方式上不够强悍，因为我们太过于依靠画设计和说设计，而不是做设计。其次，我们一向过度迷信传承的作用，不愿意冒险，也就没有积累新经验的可能。同时，我们过分注重实用主义，口头文本的能力，不注重实践。这些其实都是现在设计教育中所存在的问题。西泽立卫上次演讲的时候，中国有个资深的建筑师问了他一个问题："西泽先生，您的作品表现出很多童趣，这个童趣是您的本意，还是业主让您表现出来的？"我当时觉得这个问题问得非常幼稚，但也充分表达了现在我们建筑师创作观念中存在的一个问题，即不够真诚。我想西泽立卫那样的方案、那样的设计如果在中国，肯定在学生作业阶段就不及格了，因为它太天真了，不够成熟。但恰恰是这种追求天真、一条道走到黑的意志力，使他能够把自己最早的思想冲动，那种灵光乍现的一刻用物质建造和匠心表现出来。某种程度上我们所说的那种幼稚的东西有一定冒险性，但这种冒险其实是值得被鼓励的，尤其在教育过程中。要警惕机会主义！现在一些学设计的学生都是学霸，像空间设计类型的学生，他们的学习能力都很强，但不够顽强，过于投机取巧，觉得什么样的省力，他们就怎么去做。我认为这也是教育里应该避免的，教育应该注重培养学生的人格，在设计里高贵的人格就是韧性，是耐力，是不达目的决不罢休的意志力。

另外，这些年在教育里我们除了画设计，还做很好的 PPT 来解释。有时候这种逻辑性的解释娓娓道来，听上去很有道理，但有许多好的设计是缺少逻辑的，但它很有力量。把造型艺术在设计中的体现和文本性混为一谈，这也是一个挺可怕的

趋势。现在我们看到很多院校，无论老师也好，学生也好，越来越不善于实践。我觉得教育中过度倚重文本能力的培养，不在意实践正是这一切的症结。老师长期不实践，对设计的理解就会过于文本化，反过来再传导给学生，对设计认知方面偏执于抽象，其结果会是灾难性的。在调研和检索资料方面，网络带来的便捷也很可怕，貌似一切都可以在电脑上完成，事半而功倍，实则贻害无穷。缺少对现场的经验认识需要引起警惕，最近我参加建筑学院的一次评审，发现他们所有资料都是在网上获取的，结果各组之间调研的资料放在一起很雷同。其实，现场的踏勘不仅仅是看它的物理条件，还要体会它的场所精神。这种场所精神在知识体系以外，需要调查一些文献，了解这块场地发生过的事件，构成周边环境的复杂因素，同时还要深切体会环境氛围对身体的影响。所以我认为调查现场和身体是有关系的，唯有身体在现场才会体察到更多、更真实、更深刻的信息。

课堂教育里也存在问题，比如缺少讨论。总是把大师的东西拿过来剖析一遍，让大家去理解，往套子里钻，但并没有讨论，并没有接受来自作为听众的学生们的质疑：为什么要这样才好？别的就不可以？所以我觉得其实讨论会有语言上的交锋，对人也是很好的锤炼，最终强大的人能够在交锋过程中冷静地吸收一些批判他的观点；同时在经受语言挑战的过程中，还能心平气和地继续坚持自己，这些都是强大的体现。总之学生需要通过这种搏杀来历练，无论是在现场折磨身体的调研，还是在课堂上言语方面的辩驳，我认为交锋都是很重要的。几十年以来我们的作业成果非常注重画图，我相信中国设计专业的同学画图技巧都是第一流的，但它缺少动手实践、缺少模拟性建造。建造的意义在于，你要面对工具、面对现场、面对空间，你要控制工具，控制工具是要

靠身体的感觉，要会使用那些复杂的机器。然后那些机器的轰鸣、那些粉尘、那些泡沫、那些气味，都会对你的身体进行刺激。我觉得这是增强记忆和理解设计很重要的方式。现在看来，我们在建造这个环节存在着很多问题，可以说基本没有这个环节，而这恰恰是我在一些欧洲学校里能看到的，比如说学生动手实践，他们在现场建造，在不同的专业里或多或少地有这些内容的训练，其实这能让人认识到劳动的重要性以及劳动和最终建成之间的关系。这是否是一种具有人类学意义的东西？不得而知，但是我感觉这一点非常重要。

● **竞争失衡**

我认为设计专业其实也还是要关注一些在学习能力之外的东西，就是将来工作中所具有的长期的对抗性，包括和社会环境的对抗性、和自然环境的对抗性，对工具的把控的潜质。我想是否可以增强这方面的考核以对目前这种过于看重应试考核，选拔形式严重失衡的状况进行适度的调节，这当是我们应该面对和思考的一个问题。但遗憾的是，在浑浑噩噩的现实中，我几乎听不到这方面的争论和思考。所以野性对于学生来讲是非常重要的，却又是远去的。尤其空间设计专业，空间设计的目的是要在现实的空间中塑造出一个和现实空间发生关联的空间。设计者要应对这样的使命，要在社会现实中使用各种各样的工具和各种各样的材料来建造一个庇护所。一个内心不够强大、能力不够强大的个体，如何能够建造出一个庇护自己的场所，这显然是令人怀疑的。所以在建筑史上我们可以看到很多大师恰恰是从反复的实践中脱颖而出的，而不是被教育出来的。历史告诉我们，更多的时候野草更有旺盛的精力，它能应对复杂的竞争格局；而君子兰看上去雅致，可一旦它进入一个纷乱残酷的环境里面，就要败给野草。在我们的教育理念里，是不是都要把学生培养成君子兰？这是需要思考的，我认为学生不妨有点野草的特质。

五、野草与勇士

最近结识了一位来自"环铁"的艺术家，叫李枪，我怀疑他过去的名字可能不是李枪，而是李向前、李向阳之类具有鲜明时代特征的名字。但他叫李枪也说明这是他想扮演的一个角色，这个名字中透着一些行动意识和杀伤力，它是有力量感的。我第一次在李枪的工作室看他作品的时候就觉得他的方式很特别，他用各种各样废弃的杂志编排成一个矩阵的纸本基质，再通过一层层、一段段手撕呈现出一个图像。首先这种方法很独特，其次他的作品创作中的工作量非常大。他把每一本杂志都固定在一个有金属结构的背板上，这些工作都是在考量他手头制作的能力。他在一个简陋艰苦的环境里创作了许多这样的作品。我去他工作室的时候已经是北京的 12 月了，整个工作室没有暖气，四周环境也非常破败，晚上只有运渣土的车呼啸而过，没有路灯。能够在这种艰苦环境里生存的好像只有艺术家，所有人都想逃离这个片区。这样的当代艺术家，像野草一样扎根在

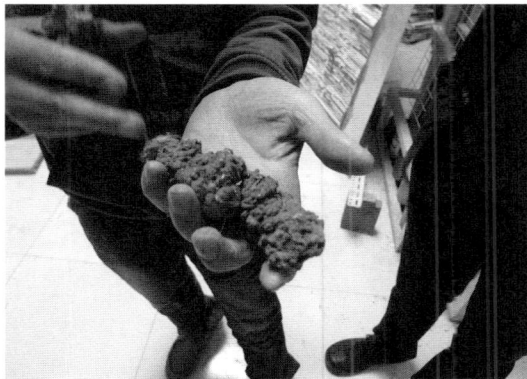

李枪展示创作材料
图片来源：苏丹

李枪工作室一隅
图片来源：苏丹

李枪工作室
图片来源：苏丹

任何一片现实的土壤里，然后野蛮生长，他们的身上具有无穷的潜质。

另外一位来自云南，名叫吴以强的艺术家在宋庄。他在北京已经工作生活了二十多年，他的作品也使用纸媒，但方法上另辟蹊径，自成一派。他找来过去各种各样的报纸，然后用绘画、涂抹的方式对报纸进行涂改和篡改。他的方式覆盖并篡改了原本的信息，让一个过去主题立场鲜明、语言犀利的报纸变成了一种模棱两可的、有娱乐性的、荒唐的画面。他作品的量也非常大，全部是用纸来做。我们看到的每一件作品，艺术家都需要耗费很大的精力把过去的信息涂改掉。他的眼睛本来就已经高度近视，但还在奋不顾身于这种非常耗费眼力的工作，让我非常钦佩。所以我觉得在设计的美学里，应该关注这种具有身体对抗性的美学。

以上是我自己对当下设计教育里的现象提出的一些批评，同时我为大家介绍了一些比较"强悍"的建筑师或者艺术家，让大家对他们的生存状况和他们作品的状况有一些深入的了解。最终，我在思考理想的教育应该是什么样的？应该是在于做设计这件事情，做设计不仅仅是传统的单纯传授知识的方法，同时还要培养实践的能力。它非常综合，这里有文化的阐释、气质的培养、实践的方法传授、实践的能力培养，还有庞大知识体系的植入。那么我觉得现在匮乏的是什么？关于气质的培养可能是被普遍忽视的，我们在选择和培养训练学生的过程中，忽略了气质对一个人一生的影响；同时还忽略了实践的能力，要走到社会的现实中去，要面对材料和工具，然后驾驭材料和工具，用这些来挑战现实。我觉得这两方面现在看来是我们忽略的东西。

在瑞士和意大利交界处一个叫门德里西奥

吴以强工作室
图片来源：苏丹工作室

吴以强，《中国立场》，150cm×160cm，报纸综合，2011年3月
图片来源：吴以强

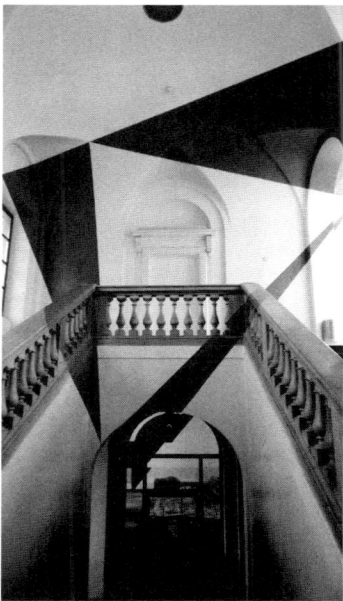
门德里西奥建筑学院楼梯与走廊处的空间装置为瑞士艺术家费利斯·瓦里尼（Felice Varini）的作品

摄影：苏丹

（Mendrisio）的小镇，有个非常有名的培养建筑师的门德里西奥建筑学院（Academy of Architecture Mendrisic），据说欧洲和北美的事务所都非常喜欢这所学校的毕业生，以至这里毕业的学生总是供不应求。有一次我为了去看马里奥·博塔早期的作品，就乘火车到了门德里西奥，并去拜访了这座学校。这次参观让我感触颇深，学校的训练非常强悍，在气质上也表现得卓尔不凡。其中一个古典建筑的入口前是法国著名艺术家妮基·桑法勒（Niki de Saint Phalle）的作品，人们需要从这组人体雕塑之裆下走进教学楼，而这样一个雕塑对古典建筑神圣性的挑战和调侃，也带来了一种别样的气质。

学院对学生训练也讲究创造性与多样性，比如说，对地形变化的表达，它可以通过各种不同的方式，表现不同的题目，然后又将其重新拼合到一起。在一楼到二楼的走廊里是古典的楼梯，我们向上行走的时候看到一个创意别致的雕塑，在一个特定的角度下，它可以把空间压缩成二维的，但是随着人的行进这件艺术品在空间的展示过程中又被分解了，这样的作品是有别于我们想象中那种所谓的唯美的主张性的东西。它是有观念的，有时空关系的一种艺术作品。在这样典雅的空间里，他们敢于使用这样当代的艺术，这样凶猛的艺术，这样让人脑洞大开的艺术，其本身就营造了一种非同一般的气象。

我们再来看看他们的训练。他们的教育也是浸泡在工具材料和物质感中的。六年的学习，学生们就在这样的环境里不停地做各种各样的模型，通过制作来展示自己的对建筑知识、建筑美学的一种认识。所以这个城市里满街都是端举着模型来来去去的学生，我猜想这是由于他们总是不停地结课汇报，大家都是通过模型来彼此交流。他们的教室里都是这样乱糟糟地堆满了模型，这一点

门德里西奥建筑学院入口，雕塑由妮·桑法勒创作
摄影：苏丹

让我想起曾经和清华美院当时的教学管理者出现的一些分歧。他们总喜欢让学生的教室看上去窗明几净，课桌上一尘不染，而我觉得果真那样的话说明学生的学习不够疯狂。其实，这不是刻意做的乱糟糟的环境，而是真实的一种设计学习状态的表现。全世界的设计专业都是如此，不管是空间类的、产品类的、平面类的，环境要创造一种让人松弛下来的氛围。这个学院不仅教室里一地鸡毛，走廊、过道里也是如此，我们看到很多作业的汇报，就在走廊里进行。

另一点是关于教学的主体——教师，他们的实践能力也非常重要。有一年在米兰理工看到他们在举办一个关于他们的老建筑系主任卡洛·卡利教授的纪念展。他在20世纪70年代是建筑系的主任，后来因为支持和参与学生的左派运动，被校方的革职，他过去的很多合作伙伴和业主也因为政治方面的原因跟他疏远，最后他就没有那么多设计工作去做了。看完这个展览我大吃一惊，难以置信的是一个在院校里的教师，竟然有如此之多的实践项目，而且做得如此有时代感，如此成熟，这非常令人钦佩。由此我想起我的母校哈尔滨工业大学建筑学院，早期有一位非常重要的教授叫斯维利多夫，也是一位俄罗斯籍的建筑师。当时他在哈工大建筑学院建筑系教授课程的时候，就已经在哈尔滨完成了 50 个作品，其实他在这个城市没有待多少年，算起来也就 20 年左右。20 年时间里完成了这么大量的建筑案例，而且有一些是地标性的建筑，例如霁虹桥、哈工大主楼早期的建筑等。斯维利多夫在建筑系的存在唤醒了学子们本质性的建筑学意识，并产生了极大的示范激励作用。

实践能够让一个教师了解到更多建造的本质、设计的本质，从而他会把这种本质在教学过程中给予强调，这是非常重要的。而缺少实践的老师往往意识不到这些问题，他们建筑学意识过于表象化，过于文本化。许多弥足珍贵的东西在文本化的表述里可能都得不到体现。因此在我个人的教学实践过程中，一直反省自己的状态，告诫自己不要脱离实践。同时我非常注重培养学生的这种气质，让学生们在一个作业中能够把他们的状态调动起来，能够疯狂起来。在具体的训练里，我们要不断地去揣摩场地环境因素，不仅要用自己的脚去丈量，还要用身体，用自己的嗅觉、听觉去感受场所的精神。在设计过程中通过自己动手，不断去表达自己的想法。因此在我曾带过的每一门课程里，学生的状态大都很好。

门德里西奥建筑学院教室
摄影：苏丹

清华美院环艺系教学实践，一线建筑师参与结课汇报评审
图片来源：苏丹工作室

六、唤动与激励

当然在每一个环节如何把学生调动起来，也是一个技术性的问题。这时候需要让学生感到课堂的魅力，课堂永远是他们好奇的、愿意打探的、愿意问询的、愿意交流的场所和平台。设计教育的方式和其他现代性学科的教育有很大差异，它不仅仅有知识传授还强调人和人的交流。所以在我们的课上经常会聘请更多的老师，一个班 20 个人左右，我主张至少要有 3 个老师，每个人带一组。在每个环节的评审时，会从社会上请来更多一线的建筑师来参与讨论，让同学们感受到来自一线建筑师的视角同大学教授之间的差异，从而形成知识结构上的互补。

在这个阶段只要你把学生调动和启发开来，他们的才华就能够得以展现，并且会为自己这种"疯狂"的想法不惜代价地去追求。这才是我们希望看到的东西，我希望设计教育环境里应该是这样一个状态。我记得最有意思的是在一次课程中期的评审里，居然有 4 位来自世界著名事务所的建筑师参与，例如其中一位是来

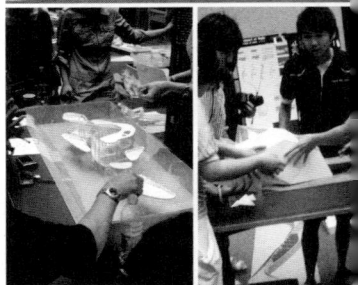

清华教学实践结课汇报
图片来源：苏丹工作室

自大都会建筑事务所（Office for Metropolitan
Architecture，简称"OMA"）的以色列人埃瑞
克（Erik），他的太太来自贝聿铭事务所，另外
一位建筑师来自彼得·卒姆托的工作室，还有一
位来自斯蒂文·霍尔建筑设计事务所北京代表处。
这种形式对学生的震动是很大的，他们能感觉到
教师在如此认真地对待一个教学环节，另外他们
一定非常渴望从这些老师的评价中得到更多启发，
得到更多信息。每一次评审也是一个强大的对抗
演练的过程，因为每个学生会为自己的想法去辩
解。而这些老手们，常常一眼就把你的花招拆穿了，
你必须做好准备去应对这些毫不留情的，具有挑
衅性和挑剔性的意见。所以在我当系主任的过程
中，我不太在意乱糟糟的教室，我觉得教室要像
一个疯狂而杂乱的迷宫，所有的思想、所有的成
果都应该从这片落叶成肥式的沃土中诞生。

在 2011 年我邀请了洛桑联邦理工学院建筑系师
生来中国，和清华美院环艺系的同学合作一个课
题。在之前我曾经去他们的学校观摩教学，发现
一个课程很有意思：两个教授带着一个课题，指
导学生用犀牛软件设计一个音乐节上的小品建
筑。这个小品建筑建在阿尔卑斯山的山顶上，于
是师生们 4 个星期在学校做完这个作业，之后又
用了 4 个星期在山上把这个项目建完了。这个过
程中动用了直升机和吊车，老师和学生全部像建
筑工人一样戴着安全帽，吹个哨子在劳动。最后
通过 4 个星期的艰苦工作，一个小巧精致的建筑
就在阿尔卑斯山顶上诞生了。观看那段直升机吊
装构件的影像时，我感到刺激与震惊，因为换作
我们来做的话，师生们只负责图纸和模型，现实
中的搭建则是要雇佣职业工人来完成的。洛桑理
工是一所非常优秀的学校，在瑞士来讲，能考到
这个学校是件非常不容易的事情，它的世界排名
最高的时候是十几位，可能现在到 13 位左右。
谁敢想象就是这样的一个学校，他们的教学竟然

清华美院环艺系与洛桑理工学院合作课题，
作业搭建现场，2011 年 8 月
摄影：苏丹

如此之强悍，这种类型的教学唤醒了学生们身体中那些关于劳动的欲望，而这正是我们的教育所缺乏的。因此当他们的教授征求我的意见，问我希望哪些课程和洛桑理工学院的建筑系合作的时候，我就挑选了这样一个类型的课题。我觉得必须让设计专业的学生在一个现实空间里面对抗材料，使用工具。2011年8月瑞士学生们来到北京，我们也基本人数对等地挑出我们的学生，他们的学生里男生的比例很高而且都身材高大强壮（这里还有一个小插曲，洛桑理工这个学校有一年大学生组成的队伍夺得了美洲杯帆船比赛，当时洛桑理工大学网站上就一直在宣传和推广，那时我就知道这所大学信奉的精神里边其实是有关于身体的训练，他们把类似身体的训练、身体的表现这种竞争作为一种素质教育，并且作为一种至高的荣誉来赞美）。

这个作业由两个学校的学生在798艺术区的751工厂里进行现场搭建，使用的材料就是物流公司里用叉车铲起来堆放货物的木架子。他们训练的方法挺有意思，并非先从造型的角度去切入，而是由教师指导学生们反复研究认真琢磨这种构件的形态，把它作为一个构筑的元素，作为结构构建和空间庇护的基本单元。但是中国学生习惯于胸有成竹的做法，也就是说先创造一个既定的形象，在这个形象的指引下再去应用。这表达了两种不同的思维，但是我认为洛桑理工的这种训练的逻辑性更强，这种理性的训练，也需要引起我们重视。

因此我认为如何唤醒一种过去被传统教育所遮蔽起来的野性，是在后现代文化里必须面对的问题。在我们设计教育的困境里，我们应该寻找一条新的道路。多年来，在欧洲的游学过程中，有很多耳闻目睹的事情也引起了我的关注。我认为正是这样的一种社会文化环境，才导致他们共同的认识。

佛罗伦萨附近的城市锡耶纳，有一个著名的广场，也是我非常喜欢的一个广场，甚至说我对它的喜爱超过了圣马可广场。广场是一个大斜面，整个广场都是倾斜的。每年还会举行赛马比赛，比赛时观众就拥挤在广场的中央，骑手骑着马围着广场中央在外围一圈一圈飞奔。某一次在广场边上吃午饭的时候，旁边一个餐厅外围突然用警戒线拉起了警戒带，随后警车就来了。原来是人们在离餐厅座席不到10米远的垃圾桶里发现了一个隐藏着的巨型蜂巢，于是请这方面的专家来清理野蜂。我们看到一个戴着防护面具的人小心翼翼地清理蜂巢，他先将手伸进去破坏了蜂巢，于是成千上万的野蜂都飞出来围着他乱转，就像那首叫《野蜂飞舞》的曲子。这个过程中我发现他们并没有用化学药剂或物理灭杀这类极端的手段将野蜂斩尽杀绝，而是将野蜂的巢穴破坏让它们离开这里寻找新的家园，从而也避免了野蜂在闹市区伤人。

因此我们看到，面对那样危险的情形，这里的人依然理性地对待。也许对于他们来讲，生活中适度的危险能够让人保持一种警觉，这种警觉对人的精神状态和智力发展是非常有帮助的，这真是一个耐人寻味的辩证关系。而我们社会的日常则总是希望把所有危险扼杀在萌发的状态，其实这是一厢情愿的，也是不可能的。最终只会导致我们应对危险的能力退化。因此野性的呵护首先要着眼于我们现实的环境和生态的营造，这种生态要告诉你危险的合理性（存在即合理）。这种危险需要你用你身上的对抗性和野性去平衡，任何单一性的想法都是可怕的，也是不切合实际的。我认为在教育过程中需要得到更多启发。

锡耶纳广场
摄影：苏丹

锡耶纳广场野蜂事件
摄影：苏丹

学院 5.0

3

时间：2016 年 11 月 1 日

地点：清华大学美术学院 A301 报告厅

论坛：第八届清华国际艺术设计学术月 /
建院 60 周年系列活动
——『艺术与设计教育的未来使命』
国际学术论坛

概要

最早的学院是一个从现实社会中抽离出来的封闭空间和社区，但是美术学院由过去形而上的探究已经转变为兼具更多实践性的学习模式。包豪斯时期开始强调设计应为大众服务，应分享工业技术革命的福祉，多莫斯设计学院则开启了现代社会设计学院的一种新型教育模式。未来的美术学院，无论是艺术还是设计，首先要质疑现代教育中对人的抽象，不能再以统一的内容对个人进行捆束，要将尊严还给个人，中国的传统院校也面临同样的问题和挑战。"学院 5.0"将会成为敏感而轻快的猎食者，它寄生于社会，能够调动社会丰富的资源，能够带给每个人以终身学习的机会。

引言：

今天我准备讲一个比较"雷人"的题目："学院5.0"。曾经我有一个讲了将近五年的主题："设计为个人服务"，主要探讨设计的终极目标，我们可以试图重新想象未来的设计对象究竟会发生怎样的变化。一直以来，根据长久以来的习惯，我们总是把人抽象成一类来看待，使用"人类""人民""群众"这样的概念来指代"人"。因为在"个人"这个观念没有出现之前，人是从集体的角度去看待外部世界的。但是如今，这种情况正在悄然发生着变化。

我们知道，在学院这样的教育机构里，对象是人，结果也是人，人的概念变化会影响学院的教学方式甚至空间形态。首先，学院是一个相当古老的事物。在人类社会中，真正意义上的大学起源于12世纪。学院的空间模式和社会关系模式则来自修道院的那种封闭空间，这种脱离尘世的环境有利于修士反省和研读。因此，最早的学院是一个从现实社会中抽离出来的封闭空间和社区，这种学院模式已经走过了几百年的历史。

一、"美院"变形记

其次，我想谈谈美术学院的发展。我们知道世界上第一所美术学院是创建于16世纪的佛罗伦萨美术学院（Academy of Fine Arts of Florence）。意大利的大部分美术学院沿袭了佛罗伦萨美术学院的封闭空间模式，虽然封闭，但是美术学院的内容逐渐发生了一些变化，开始由过去形而上的探究转变为更多具有实践性的学习模式。也就是说，随着时代的发展，在这种修道院式的封闭空间中，动手实践的内容也越来越多了。这些年，我走访过很多意大利

的美术学院，从北部的都灵美院（Accademia Albertina di Belle Arti di Torino）、布雷拉美院（Accademia di Belle Arti di Brera），到南部的纳波利美术学院（又名"那不勒斯美术学院"，Accademia di Belle Arti di Napoli）等。此外，意大利南方的莱切美术学院（Accademia di Belle Arti di Lecce）也是非常标准的意大利美术学院模式，虽位于街区但却相对封闭，设有围裹的环廊和封闭的内院，以及很多独立工作室。

佛罗伦萨美术学院雕塑工房
摄影：苏丹

意大利莱切美术学院工作室
图片来源：苏丹

时至包豪斯时期，已经开始强调设计的社会主义化主张，即大力倡导设计要为普罗大众服务，分享工业技术革命带来的福祉。在这个时期，包豪斯校舍的设计被认为是离经叛道的，它灵活多变且抽象，以一种前所未有的建筑样式掀开了建筑美学的新篇章，也开启了一种更加民主的教育模式。

进入另一个历史时期，又产生了不同的新学院，例如多莫斯设计学院。多莫斯设计学院建立于 1982 年，几位创始人在传统的主流大学里面都有职位，但是他们已经觉察到传统教育对于未来发展的严重束缚，因此一起创立了多莫斯。多莫斯的模式既有包豪斯的内容，又和商业以及制造业的生产联系更加紧密。它是一个非常轻、

非常小的学校，不仅校舍小，而且师生人数少。其实多莫斯相当于一个"寄生虫"学校，它吸附在传统的大学和学院的基础之上，利用其设备进行教学。这个学院最重要的东西是什么呢？创造力！学生的创造力，以及强大的应用研究能力。这个学院开启了现代社会设计学院的一种新型教育模式，也就是应用服务于社会需求的研究来主导教学。在此基础上，未来的小型学院又会是一种怎样的形态呢？这非常值得我们探讨。

多莫斯设计学院，1982 年建立于意大利米兰，后工业化时代最著名的设计学院
图片来源：苏丹

二、"学院"穿行记

在此我想和大家分享一点较为前瞻的看法。一个是在今年5月召开的中法文化论坛上，嘉宾们围绕一个问题进行了讨论：艺术家是否一定要通过学院来培养？这就是为什么尽管我们现在身处学院，但是仍要对它固有的一些东西表示质疑。非院体艺术家的成功案例永远存在，这应当是督促主流学院完成自给的一个坐标系统。只有这样，学院才能寻找到自己的未来；另一个是在2016年8月，我在纽约和古根海姆艺术博物馆的亚洲部主任梦露女士有一次会面，当时谈了很多问题。首先，她对中国用美术来含括视觉艺术表达了自己的看法，同时也对被称之为学院的这个传统事物的存在价值表示怀疑。其次，我们也谈到了学院的未来。因为在现在的变化趋势之下，学院面临着很多挑战。

从艺术史和未来的角度来看，过去学院究竟发挥了怎样的作用？如果不变的话，将走向何处？2014年，我认识的一位意大利策展人谈及计划参加2017年威尼斯双年展，他希冀看到美术学院的教授和学生如何判断美术学院的未来。就此我认为，未来教育的中心仍然是创造力培养的问题，首先是要相信每一个学生都具有创造性，这样的话个人便不能再被抽象成一群人，不再对个人用共性进行描述。要相信个人一定是特殊的、独一无二的。在未来的美术学院里，无论是艺术还是设计，首先要质疑现代教育中对人的那种抽象和概括的习惯，不能再统一对个人进行约束，要把尊严还给个人。我们的目标是个人，而非人类，而现代主义描述的是人类，而非个人。

三、"个人"逆袭记

今天在此，我还想与大家分享一个关于"个人"特别的案例。2015年，我在意大利策划了一场现代芭蕾舞剧 *Puzzle Me*，在米兰演出了5场，非常轰动。当时有意大利记者问我为什么要使用现代芭蕾这种方式？我认为，芭蕾一方面展示了思维，另一方面体现了身体。而思维与身体在未来教育里是并驾齐驱的两个基点。这个舞剧最早叫作 *M*（《谜》），因此又有记者问，为什么叫 *M*？我回答说：*M* 是和人有关系的，我们不难发现很多 *M* 打头的语汇都和人、人性相关。但"个人"是我们过去从未遭遇过的观念，也是在新的时代即将大规模出现的现象。

舞剧 *Puzzle Me*，2015年米兰世博会期间首演现场
图片来源：苏丹工作室

2013 年，与米兰著名设计师伊塔洛·罗塔合作策划展览"都市丛林计划"，上海当代艺术博物馆

图片来源：苏丹工作室

苏丹（右三）2013 年在多莫斯学院

图片来源：苏丹工作室

苏丹与 NABA 马克（Mac）校长，上海当代艺术博物馆

图片来源：苏丹工作室

此外，2013 年至今，我在意大利连续做了一些活动。比如 2013 年策划了展览"集体与个人"，我从这次展览开始触及对教育目标的重新审视，当时在多莫斯学院也举办了相关讲座。2013 年末，在上海当代艺术博物馆，我与米兰的著名设计师伊塔洛·罗塔合作了展览"都市丛林计划"，该展览从生物学角度对设计、对人类未来的生存提出了诸多设想。

2013 年上海艺术设计展"都市丛林计划"展览现场，上海当代艺术博物馆

图片来源：清华大学美术学院环境设计系

"都市丛林计划"展览现场
图片来源：周芸

"都市丛林计划" workshop
图片来源：苏丹工作室

从不同角度 社会 反社会同时存在
群体内部—社会 群体与群体之间—反社会
social and antisocial fator coexists simultaneously in macro and micro.

一个空间内
公共空间—社

social and antisocial fator co

"都市丛林计划"小组研究主题"社会因子与反社会因子"
小组成员：周芸、赵菲语、江柏君、张元
图片来源：周芸

同时存在
ly even in the same

进步 反社会需求越高
蔡斯—社会 文明—反想合
the higher society grows, the more demand of antisocial factor

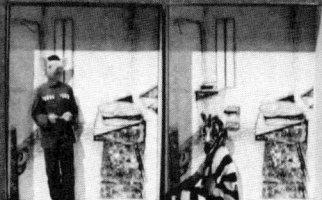

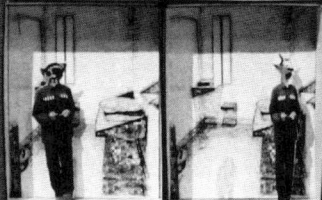

2014 年 12 月，欧洲的一些学者在米兰成立了一个学术机构 ——"形而上俱乐部"（Metaphysical Club），当时他们向我发出了加盟的邀请。这个机构包括来自北美、欧洲的一些重要学者，比如《纽约时代周刊·文化版》的主编、蛇形画廊的艺术总监，以及 Domus 杂志的主编等知名媒体人、艺术家、设计师、建筑师等。其成立目的旨在探讨教育相关的思想和未来发展的模式，俱乐部规定一年在米兰开办两次不同主题的论坛。

2015 年形而上俱乐部邀请函
图片来源：苏丹

2015 年形而上俱乐部成员合影，苏丹（左四）
图片来源：苏丹

今年我带领美术学院的师生参加了第 21 届米兰国际三年展，大约历时半年。展览在米兰三年展的设计博物馆庭院里进行，引起了整个欧洲和北美媒体的关注。展览主题为"21 世纪人类圈——一个移动和演进的学校"（Noosphere XX1-a mobile and evolving school）。在这个过程中，我们一共设置了大概 10 个方向的话题，但更重要的是，我们展示了一个新的课堂形式，即把展览现场转化为课堂，这个课堂作为公共场所，每天会接待来自社会的各类人士，并和全球不同学院的师生进行话题探讨，同时这些话题是对外公开发布的，社会民众也可以加入进来参与讨论。

我给大家列举一些作品案例。例如《蜜蜂》这个作品的作者是毕业于清华大学美术学院雕塑系的青年艺术家任日，这次他在米兰的实践就是养蜂，然后让蜜蜂在他的身体上建造蜂巢。这个作品的对抗性和危险性是很强的，但恰恰就是这个行为告诉我们一个道理：所有的关系开始都是有对抗的，人和社会、和自然的关系也不例外；还有我本人的一个作品，名为"家庭·社会·空间"，我们建造了一个蚂蚁帝国，可以观察其中不同部落蚂蚁的变化；此外还有一些服装系和信息系的作品，在比我就不一一展开分析了。

今年 9 月快闭幕时，我赶去现场见到了合作伙伴伊塔洛·罗塔，他激动地表示我们这次合作的展览获得了重大成功，但这次的成功并不在于展览的内容，具体的内容只是一个话题，重要的是我们创造了一种新的课堂形式。一个可以移动的、非常"轻"的课堂。

关于"轻"这个具有当代性的观念我想从卡尔维诺讲起。1985 年，意大利 20 世纪最伟大的文学家伊塔洛·卡尔维诺（Italo Calvino）受邀在哈

第 21 届米兰国际三年展，作品《蚂蚁》
摄影：赵华森
图片来源：苏丹工作室

佛大学发表演讲，阐述了他对未来世界的理解。当时他准备在讲稿《新千年文学备忘录》（又名《美国讲稿》，*Lezioni Americane*）中谈六点内容，但是第六点还没有来得及写出来他就过世了，所以第六点变成了一个悬念。在此我对于这几点进行一个简单的展开：第一点，预测未来世界，他用了一个词是"轻"；经过大家讨论，我们认为未来的世界将是实体向非实体的转变。第二点他谈到了"迅捷"；但是经过研究，我发现这里面的意思很微妙，翻译成"直觉的重要性"可能更有意思。第三点是"精准"，即细节的重要性。第四点是"留有想象的空间"。第五点是"多样性"。第六点或许就是"未来世界的基本共识"，它不是单调的，虽然每个个体都是有差异的，但并不会因为这种差异而否定共识。

任日，*Beehand-02*，天然蜂蜡、有机玻璃，2016 年
图片来源：任日

第 21 届米兰国际三年展，任日作品《蜜蜂》
图片来源：任日

四、学院的未来面孔

● 游牧性质

那么现在回到我们的重点，未来的学院究竟是什么样的呢？实践是检验真理的重要方式。去年底，我在深圳承担了一项社区改造的实践项目，当地政府和投资商想要把一个10万平方米的工厂，改造成向社会开放的区域，即文创街区。在项目命名上我首先考虑"School"这个表达，我为什么要用"学校"命名它呢？因为如今，传统的实体学校将来会越来越多地遭遇到现实空间社区的挑战，社区是一个开放的概念，所以我给这个改造的社区取名"思库4.0"（School 4.0），其实就是通过注入新内容来改造工厂。

在注入新内容的过程中我发现，这条街区所融入的各项内容，使得它几乎具备了一个学院所有的功能。在这种社会性质的学院中能够嵌入一个个移动课堂式的小盒子，就像我和多莫斯学院在米兰合作的三年展项目一样，仅仅一个70平方米的盒子，但却成为来自不同国家、不同院校的人和社会各界都可以分享的一个课堂。这种课堂具有学校最根本的意义，它是一个交流讨论的场所，把它嵌入社区里面即可形成学院的模式。

因此，我们未来遇到的学院，首先是以人为中心的，其次未来的学院是非常轻的、可移动的、寄生性的。最重要的一点在于，未来的学院是游牧性质的，它总会选择利于教育的环境。问题及资源都由环境提供，学院则提供解决现实问题的训练方法，培养具有全球公民素质的个体。比如南加州学院可以设立在798，因为那个空间社区完成之后，已经具备了学院所需的全部内容。

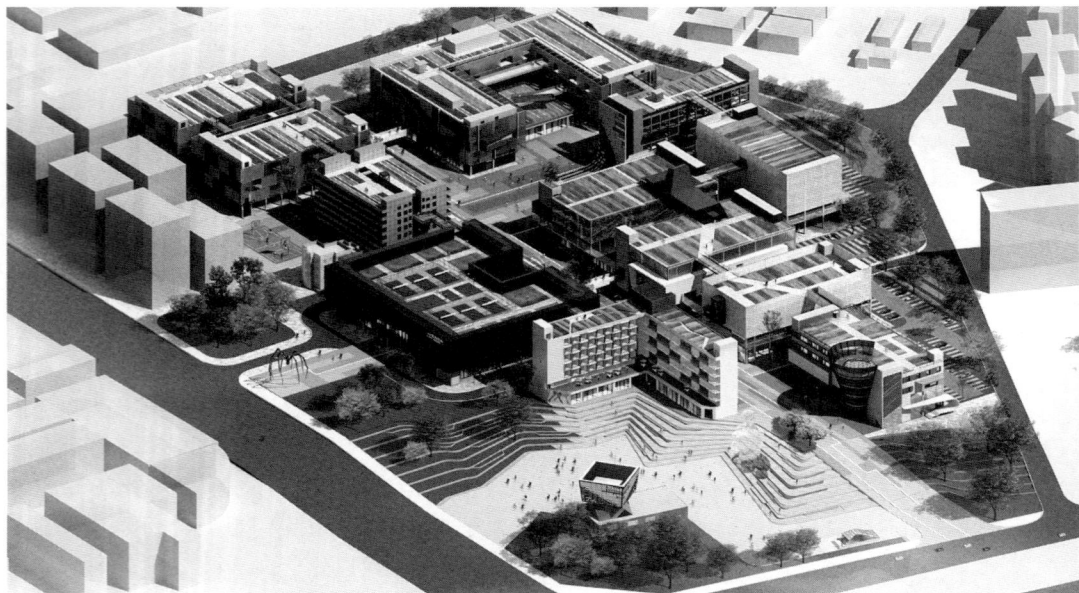

深圳福海思库 4.0，总体方案
图片来源：苏丹工作室

● 开环计划

前两天我在微信推文中得知美国斯坦福大学制定了一个2025年的未来教育计划，名为"开环计划"（Open-loop University）。之前我便一直存疑：人为什么必须在规定的年龄里接受教育，然后才能获得职业？我认为这是现代社会的一个制度性问题，是对人性的不公与束缚。

在此我想着重阐述一下此处所指的"开环计划"，具体而言它是这样的：第一，阶段模式。人生中充满着学习机会，"开环计划"中的6年学制并没有限定年龄和阶段，你可以根据自身情况选择在人生的任何时段展开学习。我觉得现代社会规定的小学、初高中、大学的教育模式存在着很大问题，当然，这是在社会的特定发展阶段，因为教育资源的有限而制定的一种政策。但是在未来，当教育资源不再紧缺的时候，我们应该更科学地规划人生的教育阶段。第二，教育节奏。个人拥有更大的主动权，能够控制自己的学习节奏。第三，注重能力。过去学院是知识第一，能力第二；以后应变成能力第一，知识第二。这样的诉求还需要按照学生不同的能力划分院系，尊重作为教育主体

和核心的个人。传统的学习模式是在学生选择特定专业后，围绕着具体标准去学习知识，并通过不断重复知识而产生能力。但是在未来，我认为学生理应带着使命去学习，这首先就要求学生有长远的愿景和使命感，而建立这种使命感与年龄和生理发育情况并无太大相关。第四，诉诸实践。学生将通过学习和实践来呈现教育的意义及影响，学院有责任和义务切实指导学生的职业发展。中国的传统院校也面临着同样的问题和挑战，亟须对此做出积极响应。

最后回到我今天的题目。其实，"学院5.0"究竟会是什么样态我也不知道，但我想，那一定是非常敏感的教育机构，它对环境、对时间、对个体的反应当是非常迅疾的；它也一定是非常轻的，自己不会成为自己的负担；它还可能是一个温柔的猎食者，它能够指认社会丰富的资源，并礼貌地窃为己有。今年清华大学要在青岛成立设计艺术与科学创新研究院，以传统的眼光来看，这并不是一个以教育为核心的机构，甚至未来那里可能禁止直接的授课。然而，我觉得这个发展过程与"学院5.0"的理念不谋而合，因为未来的教育并不一定要在课堂中进行，也许是在实验室，也许会在工房和设计工作室中。对于教育资源以及其他资源，我们可以做"寄生虫"，但这里的"寄生虫"并非贬义，而是能够把社会资源按照教育目的重新整合成为真正意义上的学院，所以未来学院的形态不会是既存上千年的那种封闭的、庄严的、神圣的、有门槛的事物，而将会成为像普通社区一样开放而平易近人的存在，并为社会做出更为直接的贡献。

成都方所书店分享会，与读者就中国工业化进程的思考进行分享与交流

《纸上的手影游戏》 作者：王宁

第四讲

艺术设计中的『有』和『无』

地点：上海美术学院
时间：2018 年 11 月 7 日

4

概要

本讲从设计现象出发，探讨了设计中"有"和"无"
的关系。设计是一种解决问题的创造性活动，设
计要创造一种"有"。从美学角度而言也是如此，
设计要成为一种外显便需要一定的识别性，需要
视觉化的美学表征。但在东方哲理的层面，经常
把"有"和"无"的关系做一个转换，认为好的
设计是无中生有，而"有"的最高境界是"无"。

引言：

我几乎每个学期都会来上海美术学院，我觉得话题也需要不停变动，拒绝炒冷饭！所以这次讲座的题目是"艺术设计中的有和无"，一个新的题目。如果大家有关注《艺术与设计》杂志的话，可以看到在上一期我刚给一个品牌写过一篇文章，介绍了一对年轻夫妇创办的品牌——"无有"，在对他们的品牌介绍里，我开始思考设计中"有"和"无"的关系。最近有居住在上海的一个既算文学家也算是哲学家的北野先生，正在筹划要出一本书，叫《设计无》。他是从哲学的角度对现代主义设计以来日趋简约的设计倾向，进行思辨和表达。他认为设计"无"是未来设计发展的方向，是简约量变至质变的革命。从我的角度来讲，我不是哲学家，只能从设计现象的角度洞察这些年的设计；并通过不间断的交流推测设计中领衔的品牌和推动品牌的人开始具备了什么样一种意识，他们在做怎样的一些事务。

一、"有"中生"无"

● 见闻速递

我想从一个小的故事先给大家开讲吧，这其实是蛮好玩的一个故事。上个月我去了一趟欧洲，目的是谈一个学位合作项目，想与博科尼大学（Bocconi University）共同建立艺术管理这么一个新的专业。到这个学校之后让我大吃一惊，该校商学院是20世纪初意大利富商费迪南多·博科尼为纪念他在战争中死去的儿子而建。在商学院整个的公共空间里面到处能看到艺术，而且艺术水准和在空间里的摆放得体方面，远远超过中国的美术学院。这个现象让我意识到，在今天艺术和商业、资本、日常生活之间关系密切。

在这次访问的过程中还有几个事非常有意思，必须和大家分享一下。我上飞机以后碰到一个熟人，他是我的一个邻居，中央电视台一个非常知名的制片人。《东方时空》《焦点访谈》《实话实说》都是他创办的，据说他是圈子里公认的中国拍纪录片最好的导演。我问他去意大利干什么，他说去拍最好的酒庄。飞到意大利之后接我的司机就来了，但我看当天的安排没什么太要紧的事，就决定跟着拍摄组去看酒庄。那个酒庄所在地是大名鼎鼎的巴洛洛区，在全世界是比较有名的，相当于白酒里面的茅台镇。这个酒庄在"茅台镇"里应该可以排名前十位。酒庄在传播酒的理念过程中非常高妙地把艺术包容了进去。它在品牌的推广中采取了全新的策略：包括酒和美食。这个酒庄有两个餐厅，米其林一星和米其林三星，厨艺精湛，食材上乘，还包括品鉴美酒和美食的环境。这个餐厅的高级程度基本上在视觉上看不到，进去才能感觉到。粉红色的墙面，摆放整齐的餐桌上罩着一尘不染的桌布，看上去如此简素；餐厅要提前两个月订。到厨房看的时候更是吓我一跳，厨房的面积比餐厅还要大，厨师长在厨房里面就餐的环境是一个玻璃单间，整个的橱柜金属操作台面以手工敲制而成，非常精细。这个餐厅据说投了六千万，我感觉到他们把酒文化和艺术深度融合，但是视觉形式上又没有那么烦琐，追求的是一种很淡雅、很简洁的品位。

在托斯卡纳参观的第二个酒庄，是我一个好朋友的，该人是意大利的媒体大佬，属于意大利报业呼风唤雨的人物。我看了以后非常震惊，同时深受启发，他的酒庄整个的理念给予我们一种崭新的美学体验。一个意法合作的酿制红酒的机构，在强调酒的存在感的时候使用了"无"的概念。目睹并体验这个事情后，我生发了很多的思考。酒庄的老板说酿酒是他的事业，但推广则需要借鉴一种新的美学。在这个项目中，调酒、发酵、品鉴都被赋予了一种新的形式，建筑设计、文物保护、农业景观、产品设计以及艺术品陈设都被和谐地组合了起来，这种组织就像营造美酒的味觉感受，而这种感受并非是完全依靠视觉的。他说在未来的几年之内将看很多意大利新派的酒跻身于世界前一百位，而他们这个建立时间并不长的酒庄有一款酒的排名已经到第 22 位了。

● 有无相生

基于最近的这些经历和思考，今天我想谈一个设计中的"有"和"无"的关系问题。其实"无"和"有"是东方人爱思考的经常性问题。设计是什么呢？设计是解决问题的，也就是说设计给人的认知是因为它创造了某一种功能，通过这种功能解决了某一种问题。设计要创造一种"有"，而这种"有"要具有一种能力去解决一个问题。基于这样的一种认识和推理，我们总是以为设计往往是和"有"相关的。在美学里也是这样，设计这个行为被人接受、感知，有必要变成一种外显的东西。因此设计需要借力一种识别性，即需要视觉方面的美学支持，由此获得一种认知。因此设计的内容和结果中就出现了很多视觉因素，其中装饰是刻意而为之的，我们想通过装饰掩盖一些问题或指东打西做一种表达，做一点叙事。但是东方的哲理经常把"有"和"无"的关系做一个转换，认为无中可以生有，"有"的最高境界是"无"。有人甚至妄言在中国的传统造物之中最高境界就是筷子，筷子体现了一种不动声色去解决问题的方式。人类的饮食文化中碗、刀叉都在不同历史时期进行了演化，但是筷子却好象凝固了一般，从一而终，因为它早已经达到了最高的境界。

再回过头来看,其实很多的"无"是由"有"来构成的。事物最终的表现为"无",是一个整体,但是拆解开来你会发现它是由很多具体的细节、生动的局部来组成的,并且每一处的细节的功能都非常明确。像我们看到的豹子,从外观来看浑然一体,有美丽的斑纹,每一个局部都属于这个整体,是不可再分的。但当做解剖分析的时候才发现它有许多的关节和骨骼,是由无数的软组织连接形成的;尾巴是用来平衡的,肢体和躯干之间,躯干的隆起便于控制它的整体;咬力的大小取决于上下颌骨具体的构造,这对动物来讲是非常重要的。一只透明的水母也是这样,它拥有构成生命机能器官和组织的全部结构。有些肉眼看不见的微生物,其复杂性完全不亚于我们叹为观止的巨型生物。所以看上去什么都没有的东西,非常简洁的东西并不意味着它真正的是"无",而是把那些复杂性藏起来了。简洁的东西往往是由无数的复杂性,由很细碎的东西所构成的,这是"无"和"有"的一个辩证关系。几乎在自然和人造的物品里我们都可以找到这种观点,这种证据俯拾即是。

其实飞机也是这样,飞机的外形在模仿一种生物,像鱼、鸟这种流线型的浑然一体的形状,但是一个飞机整个的部件有几十万种。像清华美院的工业系,引以为豪的就是帮波音飞机做一个座椅的研发。所以波音飞机也应该是全球的智慧集合在一起,才创造出这么一个飞机。这个飞机在组合的时候能够很缜密地把各种零件拼接到一起,让它变成一个整体来发挥作用。每一个整体背后都是强大的团队、完整的学科。汽车也是这样,麻雀虽小五脏俱全。轮船也是这样,到现在中国还不能够自己做出大的轮船,这是国家下一步重大的任务,据说要投资几千个亿。航母,甚至比航母还要大的那些邮轮,它们内部是非常复杂的系统:空间组织、零件组装……这个复杂的系统能够把那么多的"有",把那些小局部集成到一个整体里面,这种能力大小标志着设计水准的高低。我们可以把最后的结果看作是"无",但是形成"无"的过程中恰恰都是无数的"有"参与其中。

● 高级克制

那么,我们设计的"有"又是表现在什么地方呢?我觉得首先"有"是一种能力的具备和持有,设计就是创造新事物所具备的能力。如咖啡机能够把咖啡做出来,能够研磨咖啡豆,能煮又能过滤,这是咖啡机的功能;再如收音机,有很多的波段,能够收到来自不同频道的声音。"有"也可以和文化相关,代表一种文化的底蕴,代表一种工艺的基础等。那什么叫设计"无"呢?"有"如果是强调,"无"恰恰就是低调。"无"在强调一种舍弃,强调一种简约。由此在视觉上表现极简,极简以后去掉多余的意味,从而获得了一种自由。"无"文化中不仅代表了一种低调,还表达了隐藏,要把很多东西隐藏起来;"无"还代表了一种不争,也是一种文化的态度;代表了形式上的留白,表现出克制。"无"在本体主义里还有忘我的意思。

设计"无"在设计的历史上有很多经典案例，巴黎蓬皮杜艺术中心就是一个非常典型的例子。大家都学过设计史，知道蓬皮杜艺术中心的历史成就，今天在法国的艺术界，蓬皮杜艺术中心依然是文化地标性的建筑，依然代表法国当代艺术最高等级的殿堂。但蓬皮杜艺术中心当年诞生的时候，真切地让全世界为之一震，一个惊世骇俗的作品出世了。在巴黎这么一个古都风貌保存非常完整的大都市里突然出现了一个全身披挂的工业时代怪物。这个形象好像是充满了"有"，它是一个极端性自我的表达，一个特立独行的个体。它在强调自我的标识，它左和周围竞争。但实际上若换一个角度来看，蓬皮杜艺术中心也是在本质上强调"无"的，结果在形式上造成了"有"的感觉。

蓬皮杜艺术中心
图片来源：曹琳

石上纯也"植物农场"（Art Biotop Water Garden），
荣获首届奥贝尔建筑奖（Obel Award）
图片由 Nikissimo Inc 提供

在蓬皮杜艺术中心的建筑形象上，建筑工业化以后工业系统的表现力，各种各样的节点、玻璃构造、结构形式让你眼花缭乱；新的材质，铝、钢、高强度玻璃甚至塑料制品生成了一种崭新的物质形象；设计精妙的构件和彼此联结方式，展现了现代主义新的语法、语汇。现代建筑史一定把蓬皮杜艺术中心归到"有"的这一类里了，但从这个项目的根本性目的来讲，它是想寻求一个超大的、多功能的、能够适应很多艺术展览要求的内部空间。内部要没有柱子，墙体能够灵活移动，能够不断地调整。艺术博物馆要在竞争中生存，它的空间要适应不同展览的要求，所以这种空间的变化是革命性的创举。过去的建筑空间分割都是固定的，空间大小、交通方式等都是非常明确且超级稳定的，但是到了现代艺术阶段，艺术类型越来越多，展览模式变化无穷，且频率加快。作为一个机构能够更好地适应展览，需要有内部空间的变化，这是蓬皮杜艺术中心招标的时候非常重要的主题。

从功能主义的角度来讲这种内部空间形式上的"无"对于未来适应变化的需求给予了最大的支撑。恰恰由于内部空间的"无"和"空"形成了各种可能性，

其获得了更多艺术家和策展人的青睐。但也恰恰由于把支撑"无"所形成的丰富的"有"变成了外显现的表达，才获得了"技术美学""高技派"的称谓。所以对于蓬皮杜艺术中心，我们应该辩证地去看，从"有"和"无"的两种角度去看待，两方面在一个时空里都获得了成功。因此，蓬皮杜之所以成为历史性的地标在于它的哲学思辨，把"有"和"无"的问题都处理得很好。我们认为往往有和无在一个项目里面是可以互相融合、互相均衡的。

二、"有""无"同一

在当代，世界建筑的重心逐渐开始向东方倾斜，这些年我们看到日本陆陆续续已经有七个普利兹克奖的获得者，中国也有了一位。也就是说，亚洲已经有八位建筑师获得了普利兹克奖。此外跃跃欲试的韩国、越南、泰国、新加坡也不甘示弱，积极进取，获得了不俗的成绩。亚洲向世界展现了多元文化的魅力和后现代性的觉悟。这种世界建筑设计文化的东移，是一种东方文化的回归、东方哲学的自觉趋向，包括对于"有"和"无"对立统一关系的一种新的解释。西方的哲学中"有"就是"有"，"无"就是"无"，但是在东方会经常把这二者进行调和转化。

两周前我在重庆举办一场大型的活动，也不知道各位有没有关注到，在这次活动中，我把日本建筑师石上纯也请到重庆做演讲，那天他介绍了十个他主持设计的项目。非常遗憾的是我因有其他的安排只听了三个项目，但同样感受到他案例的精彩绝伦。同济大学的李翔宁教授也做了一个关于今年威尼斯双年展他的理念介绍，我们看到李教授是依靠他的视野和人脉，把中国现在正在做乡村实验的一些建筑师都网罗起来，给人们展示

了一个中国当下乡村建设的面貌，在如火如荼的乡建活动中，中国建筑师们正在把乡土变成一个巨大的新的实验场。但这些实验毕竟是社会学视角之下的设计工作，对建构本体语言的探究方面是欠缺的。同时还容易令人产生一个误解，令国际社会看到中国乡村社会的假象。

● 石上纯也：轻盈镜像

后来我请石上纯也做的那场演讲，他的作品让在场所有人震惊。他的作品体现了一种谦逊的东方美学，折射出建筑师秉承和不断追寻的东方美学意识，石上纯也和当下许多优秀建筑师一样，在追求建造活动的"轻"。许多项目完工后会感觉建筑在环境中悄然地消隐掉。比如说他在日本做的一个风景的项目，一块土地是现实的林地，法律层面的建设用地；相邻的土地是一块空地，却是法律意义上的林地。所以这两块土地的性质恰恰和现状是矛盾的。石上纯也把这块土地上的每一棵树做了记号，然后移植到了这块空地中。那个项目做完是一个人工风景，是人创造的自然的景象。但是这个新造的风景中所有的植物是原生态的，像是大自然的一次镜像。

神奈川工科大学工坊（KAIT workshop）
图片由 junya.ishigami+associates 提供 ©junya.ishigami+associates

石上纯也毕业于东京艺术大学，是为数极少毕业于艺术大学的建筑名手，所以他的成功当时让近几年纷纷设立建筑系的艺术院校比较兴奋。巧了，大概 2009 年的时候我去东京艺大访问，当时在教师食堂里面遇到他，他们部长六角鬼丈为我们介绍相识。那时候他还是很年轻的一个小伙子，六角鬼丈很骄傲地向我介绍他说，这是他们的毕业生，现在 AA 任教。当时因为 AA 是一个盛产普利兹克奖得主的学校，所以东京艺大认为这是一个很荣耀的事情。那时候我也不知道他能够在不久之后就成为这么优秀的建筑师。时隔十年，这次在重庆又见面了，站在一起合影时突然发现他比我还高，后来一个眼尖心细的学生说他穿了高跟鞋。我偷偷瞟了一眼，发现那的确是一双非同一般的男士高跟鞋。

石上纯也与苏丹
图片来源：苏丹

石上纯也的作品特征还反映出一种在艺术院校所受训练的深刻影响，他的建筑有时候更像艺术品，有装置艺术的特征。他曾经做过一个外观形式极简的桌子，这个桌子跨度达到 9.6 米，桌面的厚度只有 6 毫米，这么大一个跨度和结构高度形成的反差不仅仅是视觉上的意义，它的本质是物理和数学的。当二者比值几乎接近极限的时候，对于材料学和结构就产生了巨大的挑战。这是一个建造结构的概念，不只是家具设计的概念。其触动的东西是最根本的，关于材料，关于技术；同时形成了一个关于风景的概念，当载体濒于危局中时，其承载的物象就成了看点。石上纯也在这张长桌上布置了许多东西，由此形成了一道风景线，可谓别出心裁。

《桌子》，石上纯也设计，跨度 9.6m，厚度 6mm，2005 年
图片由 junya.ishigami+associates 提供 ©junya.ishigami+associates

● 西泽立卫：真诚迷宫

下面我们看一些其他日本建筑师所做的工作，会让我们深受启发。西泽立卫是大家熟悉的一个年轻建筑师，和我也是同龄人，2010年获得了普利兹克建筑奖。2011年初我请他到清华做演讲时他还是副教授。我那时候感觉，在设计学科领域，实践能力是非常重要的，设计不是一个侃侃而谈就能成功的事情，而是一定要在实践中成长成熟。西泽立卫是一个擅于实践、热爱实践的建筑师。

丰岛美术馆是西泽立卫的作品，已经成为一座地标建筑，而且实现了他的一个童年时的梦想，他一直幻想把建筑建成像一滴水这样单纯的形态，和周边环境融合。从这个角度来讲，其实他主观的意识也是在寻找一种"无"，就是让这个建筑成为自然的一部分，而不是环境里面标新立异的东西。他的那些概念草图从建筑学的角度来讲，看不到一点专业训练的痕迹，就像小孩画的涂鸦一样，如果这种项目在中国的建筑系里给老师们来评判的话，可能要被判不及格，因为完全没有空间的意识和专业的手法。许多职业建筑师非常在意专业语汇，这是个误区，会令自己迷失。

这种"真"在中国建筑界早已变成稀罕之景观。所以从这个角度来讲，日本的建筑师之所以成功就是因为他们坚守。我刚才说的石上纯也的事务所就快倒闭了，就是因为他坚持，但也恰恰是因为坚持不懈的努力，他有可能是下一个普利兹克奖的强有力竞争者。反观我们自己，总体来讲还是一个服务行业，精疲力竭地在应对来自业主或者权力方的意图。你会发现日本建筑师有自己的职业价值观，有自己的哲学，然后坚持走自己的路。西泽立卫就是这样的一个人，他把从小在孩童时期的梦想保存了下来，带到这个嘈杂的社会，给了你一丝非常干净的东西，这种干净的东西看了真的很让人感动。

另外丰岛美术馆空间形态也很有意思，就是一个混凝土的壳。这个馆最牛之处在于其中没有美术展的时候依然令人感动，但这里面的艺术作品绝对不是国、油、版、雕那类东西。在这个馆里面我们看到的是空间的整体性、单纯性。那么他是如何完成这个项目的呢？纯净和简单的背后是无比的复杂，无比的艰苦。当时我们通过图片了解建造过程的时候真是恍然大悟，西泽立卫像做雕

劳力士学习中心，壳体底部（undershell）
图片由西泽立卫事务所提供 ©SANAA

塑一样先做了个范儿，再做一个模，做完之后再把范儿掏出来。你看这个密度，这个工作量，这种密度的钢筋里把混凝土很均匀地放进去，手工艺和机械的结合需要非常密切，并没有完全交给简单的机械。我们今天面对手头设计的时候必须思考有了机器以后人在里面如何作为的问题。人还是要去驾驭机器，做机器的主宰的。很多时候，我们实际上是放弃了这种关系。当混凝土浇筑工作做完了以后，开始用挖掘机把里面填充的土挖出来。这样一个形成的过程很有意思，很像一个生命体吸收、排泄、生长。所以这些年看日本的建筑师获奖，发现他们还是有共性的，那就是体现出了一种东方的美学，一种空，一种纯净，像禅修后所得的那种境界。"无"可能是从"有"开始，"有"可能也是从"无"开始，这两个东西可以形成一个闭环。

西泽立卫另外一个建筑项目也是座美术馆，在这个设计中，他继续发挥技术强项，把柱子处理到了极致，使得它们在空间视觉体验中接近消失。力图通过把多余的东西去掉，从而减轻视觉上的负担。人们对建筑的诉求最终是寻求没有障碍的覆盖，在这个过程中不断优化结构体系便是解决问题的途径之一。但从终极目标而言，如何去消除结构的物质感呢？意识和能力都是很重要的。近年来，日本建筑师在这方面孜孜不倦地努力，以至于当时他们在瑞士做完劳力士中心的时候，我进去好几次都没有觉察到其中均布的柱。后来在西泽立卫讲座中提及了其间的 9 米柱距，如此排布的柱网竟能在视觉上达到几乎完全消隐的效果，令人颇为惊叹。

● 妹岛和世：自行穿越

妹岛和世，是西泽立卫的一位合伙人。妹岛是一位其貌不扬的女性，我在 2011 年威尼斯建筑双年展德国馆看到德国给她拍的一部片子，觉得这种女性的美通过另外一个方式表现出来了。从美和不美的角度来讲，真正的美的背后也是需要很丰富的内涵去支撑，而不仅仅是简单的容貌。德国拍这个片子就是妹岛骑着一个电动车在她的建筑里面穿越，那也表达了她设计的一个理念，寻求建筑和自然之间畅达的关系。在劳力士中心学生在里面行走坐卧，像连绵起伏的草坪一样，随时随地可以坐下来。基于这样的理想，她创造了这样一个轻柔通透的空间。在她很多系列的建筑实践里面都表达了这种理念，因此有人用半熟女描述妹岛和世所做的项目，又有点青涩又显现成熟。

在她的建筑里面我们感觉非常轻。建筑实际上是在重力之下的一种物质表达，所以古典的建筑是表现重力的，用很厚的墙体和巨大的建造、永久的物质形成的。我们在今天的美学体系里则看到追求一种轻，这是东方对世界的贡献。尤其像日本，我认为这是它们的环境意识造就的，一个多地震的国家就是因为建筑重才造成对人类的伤害，于是在这里面找一种平衡，如何把建筑做得很轻这是多少代建筑师的努力。

在中国当下的室内设计界，设计师中的绝大多数是做"有"的，完成后的作品一定要让人看出来一些绞尽脑汁的构思之处。仿佛唯有这般才能证明自己的能力，以及所付诸的心机。但是像石上纯也这样的人完全不是这样，他做设计的目的之一竟然是让建筑消失。在那个林地置换的项目中，通过巧妙的构思和计算机辅助设计，让人工和自然之间存在微妙的镜像关系，令人看到一种畸形的仿生。

这个景观廊道项目是我这次听讲座看到的，它设计的初衷也完全是从风景的角度出发，做得很别致。设计场地位于荷兰一个贵族的花园，花园历史悠久，古木参天，且有一处雅致的别墅，就是图片里我们可以看到的这个小房子，荷兰费韦斯堡（Vijversburg）公园报告厅。荷兰是低洼地，树林夹道形成的路径，在景观的元素里是很重要的意向。请石上纯也来做这个项目的时候，他就想用人工的建造去恢复传统的园林印象。因此他把林地里面的一个步道建成了人工的玻璃走廊，并和原有建筑衔接起来。在这个设计中石上纯也用一个很轻很薄的屋顶去覆盖一个廊道，是把这个公园里曾经存在的路径，从另一个地方复制于此，据此建了一个建筑。像这样的关系，一个是自然的，一个是人工的，但它们又非常相像，对称在历史的纵轴上。但做这么大一个没有柱子的屋顶，对驾驭结构和处理结构的技术要求是非常高的，而这些恰恰是他最擅长的工作。细节决定成败。在此，又一次展现了石上纯也非常精湛的技艺。

在日本当下的这批建筑师里面，我觉得很多人不仅仅是建筑师，他们对环境的理解，对艺术的理解，对哲学的理解也是非常有深度的。这种深度虽然潜藏在建造的背后，但又通过他们的建造能够让使用者感受到，这一点着实不易，需要经过多年的历练。反观在这点上其实我们需要反思和努力，我们的东西大多数过于实用，只考虑实用的过程中就丧失了很多深度的思考，没有深度的思考对人类的未来是没有帮助的，你只是迁就当下。

第 11 届威尼斯国际建筑双年展日本馆，模糊暧昧的空间边界
图片由 junya.ishigami+associates 提供 ©junya.ishigami+associates

荷兰费韦斯堡（Vijversburg）公园报告厅
图片由 junya.ishigami+associates 提供 ©junya.ishigami+associates

上海 Z58 原为上海手表五厂的废弃厂房
摄影：许鹤凡

● 隈研吾：迷失白昼

接着再讲下一个项目——上海 Z58。这个项目已经是好多年前的，从我看到的时候距今至少也有十年了。这是日本建筑师隈研吾做的一个工业遗产的改造，改造完的形象外部变成一个非常简单的玻璃盒子，由垂直绿化的花草形成覆盖。这个建筑白天是"消失"的。人们只能感觉到它的室内空间，包括空中有个屋顶能打开的房间。把"有"变成了"无"。但是这种建筑的存在是凭靠另外一个系统表现出来的，当夜幕降临以后每个行驶的汽车都打开了自己的灯，这时候这个临街建筑开始表现出它的魅力。因为立面上每一道不锈钢的装饰带，实际上就是做垂直绿化的花槽。从房间内透过玻璃则看到一道一道的不锈钢底面。这个镜面不锈钢底面会反射街道上的街景，汽车一过就有一道光彩闪过。车水马龙的夜晚，看街景的玻璃窗口就立马变成一幅流变的画面，瞬间变成了环境里富有活力的东西，这时候建筑的存在感通过环境意象表达出来。都市的光与车流，是都市生活的一种鲜活表现形式。我们说"无"变成"有"的时候，这个"无"可能是消除你经验里的东西，但又创造出人们经验里没有的东西，这是挺耐人寻味的。

这个建筑也挺有趣的，在都市密集的建造里面绿化被撕成了一种碎片，但当你把这个碎片继续揉碎的时候，这时新的活力会出现。就相当于把绿化绿植搅拌到建筑的构造里面。隈研吾认为这恰恰变成了一种都市焦虑的治愈。实验性很强，通过绿植让建筑消失，也通过新的建造使过去的绿植系统也消失，在新的混合体里又能找到彼此。通过一种混合变成一种无，这样的实验有很多。包括米兰的"垂直森林"大厦，整个建筑变成一个森林，变成一个绿植的混合体，未来这种类型的东西会越来越多的，因为这就是说在过去我们的观念里面，把人和自然对立起来，自然被认为是人工的"无"，人工就认为是自然的"无"。但是在今天"有""无"的关系处理里面是否能够把这两个糅合到一起，是需要我们今天的设计去思考的。

上海 Z58 正立面垂直绿化的花槽
摄影：许鹤凡

● RCR：纯然景观

去年普利兹克奖令人意外地颁给了西班牙的一个小事务所，这个事务所简称 RCR，这个事务所的三位合伙人默默无闻地在西班牙的一个小镇上工作了 30 年，直到普利兹克奖颁给他们的时候他们都感到很突然，觉得有愧于这么一个重要的奖项。一直以来，他们只专注于建造工作，很神奇的是这三个人里面有两个人竟完全不会讲英语。这是普利兹克奖对他们的评价："他们所有的作品都具备浓郁的地方特色，以及与地貌景观充分的融合，符合今天世界文化发展的战略。"他们的作品，手法干净、提炼、单纯和自然相得益彰。在这样一个小镇有这么伟大的小事务所，默默在那里工作了 30 年，很多建造都是在地方，在那些平淡的景观里寻求一种存在，解决一些问题。另外我觉得感动在于他们淡泊名利，精益求精的精神，其实这是一种"无"，"无"恰恰变成了"有"。所以做设计有时候太聪明不好，过于聪明在于总在猜测，揣度他人却忽略了自己，最终失去了自己艺术语言的独立性。

苏丹与 RCR 创始人卡门·皮格曼

去年在上海演讲，我有幸见到了 RCR 中唯一的女性卡门·皮格曼。后有专业机构邀请她去北京做学术报告。在北京的演讲规模盛大，人们趋之若鹜，很多人肉麻地表达了对他们的崇拜。但很有意思的是，她不愿意提之前曾经来过中国的一段旧事。我当时问她时她说是第一次来中国，她说上海世博会的时候西班牙馆那个项目曾经找过她，后来没有中标，因而失去了一次认识中国的机会。其实她得了普利兹克奖以后，中国在南方有个庐山训练营的老板请她，当时她也不了解是什么状况就去了。到了庐山，成千上万的设计师涌过来对她表达敬慕之情的景象把她给吓到了，后来她便不愿意提及这段经历。其实庐山训练营不需要普利兹克奖获得者来传经送宝，他们需要另外一种更加实用的东西。卡门·皮格曼把去庐山的这段令她至今惶恐的经历在她的陈述中给抹掉了。

我与皮格曼在他们的事务所前拍了一张合影，他们三个人就在这个地方工作，这是一个能使历史和今天、自然和人工都得到融合，得到妥协的机构；他们在创造中关注传承，在传承中体现创造。如今，事务所接到了更多的委托，依然做得非常精彩。他们的建筑娴熟地处理场地的关系，又很像风景作品；有人说他们是从景观切入，有人说他们是从室内切入，就是没有故意强调建筑本身的重要性、优先性。

其实"有"和"无"与东方的哲学有关系吗？答案是肯定的。无论是中国的道教，还是日本的禅宗思想，其实对于"有"和"无"的关系在很早就做过深刻的论断。老子认为"一生二，二生三，三生万物"，万物归一，一既为"有"，亦为"无"；禅宗则直接认为"万物皆空"。老子在《道德经》中更说过实体和空间的辩证关系，这段论述也被认为是对世界现代建筑发展有指导性的。在中国的美学体系里反映这种认识的具体表现形式有很多，例如，绘画里的留白，大量的部分是没有处理的，因为我们说绘画里的"有"和"无"就依靠笔墨所造，笔墨触及的地方是"有"。但是在东方的绘画里很多地方是空的，恰恰是这种空会让画面显得更加无限。建筑里面的留白也是这样，如园林，园林是一个建筑和景观、人工和自然相结合的综合性事物，在这里面对空间的处理值得研究，园林设计中有很多可圈可点的地方，比如说园林中的理水、处理建筑的景深、通过"隔"来表现"透"等，在造园里面无论是景观处理还是空间处理都有很多令人着迷的方法。

我认为中国园林这个体系是对于世界有巨大影响的，在空间认知观念方面是有启发的。园林中擅于用微小的东西来表现宏大的东西，当代艺术里面也有很多这样的案例，比方说一位荷兰的当代艺术家在建筑空间内部通过科学手段创造出一朵云彩，把自然的景象放到狭小的人工环境里，从而造成一种矛盾。园林中常用的遮挡也可以看作是"有"和"无"关系处理的一种具体手法，怎么样让意欲表达的东西变得更加突出，恰恰需要在景观上遮挡一部分，更有利于表现主体的深度和广度。叠石也是本着这样一种思路去处理的，把石头造型弄得像云，在园林深处慢慢升起，一块石头往往隐喻的是巨大的山的体量。还有借景，把周边的环境纳入整体的风景里面。这种方法在苏州博物馆就运用了，以此处理山、水和留白。

● "无印"产品

刚才讲了很多还是空间性，现在大家来看看产品。让我们从产品的角度来看看"有"和"无"的关系。原研哉策展的视野虽是高度的国际化，但里面渗透一种东方的哲学思想。原研哉在欧洲的影响非常大，他是米兰三年展非常活跃的一个策展人。而且他每一次的亮相都令人脑洞大开，在文化交流互鉴方面产生的意义都是非常深远的。我在米兰三年展中看过他两次展览，做得非常精彩。一次是关于纤维类材料对未来世界影响的可能性，包括建筑材料、交通工具、服装面料和苔藓类植物的培养基……他处理展览的叙事方式非常有意思，为冷冰冰的材料物理特征的表述赋予一种细腻幽默感，耐人寻味。前几年他还做过一个探讨人类社会和设计未来的展览。从原始工具的制作到航天科技，从理性十足的工业产品到充气娃娃……我们也知道原研哉做了无印良品的艺术总监以后，对其走向世界产生了重要影响。无印良品把产品的标识去掉了，取而代之的是将一种情感和品质渗透到产品里，从而在用户中形成一种共识。无印良品里的产品渗透了一种哲学的思考，每一个物品是一个思想具体体现的方式，这样的东西是强大的，代表着未来生活的美学。"于无声处听惊雷""此时无声胜有声"就是这个意思，有时候你刻意在强调的可能恰恰达不到这个效果。

它的每一个产品中都贯彻了这样的理念，但采用形式非常低调。无印良品产品的形式背后是观念语言，而不仅仅是视觉语言。我曾听过他几次讲座，其中有一次在首尔和他同台演讲，我认为他整个的演讲意味高远又非常风趣，听了之后会感到这个人非常强大。后来一次是在清华美院视传系，那次我来主持，讲座现场照例座无虚席。这些年原研哉先生在展览、品牌经营和著书立说方面均有颇多建树，在全球化时代产生了很大的影响，他向整个世界传达了东方的理念。

● "无有"家具

下面为大家介绍一个年轻的品牌，创始人夫妇叫顾畅和华雍，年纪都不大。顾畅的父亲是中式硬木家具设计和制作的名手，当下无人出其右。顾畅是他的长子，从小就浸染于这种传统文化氛围浓郁的环境之中。老顾这个人经历很传奇，他没上过学，但做事情极有章法，精益求精，多年的坚守终成一派事业。如今名声显赫，生意兴隆。顾家在江苏南通，一个盛产优秀匠人的地方，中国改革开放以来城市建设的光辉业绩和此地出走的数量庞大的工匠队伍不无关系。中国木家具做的技艺最精良的，品质最好的并不是在大都市，而是在像南通这样的二三线小城市。顾畅的父亲多年蛰居在一处旧码头凌乱片区的深巷之中，他潜心研究材料、处理技术，又根据现代工业机械加工工艺制定工艺管理流程，使其所制木制品蜚声全国同行业。

老顾是中国的家具名手，对工艺精益求精，管理非常严，品味刁钻。他是爱马仕在中国木器制造行业唯一合作的伙伴。过去我在做环艺系主任的时候，我们本科生的家具实习就会放在南通，每年环艺大三的学生都会在暑假去南通永琦紫檀木器厂进行木工艺方面的实习。那时老顾心中一直有个愿望，希望自己这种由家族血缘性的，在实践中形成的工艺传承，通过联姻的古老方式转变成一种具有院体属性的基因。功夫不负有心人，有情人终成眷属，在老顾费尽心机的筹划下，两位年轻人终于走到了一起。

年轻人总喜欢新的营销方式、新的造型，老顾还是沿着明式家具的风格去做，他不在样式上创新，而是集中力量革新工艺。但小顾和华雍则希望做得更鲜活一点，于是两代人之间出现分歧，直至年轻人从老一代的阴影下毅然出走。后来这个品牌就分裂了，现在顾畅他们成立了"无有"的品牌。

"无有"的家具从图像上看起来很淡定很平常，好像没有什么一惊一乍的东西。家具朴实无华但尺度推敲到位，构造处理科学，工艺处理精细。造型上虽然很明显可以看出一些明式家具的影子，但又不完全是

无有（WUUYO），八方新气象系列
图片来源：顾畅

永琦紫檀作品
图片来源：顾畅

明式家具复制品或高仿。显然两位年轻人对传统家具再创造还是下了一番功夫的，新的家具比古法更具人性化，细节是很生动的。从创新的角度来看，"无有"显得保守了一些，在当代所谓"新中式"创新风暴中显得波澜不惊。但你看到的"无"是样子上的"无"，它拓展了使用者对家具感受上的维度。

过去只是看，现在变成了用、揣摩、体会。因此在这种观念下，家具和人的互动过程中那些被藏起来的东西就逐一释放出来了。比如它线型的变化，它那些值得把玩的小件儿，这时候其实是人在物件使用过程中建立起来认知。在家具节点上，因为材料的属性，材料纹理的变化导致对拼接方式的处理，做得非常地道、非常谨慎，一丝不苟，很贴合。在一些细节的处理上，曲线的变形是结合了测量人体工学；还有在家具构件和界面的交接上出现了非常大胆的变化，不同形态之间的死磕状况改变了，一切看起来都浑然一体，显得有机自如。传统的家具是不可能那么做的，但今天加工的数控机床有了新软件，因此家具塑形过程中形态的改造就不再像过去那么生硬了。

新的美学是建立在新的加工技术基础之上，在他们的工坊里，顾畅总是兴致勃勃地给我展示他先进的工具。顾畅秉承了家族的传统，喜欢摆弄各种机器，他们那个整齐的工坊里有各种各样的机器，有些甚至是这个年轻人亲自组装的。我看到了那个数控的雕刻机器，钻头是好几个方向，它可以把多曲面复杂的线形加工出来，所以这些新颖的形态看上去连续性增强了，生动的细节在家具的审美过程中就非常重要了。所以家具虽看起来平淡无奇，实际上是把那些复杂性都隐藏起来，成为外观简单的内敛形式。

下面我为大家拿出两把椅子，一个是他父亲做的，一个是他做的。左边是他父亲做的，基本遵循了明式官帽椅的形式；右边是顾畅和华雍做的，有传统的那种神韵，但是形态很简约。

这些家具在工艺方面的特点是雕饰和打磨。在柜体上雕的图案也是传统的纹样，有花鸟鱼虫、卷草龙纹这些吉祥寓意的题材，但让你看完以后叹为观止，每个鸟的羽毛，每组羽毛之间排列的关系充满了变化。但顾畅和华雍的"无有"产品系列已经不再炫耀这些繁复的东西了，它们追求视觉上的简约，主题表达方面的克制，追求中性。当代性的家具对人似乎更放纵，可以采取比较温和的样式。我为什么给大家展示这个品牌呢？年轻人做得挺不容易的，比你们大十岁左右，沉静下来去做一个独特的品牌，品牌现在推广之中，但被市场认知还需要一个过程。因为今天中国的消费市场喜欢看"有"，消费者花了钱就希望表现出来，所以目前会遇到一些障碍。但我一直鼓励他们坚持，因为这个社会的美学习惯终究是要变的。营销不仅仅是靠工艺和设计去推动，也和文化品牌进行联动。摈弃繁复，追求内敛式的表达，用设计打败设计一定是未来的发展方向。

永琦紫檀，顾永琦（左）；无有，顾畅与华雍（右）
图片来源：顾畅

"无有"的品牌表达了一个清晰的理念，一种新的价值观。即用表面的简素替代以往的繁复，用简约明了统率复杂的生成机制。"无有"的品牌文化意识的源头依然和"永琦紫檀"有关，但却是内卷式的。它的反戈一击也反映了时代文化发展的趋势变化。但是它并未是真正意义上的现代性家具，它的美学系统逻辑是断裂的，而新的一代在试图解决这个问题。在营销方面，"永琦紫檀"信奉的是"酒香不怕巷子深"的古训，以民间社会口口相传的方式进行。而这对年轻人则不然，他们在努力建构自己的价值内涵和美学体系。在内涵的吸纳融合方面，格局也变得更加开阔。在产品类型方面也大胆创新，开发出更多和当下生活美学相关的产品。现在顾旸和华雍的东西是和艺术家合作，版权合作。与他们合作的艺术家们也越来越多，如建筑师张永和、艺术家冷冰川等，在产品方面更是花样繁多，以适应当下丰富多彩的生活方式和美学趣味。有音乐家收藏黑胶唱片的小木盒、下围棋的棋盘、藏雪茄的盒子等，这些都是今天的东西。产品片子拍得也好，每次会请专门的摄影师来拍，包括挂画，画面怕玻璃反光用的都是无影玻璃，他们对品质的要求很高。我觉得现如今做事情想获得认可必须有这种精神，有这种心气，要做极致的东西，越简约的东西越应极致。

永琦紫檀雕饰，顾永琦设计
图片来源：顾畅

无有雕饰，顾畅与华雍设计
图片来源：顾畅

110

● "无体"裁衣

还有一个小案例，服装设计中的"有"和"无"。这些年有一些服装反而做得越来越宽松了，我们也能看到。有一个华人做的品牌，今年新推出了一个概念（人工智能）。过去的服装一度是追求精准，和人体非常贴合的关系，但这些年东方出现的这些设计师，他们的东西又表达出一个东方对"无""有"的策略。9月25日我和杨澜在中国民生美术馆合作了一个名为"匠心传奇"的展览，其中服装设计师马可做的一款服装就是用蚕来织的。设计师先做了一个衣架，让蚕在上面边爬边吐丝，直至覆满蚕丝的一件旗袍完成。这个衣服做完之后没有接缝，真正的浑然天成，独一无二。这些年一些设计师开始发掘服装广泛的适应性，适度放弃了对所谓身体精准的量裁，掀起了一场"地震"。如果说什么时候服装再回归到一块布的时候，这就是一种"无"的境界了。当然那一定不是一块普通的布，它一定是建立在技术创新和文化思考基础之上的舍弃。一定会有更强烈的表达和更丰富的内涵，在这种情况下身体就会被解放，产生出更多的可能性。

小结

最后让我来对今天的话题进行一个总结，设计中的"有"和"无"总是并置的。"有"是建立在非常主动的表现性、非常明确的功能性之上。从现象来看，"有"就是设计解决问题所留下的痕迹，它也是设计主体采用物质和功能的一种证明，一种结果。偏执的情况下，设计者在强调和突出这种痕迹，但最高的境界是消除这种痕迹，变成"无"的状态。这是今天东方性的一个回答，超越性的思维当是这样的，为解决问题而导致的复杂性并不一定都需要表现出来，反而应用一种举重若轻，很轻松的东西去表达它。能够包容复杂性的简洁才是一种"有"和"无"的平衡，"无"是一种境界，它是一种解放，最终对使用者也是一种解放。

达到"无"的状态往往是建立在"有"的基础之上，还是通过设定目标把一个又一个的问题予以解决，用超然的集成能力对它集成。那么具体的方式往往是追求"无"的过程中先建立"有"，然后再做减法。减法是寻找"无"的一种渠道，就是逐渐把多余的东西给减掉，把没有必要去表达出来的东西给隐藏起来，所以"无"这个境界是一种非常高尚的东西，就是不动声色，坦然处之。用数学的方式来处理，过去说"1+1+1+……"，加了很多以后等于一个非常复杂和丰富的形体，今天我们寻找的东西恰恰是最后让所有的复杂性消失，让它没有那么去刻意地进行表现，这种境界对于未来设计的发展而言是难能可贵的。

这些年东方的建筑师，尤其日本的建筑师在这方面给我们做出了很多表率，大家通过我今天的讲座中列举的这几位日本建筑师的作品和表述也能够看到。如果你们回顾现代建筑史和设计史会发现这批人之前的那些前辈们是做"有"的。他们很晦涩地把西方的东西变成东方的话语，所以我看前川国男、丹下健三、矶崎新这些人的作品时会感到很累、很沉重。从安藤忠雄这批人开始，日本建筑师进入了新的境界，尤其到了今天，当代日本的建筑，我觉得这批人非常自信东方哲学理论、美学系统，而且似乎给整个世界的迷茫找到了一个答案。这些年做出了让全世界耳目一新的东西，非常的空灵，非常的自由，非常的民主化。我们看到石上纯也做出的作品既像自然的东西又是人工的结果，但是在人工里面给出了很多在自然中都能寻到的美学的体验，比如说自由，比如说多重方向的可能性，比如说一种散漫和聚集，有机的这么一个状态，我觉得这个其实是人类下一步进入高智能时期需要发展的。虽然这个体系举步维艰，因为我们更多的设计师看到的是眼前利益，被眼前发展的节奏拖着走，但是也还有一些人，像顾畅和华雍这些都是 80 后，他们开始用他们的态度来提共一些答案，做出自己的努力，这也是非常不容易的事情。总之，我认为随着更深入的思考和物质进一步丰富，追求从"有"到"无"可能会是一个很重要的发展方向，这个方向上每个人都有每个人的理解和处理问题的方式，但总的目标，未来的世界将变得越来越轻，这是社会的一个形态。我们可能以后不太愿意再做那么沉重的表达了，这可能是人类文化阶段性的走向。另外从哲学的终极问题来讲，或许我们该进入设计"无"的思考状态。

第五讲

设计的诗性与技术

5

时间：2019 年 9 月 16 日
地点：上海美术学院
课程：「上美讲堂」系列

概要

诗性之于设计好比诗歌之于语言，设计中的诗性
是艺术性表现的基因，是一种具备文本性的抒情
与叙述。设计中的诗性转化为想法与观念进而加
持创造性活动，最终通过具体的实物、形体、空
间、声音等传达而生。时间也是诗性的一个层面，
时间会沉淀，时间不可战胜，时间所向披靡，时
间兼具强大与落寞。设计的寺性在于自然与纯粹，
纯粹的东西，是装不出来的。

引言：

今天这个讲座，属于一个阶段课程，时间比较充裕，我的讲述将具体围绕着诗性和技术的关系，以及设计审美而展开。当我们赞美一件东西审美的至高境界时，经常会用"诗意""诗性"这样的语汇来进行评价，尤其是对于一个空间设计或者产品设计，设计的诗性实际上是最高层次的一种褒奖。因此研究诗性生成的机理是设计研究领域的一个至关重要的问题。此外，在新时代的语境之下，我还想谈一下设计与技术的关系问题。

● 审美教育与设计诗性

当下，全国高校都十分关注美育，但美育不是一个抽象问题。很多人大谈美学，但是在现实中，当他对一个具体的设计目标和设计对象进行评价时，又差强人意，他的具体判断和其语言所描述出来的东西完全是两回事，也就是说语言在设计审美的描述过程中是苍白的，更是不准确的。但是我们在对一个事物进行评价的时候，又必须用语言的精确性来输出我们对设计的一种感悟。我们在提倡"大美术"的概念，提倡美育的概念，但是我认为，仅仅用文字性的语言进行说教肯定是无力的，诗性就是那种看则感动，用则愉悦，但又无法表述的具象。另一个问题便是必须承认造型艺术以及设计中所存在的差异性、多元性以及复杂性。我们一直在努力寻找能够涵括所有领域美学的这样一个概念，但是我们也知道仅仅设计中的分类就是很细腻的。

我想起 20 年前，中央工艺美院和清华大学刚合并的时候，当时的大学领导对于设计学科如此之多的专业颇为困惑，并在一次会议上建议学科设置瘦身，在场的我听说之后很想去为设计进行一

番辩驳。但是逐渐地，我发现设计这个群体本身也存在很多问题，大家过于强调自我的个性和特点，又很难用一种抽象的理论和标准进行评价。其实设计审美虽不能过于抽象，但是也不能过度拘泥于具象，应该恰当地把握一个度。总体而言，设计的审美可以分成两个方面，一方面涉及设计本体的问题。任何一个设计出来的事物以及设计过程，必须触及设计事物的本身，一个物品或者一个空间，它总是具体的。即使是一个空间也必须仰仗和建立在一定的物质基础之上，会触及材料和技术手段等。另一方面，文化的属性也是非常重要的，这属于设计的外延部分。我们对设计的评价往往带有一定的感情色彩，很难超越我们既有的审美经验和文化传统。因此在这个过程中，我们也无法割裂与过去的关系。

与大家分享一句海德格尔（Martin Heidegger，1889-1976）的名言："人诗意地栖居在大地上。"这可以说是我们对人类生存方式所寄予的一种至高期望，也是我们所有设计师努力的一个目标。我们是为人类而服务，我们不同的设计门类都希望人能够更好地生活，在地球上存在，在我们的社会空间中生活。人期望能够

找到自己的尊严，同时人居又能够和我们所仰仗的环境取得一种和谐。

具体而言，究竟何为诗性呢？首先，诗性来自于一种情感深处的体验，也就是说，我们情感上的愉悦来源于一种出自创造性的新奇感，一种自我的释放，这是对诗性最直接的一种感触。同时，诗性来自想法和观念，具有一定的文本化特点，我们在这种想法和观念的指导下，进行艰苦的创造性活动。因此诗性既可以来源于第一个阶段，即观念和思想方面的突破，也可以来源于第二个阶段，那就是所谓实施和创造的过程，通过这个思想对抗物质的过程也会产生很生动的东西。最终所有的一切，无论开头的想法也好，还是中间的过程也好，都要通过具体的物质形体、空间、声音表现出来，相比之下，纯粹的理论言辞依然是苍白的。

● 罗斯加德工作室（Studio Roosegaarde）：*WINDVOGEL*

下面我们来看看具体实践过程中，那些能够感动我们的设计创造。两年前第二届深圳环球设计大奖（Shenzhen Global Design Award）中最高的一个奖项，是在 5 个门类所有奖项的基础之上，评出的一个可持续发展特别奖。这 5 个门类就像是一个"大设计"的概念，涵盖了建筑、产品、环艺、工业、服装，然后把这些门类评选出的优胜奖汇聚到一起，在一个共同价值观的标准之上评出一个可持续发展特别奖。最终从建筑领域评选出荷兰一个工作室——罗斯加德工作室的项目 *WINDVOGEL*。这个作品既像景观，又像一个艺术装置，同时也像一个体现科技研究成果的高科技产品。所以这个奖项在建筑的板块中属于一个非常边缘的作品，因为它的建造感似乎没有那么强，但是又处于一个广义的建筑概念里，同时也是都市景观的一个重要组成，并成为一个相当有趣的现象。其实，这个项目创造性地利用了绿色能源，通过风能的互动和捕捉过程产生能量，又通过光纤发光，也就是控制风筝的那根绳，在空中形成了一条飘逸的亮带，一道优美的绿色轨迹。城市的灯火、闪电，甚至北极的极光，都是环境中的一种景观现象，这个设计便是如此，它利用智慧、技术创造出一种新型景观。这样一条恒定的绿线在夜幕之下不断微微摆动，打破了日常的都市景象，给社会增加了很多话题。而这个话题延展开以后，又具有某种科普性以及某种说教意义。

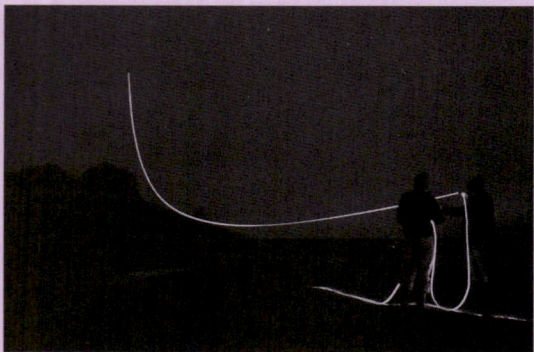

WINDVOGEL 是能产生绿色能源的风筝，其通过飘浮在空中的绿色发光电缆创造了一种光和新能源的互动形式。作品荣获 Dezeen 年度设计项目、Dezeen 照明设计奖和深圳环球设计大奖

图片来源：Studio Roosegaarde©Daan Roosegaarde

为什么我在此强调希望大家关注这类作品呢？一方面也是出于当今的时代诉求。就一个公共艺术设计而言，"WINDVOGEL"具有很强的综合性和边缘性。它是有道德的，涵盖了自然美学和人工美学的内容。另外，这个项目的技术含量非常高，包含了材料科学、能源科学，以及机械自动化等方面的技术，设计者以他综合驾驭技术的能力和想象力，为我们创造了一个前所未有的生动景象。两只风筝的绳索在自重以及空气动力的相互作用下，形成了一组美妙的曲线。这个项目的诗性就在于人类面对当下沉重的问题时所进行的一种思考和探索、一种超越性的表达。如今，在我们普遍被能源所困的情况下，人类在寻找新的技术途径来捕捉能源，既能够利用这种绿色的、清洁的能源，同时又能够通过技术和材料的创新，让这种能源清晰可见，最终通过各种创意让具体想法以一个可见的形式飘扬在空中，与大众分享。当时面对这个项目，评委层面也有不同的声音，但我无疑是站在了赞许的立场上，我觉得这个想法非常好，这种好在于一种理念上既说不清又可以表述的逻辑，但它最终作用于感官的美妙之处却是一团混沌。

接下来我想深入探讨一下诗性呈现的诸多可能性。其实诗性在不同的领域，其表现形式是不太一样的。总体而言，设计是一个独立的领域，功能和形式的关系是设计本体建构中的主要矛盾。设计中的诗性在于它超越功能的部分，它的诗性之于语言还有很多不同的地方。因此，语言学家索绪尔（Ferdinand de Saussure，1857–1913）曾表述道："在语言面前，一切都是模糊不清的，一切都是混沌一团的。"这也就是说，语言本身是非常明确的，语言形成的系统总体来讲是希望将思想表述为一个更加清晰的形式，即一个具体的词输出以后，形成一个可以描绘的图景。但是我们发现，语言到了一个阶段以后，也受制于这种目的性，所以语言有时候也会反叛，会回到一个混沌和朦胧的状态，转而追求语言本身的一些形式。其实语言本身的形式还有很多种，比方说语感，实际上它和文字输出的东西，是两个体系的不同形式。举个例子，比如一首外文歌听起来很悦耳，当你翻译成另一种语言的时候，你便会感觉到其间生出很多障碍。这是因为歌词内容是它的制约。歌曲形成的音节和发音与旋律的联系十分密切。所以对于很多音乐爱好者而言，其实歌词并不重要。

● 黑川雅之：直觉经验

我曾多次在课程或者讲座中提及我们设计界的前辈黑川雅之（Masayuki Kurokawa，1937–），无论是关于空间美学还是关于诗性，我都会想到黑川先生，而他关于诗性的表达与呈现则更为浓郁，在此我想为大家做一些较为详细的介绍。他是世界著名的建筑师与工业设计师，他们这个家族也是一个在建筑设计方面具有优良传统和辉煌业绩的家族。他的兄长是日本著名建筑师黑川纪章（Kisho Kurokawa，1934–2007），创造了"灰空间"（"泛空间"）理论，在20世纪80年代对世界建筑领域产生了重要影响。黑川雅之行走在产品设计和建筑设计之间，建筑设计可能给予了他更多的关于社会、空间这方面的思考，但是在产品设计里又要面对非常具体的材料。黑川雅之先生创造了很多这样的产品、器物、生活道具，他非常注重在工艺方面的创造以及工艺和形体之间的关系，并试图探索语言的一种相容性。

在黑川雅之先生的作品中，我们经常可以看到铸铁的铁壶，以及铸铁材料的器物。这种工艺首先源于日本的江户中期，在日本的日常生活中非常普及，后来成为一种民间美学。几乎每家每户都会使用这种铁壶烧制茶汤，可以说铁壶已经成为日本茶道文化中的一个重要符号。IRONY系列是黑川雅之先生设计的日本传统手工艺作品，设计师将日本这种具有600年历史传统山形铸造工艺，赋予了一种崭新的现代表达。这个壶除了烧茶以外，还可以做酒器，内部附有过滤器，可以根据不同的用途随意安放或取出，这种革新符合如今人们的饮茶习惯。它在工艺上的这种考量亦非常扎实，经过了日本传统的防锈处理，因此不会污染环境，亦不会造成对茶道师的污损。此外，这种铸铁工艺和其他金属工艺形成了一种非常强烈的对比，体现出一种粗犷的自然美学。

黑川雅之，IRONY系列
图片来源：黑川雅之工作室

黑川雅之先生认为，诗性是一种美的体验，体验是直觉，但是这种直觉和过去的经验交织难分，他曾说过："正确并不一定让人相信，但美是每个人都想拥有的，尽管美并不一定正确，但人人都爱。"这里所说的"正确"，是理性和逻辑。但是他讲到美本身是混合了这种理性和逻辑以及这种直觉和经验的。所以诗性是一种复合性的事物，那么若想用文字对诗性进行解释，这个过程也应该是非常慎重的，但是从美学教育的角度来讲，又必须试图进行清晰的阐释。

黑川雅之作品
图片来源：黑川雅之工作室

此外，黑川雅之先生还谈及日本人对美的追求，他表明："人们谈论日本人对美的追求，往往将其上升到哲学的高度，但这是不对的，日本人对哲学并不感兴趣，他们更关注微小的个体感受。"最近我也在读美国人类学家鲁思·本尼迪克特（Ruth Benedict，1887–1948）写的一本书《菊与刀》。推荐给大家，大家可以抽空去读读，其中谈到了日本的社会状况，谈到了日本社会的价值观，也谈到了他们的生活。尽管那是跟民族性格有关的、服务于政治的一本书，但是我们能够看到，它对日本的民族性和审美有一种独特的表述。审美有其一致性，同时美也要有超越性，就像我们现在看到的烟灰缸、名片夹一样，平时它就是一个器物，只有通过存放物品才能凸显它的价值，但是它空着也很漂亮，也就是说空着的时候，它以独立的形式而存在，避免了极度理性的认知。

几乎所有好的物品，恐怕都是混合了这两种属性，有用或者无用。这是工艺的复合性，是人工和自然形态的交织，自然的纹理是无以复加的。这种对纹理的执着，恐怕是我们整个东亚美学中非常重要的一个部分，因此才出现了很多我们刻意追求效果的不同工艺。比如在同一个器物表面并用的加饰技法，使用了金和银、金和铜、陶瓷和金属、漆和金属等多种不同材质。当一个设计师形成了自己独特的对美的理解，并且形成了一个系统的造型手段和理念，以及支撑这种理念的工艺和方法时，他就可以穿越设计的边界。我们看到，从建筑到室内的空间以及家具，甚至各种各样的日用器具。黑川雅之先生在如此丰富多样的设计领域中都可以自由出入。他在每一种设计类型中的创造，都体现了他对美的独特理解，体现了那种审美贴切，那种对人性的抚慰以及对自然的尊重。

● 环境诗性：情感补偿

站在我个人专业的角度而言，环境中的诗性是什么呢？首先，诗性是对环境缺憾的一种补偿。那么这个观点怎么去理解？我认为实际上诗性针对着对象主体过去的缺憾，以及因此而形成的情感中的匮乏，诗性便是对那种匮乏的一种补偿。当代人的焦虑是我们在环境方面所遭遇的困境所导致的，是我们长期处于这个环境危机之下的一种困惑。因此，当下很多设计美学都是与环境的补偿有关系的。

比如我们从中国的古画来看，绘画的精髓在于弘扬山水精神，而画面多是那么寥寥几户人家，这种孤独感恰恰是一种入世的反叛，也就是出世的理想。我想这些绘者一定身处闹市，或身陷钩心斗角的职场，而画面则是他自己心中的一个理想世界。他向往孤冷的高地，一个大自然中可以栖身的缝隙，一个避世的桃源。在中国古代绘画史中，我们能够看到这是一个永恒的主题，像《清明上河图》那样的场景是少之又少的，清代之前的绘画大都表现了这种人迹罕至的孤绝山水图景。这恰恰反映出一种个体形象，表露出作者希望摆脱城町、回归纯净自然的心境。中国画所创造的这种诗性的、浪漫的，寄情于山水间的图景，与人类社会的生存困境有一种反向的关系。尽管就绘画风格而言，从北宋到清代有不同的笔法、不同的构图，但是我们能够看到大家共同的艺术理想，是一个关于美学、关于诗性的至高境界，这个是恒定的。

我们可以将视野放宽来看待这个问题，设计便成为一个环境的概念，隐含着一个从都市逃离的梦想。比如贝聿铭先生在日本设计的美秀美术馆（Miho Museum），就是要穿越一个洞隧进入一个现代的桃花源，一个群山环绕的自然保护区。

同时，建筑采用非常低调的方式尽可能深埋在地下，表现出一种对自然的尊重。我们可以看到这位具有东方情愫的建筑师，用现代技术语言所创造的这种建筑形式的空间，在意向上是一个与中国历史上的绘者和文人之想象高度吻合的理想国。因此，当我们对美秀美术馆毫不吝惜赞誉之词时，其实我们应该考虑其诗性究竟从何而来？它究竟切中了怎样一种最为根本的心机，才使我们为之感动。我想这是一种久远的情结，那是我们永远努力，又永远达不到的一个若即若离的彼岸。

作为一名设计师或者一名艺术家，未来或许在某个历史的契机中，我们可以营造出一个恍惚的瞬间，创造出让我们进入这种空间的场所。明代时，这可能存在于诗人的诗句或者文章之中，如今我们也可能通过建造来对它进行一个场景模拟。所以美秀美术馆的成功并不在于建筑的手法，而在于这样的理念，一个在大都市取得成功的东方建筑师重新返回自然之中，形成了一个旷古绝伦的因素，呈现出一种东方式审美的回响。就建筑语汇本身而言，这是建筑师已经锤炼几十年所形成的一种成熟的语汇和句法，但这个项目又带给我们很多的

通向美秀美术馆的隧道
图片来源：美秀美术馆©Miho Museum

俯瞰美秀美术馆
图片来源：美秀美术馆©Miho Museum

美秀美术馆全景
图片来源：美秀美术馆©Miho Museum

美秀美术馆入口大厅
图片来源：美秀美术馆©Miho Museum

惊喜，是我们过去在华盛顿、巴黎、北京从来不可能看到的东西。对建筑师来讲，他实现了自己的理想，回归了自然。在以往的建筑之中，贝聿铭先生的作品运用了很多园林中的元素，比如穿过一个窗廊去看待自然，从而形成了此岸和彼岸。此岸就是当下，彼岸就是未来，美秀美术馆将此岸和彼岸贯通了起来。穿越隧道达到进入场域的这种方法，更容易让我们联想到美轮美奂的《桃花源记》。显而言之，它是一种当代美学的处理方式。

再为大家分享一个我无意间捕捉到的案例。四五年前，当时我看到有文章介绍日本的一个摄影师，经年累月不断地去拍摄遍及整个日本的自动售贩机，这种图片的感人之处恰恰就在于，你会发现人类能够把现代文明输送到他们所居住的所有领域之内，环境系统中的每一根毛细血管，触及了文明的毛细血管的末端。大自然的空旷和冷漠，与人造物的那种密集、那种精确性、那种温暖，形成了一种强烈的反差。因而当我看到这组作品的时候，的确非常感动。

日本乡村自动贩卖机
摄影：车诗佳

陶尔米纳剧场位于西西里岛最东端的小镇
摄影：苏丹

● 岁月诗性：时痕积淀

诗性还有一个特点是跟时间的关系，或者说，是诗性对于时间的表现性。时间是非常沉重、非常伟大的东西，是不可战胜的。时间可以把很重的东西变得很轻，也可以把很轻的东西变得非常沉重，这就是时间的力量。时间也能够证明我们人类的偏执，我们的局限性。下边我给大家举一个例子，大概十几年前，我第一次去西西里的时候，看到一个古希腊的剧场，后来我回国以后就写了一篇文章叫《两千多年前的环境艺术》。我认为这就是一件具有环境诗性的典型作品。这个剧场建造在陶尔米纳（Taormina）的一个山顶上，陶尔米纳位于西西里最东端的一个小镇，是西西里靠近意大利亚平宁半岛的最尖端部分，从那个地方坐船马上就能返回意大利本岛。这个地方是一个旅游胜地，当你们看"二战"史的时候，就会知道这里是当时巴顿将军打仗时提到过的地方。在古罗马之前，这个地方属于希腊，希腊文化对这里产生了重大影响，形成了很多的城邦，也有很多伟大的建造。

我希望以后同学们有机会也去现场体验一下，就我个人的感触而言，让人最为震撼的就是

这个古老剧场的选址，它紧邻悬崖，身下是湛蓝的大海，远处是埃特纳火山。这个剧场始建于希腊，在罗马时期又经过改造，历经了 2000 多年的时间，但今天依然作为剧场在使用。这个古剧场在意大利的环境中以及音乐界都是非常重要的圣地，其神圣性是非常具体的。剧场的背景埃特纳火山是一座活火山，这个剧场在建造的时候，实际上是创造了一个跟天堂最接近的戏剧场所，形成了一个人神混居的世界。因此，虽然历经 2000 多年，现在已是残垣断壁，但其场所的神圣性经过了时间对建筑的打磨，愈发增添了这种伟岸的力度。我们面对历史的废墟经常有一种莫名其妙的感动，这些都来自我们对时间的敬畏。只有这些历史遗迹，才能够让人们穿越时间的重重阻隔，让历史的气息扑面而来，它是历史的一个媒介，亦是对历史过往的完美诉说。

阿马尔菲海岸鲁弗罗花园
图片来源：苏丹

接下来，我再给大家介绍另一个与时间有关的古迹 —— 萨梅扎诺城堡（Castello di Sammezzano）。这个城堡位于意大利的托斯卡纳地区，始建于公元 780 年，查理曼大帝曾经过此处，历经千余年最终在 19 世纪形成了今天的模样，一个摩尔式城堡。19 世纪建筑完成之

际曾辉煌一时，但之后的处境一直不佳，不断变更领主，不断改变功能，甚至作过酒店，最终由于经营问题倒闭。现在处于一个拍卖的过程之中，这个过程也很复杂。2015年有一次流拍，2016年又一次流拍，2017年被阿拉伯迪拜的一个公司拍得，但是最后法院取消了该交易。在意大利民间的一个古迹爱好者协会，文物爱好者投票这个项目是最杰出的摩尔式建筑的代表作。我们从它残破荒废的外貌上，难以想象它内部的瑰丽场景。在历史的变迁过程中，它的荣耀，它所经历的那种动荡岁月，以及无数的王公贵族、影星、名流等人光临此场所时的那种仪式、那和喧嚣，仿佛就在昨天。只有你目睹了一派荒芜和它内部的灿烂之后，才能体会到这种强烈的情感冲击力。它的创造者费迪南多·潘琪亚缇契（Ferdinando Panciatichi Ximenes）曾经从政，后来政治失意之后，就将毕生的精力和财富都投入了这个房子的营造，因此这座城堡也经历了一个大致几十年的建设期。在建筑中的墙面上我们还能够看到很多反讽的话语，说明当时主人在营建这个房子的时候，对政治的一种诗意化的情绪表达。

萨梅扎诺城堡位于佛罗伦萨附近的一个山丘顶部，最终成为费迪南多的避世场所。由于政治生涯的坎坷和失落，他心灰意冷，最后从仕途中挣扎出来，退居到一个社会的边缘地带，开始专注于营造属于自己的世界。这种营造方式不同于世界和意大利当时流行的建筑文化，费迪南多先生用40年的时间在城堡中营造了365个空间，每一个空间都如此别致而绚烂，每个房间都有自己的名字，都如此不同，这种复杂性是非常惊人的。同时，其中图案的变化像浩瀚宇宙的日月星辰，不胜枚举。作为一个建造系统来讲，意大利本土并不具备这样的能力，支撑这个像宫殿一样的建设需要繁盛的工艺制造能力。因此费迪南多在当地兴办了很多建造业来供给建材，让建筑得

以完成，这个工作量非常浩大，令人叹为观止。从本体来讲，它有其技术和工艺，但它的感染力绝不仅此而已。因为岁月和历史的打磨所造成的缺损，这种衪采的消退和内部灿烂之间的反差，才是最迷人的地方。我曾经走到废墟跟前，看到这个房子过去的储藏室以及烧锅炉的地方，甚至有流浪汉借用空间，但是它的内部依然是这样的灿烂，令人匪夷所思。

由此可见，建筑的伟大属性就在于它能对抗时间，在对抗的过程中，时间也会形成它的积淀，这种积淀反映在其风貌流变之上，反映在缺损和完美之间的反差之上。它有365个完全不同的场景，富于音乐感，但是目前城堡的周围，自然已经在慢慢蚕食它。除了城堡精彩绝伦以外，整个山丘地带是一个占地很大的公园，这个贵族从世界各地引进了大量珍奇植物，如今这些植物被本地的植物所蚕食，剩下的乔木花卉种类也不算太多了，这就是一个时间的对抗过程。建筑局部现在已经处在濒危状态，结构上出现了一些危险，正在等待修复。庭院的荒草，外观的残破，加之城堡下边就是我们当下追逐的"奥特莱斯"——所有品牌的汇聚地，每天这个地方都有来自全球各地的人们在疯狂

购物。其实萨梅扎诺城堡依然像一个贵族一样在嘲讽当下，就像他墙壁上那些批评性质的话语，就像他过去嘲讽佛罗伦萨的高利贷一样，在嘲讽这些追逐时尚的宠儿。这两种场景的反差让我很震惊，我觉得恰恰就是从奥特莱斯走上山顶的时候，才能感受到时间就是一种至上的美学。当我从山顶返回奥特莱斯，返回装载购物者的巴士上时，我也感到极度失落，这种失落感反而超过了文物本身被损坏的这种失落感，很多的废墟都会带给我们这样的触动。

与萨梅扎诺城堡类似，同样是在意大利南部，在阿马尔菲海岸（Amalfi Coast）的拉维洛小镇（Ravello），坐落着一栋罗马时期的别墅，它在13世纪鼎盛时期名为鲁弗罗花园（Villa Rufolo），同样也是365间房，经过了几个世纪成为无与伦比的华美建造。阿马尔菲海岸所有的建筑形态都面向大海，这个别墅也建在悬崖顶上。曾经在阿马尔菲王国最富有的一个家族鲁弗罗拥有着这个场地，这个富可敌国的家族当时掌管了阿马尔菲地区的所有进出口以及收税权利，后来家族的一个成员又成为地区大主教介入了宗教事务。最终，这个家族因为过于富有，形成了对当地政权的威胁，因此被处以巨额罚款，由此家族开始衰败。家族的一个主要成员还被送上断头台。据说其所缴纳的罚金能够组织当时全世界最强大的舰队，交割了这样的赎金之后，家族才得到了赦免。15世纪，这个家族开始退出此地区搬到了纳波利（Napoli），之后就慢慢衰退消失了。如今这个庄园也是几次经手不同的领主，发生了新的叙事。

相信在大家的行走经历中，也有过类似的感受。如今我们置身废墟的时候，历史的残垣断壁形成了一种风格上的变化，这个场所的生命不断在轮

阿马尔菲海岸鲁弗罗花园园景
摄影：苏丹

130

换，它并非依靠一个简单的建筑形式，而是自带一种穿越感和一种时间性，包括植物的生长和建筑的落寞之间的反差。这一带的建筑血统也是混杂多元的，有本地风格，也受法国和西班牙的影响，同时也受游牧民族以及摩尔建筑风格的影响。最终，我们能够看到的是植物，植物的生命力是最旺盛的，因此它现在反而是此处最灿烂的事物，成就了一个大花园。每年在鲁弗罗别墅都会举办一场夏季古典音乐会，这在意大利南方非常著名，很多人都把在这里听一场夏季古典音乐会作为一个终生梦想，我想这的确是非常美好的。伟大的环境设计让自然的山水、让历史、让精彩的当下，鲜活地并置到一起，令人感慨万千。因此，针对那些生存过程中最艰难的、最困扰我们的问题，诗性是一种伟大的超越，比方说我们和自然的关系，和社会的关系，和时间的关系，和生与死的关系。

● 卡洛·斯卡帕：生死美学

今天的最后一个案例是关于卡洛·斯卡帕（Carlo Scarpa，1906-1978）的作品，他对大家来讲是一位非常熟悉的建筑师。在卡洛·斯卡帕的建筑中，他将生和死的界限，通过建造形成场所，形成了一个对话的空间。布里昂家族墓园（Brion Tomb）是卡洛·斯卡帕的一个代表作品。我认为这种手法之上的超越，是他对生和死的一种认知，是建筑的诗性所在。布里昂家族是19世纪末20世纪初意大利最早的一个电器公司家族。他们家族在一个公墓附近有一个约2000平方米的家族墓地，但它并不是封闭的，而是开放性的，每一个人都可以去观摩。在这个项目中，卡洛·斯卡帕通过空间的迂回停顿，展现了活着的人和亡灵在空间上对话的一种可能性，同时亦展现了他处理混凝土的卓越能力。他的呈现是如此细腻而多变，如此深刻而丰富，甚至在一些地方还结合了我们汉字的字形，并赋予其一种寓意。比如墓地围墙转角处的装饰，大家都认为这是一个汉字"囍"的变形，我认为这是对生和死的一种超越性理解。死并没有那么让人绝望，而是一个新的开始。整个墓园通过空间的序列展现了一个生和死的对话过程。这些细腻的墙体变化，虽然不能翻译成文字来解读，但是我们能够感受到情感的温度，像密码一样娓娓道来，这样的对话一般人听不懂，但这种沉着的对话方式恰恰体现出其迷人之处。墙面上还有卡洛·斯卡帕精心制作的一些装置，他将生命轮回之间的空间矛盾和能量转化上的联系，通过一个滑轮组合表达出来，令人感慨万千。水池里的睡莲平淡地开放着，鲤鱼也在安详地游动，时而滑出水面，声音也是这种场所中的必要因素。

布里昂家族墓地节点，卡洛·斯卡帕设计
摄影：苏丹

在我看来，这个作品在理念上是具有超越性的，在墓园中我们没有感到那种压抑而沉重的东西，反而能够体会到一种洒脱，一种对生命的特殊诠释，一种情感上的超越。当时我还看到很多来自全世界的年轻学生在现场发表感慨，他们一直追寻着卡洛·斯卡帕的建筑足迹，从他的第一个作品一直看到他最后一个作品。建筑语言本身的抽象性以及空间环境之间的关联性和贴切程度，加之它所形成的模糊性，都混迹于这个空间之中，形成了某种共振，影响着我们的情感。对于生和死的解释，在不同的宗教和不同的文化中，也有着不同的版本，皆源于人类对于这个终极追问的一种想象，一个答案，而究竟真正的答案是什么呢？这是最令人困惑的。虽然这样的困惑一直存在，但追问亦不休不止。

布里昂家族墓地建筑，卡洛·斯卡帕设计
摄影：苏丹

设计乌托邦 1880—1980：百年设计史
比亚杰蒂 - 科尼格收藏展
图片来源：苏丹

第六讲

当代设计中想象的翅膀与理性之微光

6

主题：《当代设计中想象的翅膀与理性之微光》

演讲者：苏 丹

时间：2020 年 3 月 10 日 20：00—22：00

地点：『亚洲设计艺术十堂课』网络公开课

（线上直播）

概要

当代设计就原发力而言，一方面涉及创造力和想象力，另一方面便是设计中的理性。这两种属性在当代设计领域是交织并重的两条线索，使当代设计得以时而体现出激情的光辉与感性的温暖，时而又透露出其背后的理性思考。本讲从"跨界"的角度探讨了建筑、文学、艺术之间的界限，以及这些范畴的融合方式。当代设计不仅是主观的、现场的，同时亦具有与整个社会系统相关的文本性。

引言：

在非常时期以这种非常的方式交流，技术总是给想象以力量。我想跟大家分享一些关于设计的思考，这也是非常有意义的事情。今天下午我得到一个既高兴又悲伤的消息，在罗马，拉斐尔（Raffaello Santi，1483-1520）逝世500周年纪念展不久前隆重开幕了，但是刚才又听闻那里暂时闭馆了。最近，这样的事情每天都在发生，但是感谢互联网技术创造了越来越多的平台，让我们能够在这个非常时期保持基本学习状态。其实一段安定的、独处的时光对每个人来讲都不是坏事，可以利用这段时间思考一些平日忙碌的日常中无暇顾及的事情。今天我想跟大家探讨的话题便是"当代设计"，其中我会着重谈两点，一个是创造力、想象力，另一个便是设计中的理性。这两种属性在当代设计领域是并重且互相交织的两条线索，让当代设计时而体现出激情的光辉与感性的温暖，时而又透出它背后理性的思考。

在我看来，当代设计不仅是主观的、现场的，同时还具有和整个社会系统相关的文本性。这些年我们经常会提到"跨界"这个话题。"跨界"似乎变成了一种赞美，一个人能力强，有进取心，我们就讲他是跨界的艺术家、设计师。这些年我得到这方面的称号会更多一些，因为我涉猎的领域相对更丰富、更复杂。所以今天我想从"跨界"的角度来谈谈建筑、文学、艺术之间的界限，以及在当今它们能以何种方式实现融合。

● 叙事的艺术与空间与环境

我们都知道，斯卡拉剧院（La Scala）是全球最重要的三个剧院之一。单从建筑的立面来看，临近多莫主干道的它似乎其貌不扬。但这对于它来说并不重要，重要的是它历经沧桑依然辉煌，在一个古老的剧院中你可以感受到它所拥有的现代精神以及当代意识。斯卡拉剧院有全方位培养年轻人、保存和发展剧院文化的系统，其中设置有服装、舞美、灯光以及管理等方面的专业。斯卡拉剧院还拥有自己的工厂，主要用来支撑它庞大的舞台系统，并制作每一场剧目所需的布景道具。去过米兰的朋友都知道托尔托纳街区（Zona Tortona）是设计周期间外围展最重要的区域，它之所以能有今天，原因之一也是因为斯卡拉剧院的舞台美术制作工厂位于那里。从地图中可以看到斯卡拉剧院所处的位置，自东向前稍稍转弯就是米兰大教堂的前广场，在这个街区里，它和广场被一条主干道分开。剧院从外观看十分低调，但一个建筑中承载的内容似乎更为重要。从剧场的剖面图不难看出它空间高大，台口的宽度和高度都远远超出了经验中的常规尺度，后台进深也大且高。这样的空间容量为其进行最顶级的歌剧表演提供了空间上的可能，所以空间容量在一个建筑里是非常重要的，只有拥有了量的基础，才会在形式上产生更丰富变化的可能。从剧场的剖面图还可以看到舞台、观众厅和后台容量的对比。为了支撑台前大家的审美活动，后台所需的空间是巨大的。

意大利知名舞美设计师玛格丽特·帕里，
杂志封面为舞剧 *Puzzle Me*
图片来源：苏丹

斯卡拉剧院室内
摄影：苏丹

这里有斯卡拉剧院室内的照片，我们可以看到剧院是如此的辉煌，它共有六层楼座，一百多个包厢，顶层是散座区，专门提供给经济能力不太强却又非常挑剔的一帮戏迷。

就舞美方面而言，斯卡拉剧院歌剧场景的宏大是难以想象的，这就是一个建筑不可见的部分空间所能提供的可能性，它能够包容这样的场景。每一场演出的演员人数众多，服装道具皆华丽精美。在这剧院里发生的故事通过空间的载体——建筑，把文学构思用艺术的形式生动地表现出来。在诸多艺术类型中，舞台美术是非常重要的，这个古老的专业孕育了许多设计领域的新专业。它涉及舞台的布景，这是一个美术概念，涵盖了灯光、服装、化妆和道具等方面。意大利的传统美术院校大都设置了舞美专业，它有非常强大的训练体系，这个体系在20世纪以后又衍生出商业橱窗设计和展览、展示等这些非常有活力的专业。

刚刚和大家谈到了舞美，这张照片是2019年拍摄的，在米兰和斯卡拉剧院的舞美设计师玛格丽特·帕里（Margherita Palli）女士一起。玛格丽特是瑞士人，她和她先生是我认识十年之久的朋友。那时她给我看了意大利关于舞台美术最重要的杂志，相当于国内的C刊，就是我手中这本杂志。封面刊登了2015年我们一起合作的芭蕾舞剧，这部剧在意大利演了五场。2019年那部芭蕾舞剧的舞美也登上了意大利权威的舞美杂志，其中每一场舞台设计都美轮美奂，让人叹为观止。

下面我想和大家谈一下我最近观看的一个非常特殊的歌剧——《四重唱》（Quartett），它突破了我们对传统歌剧的认知。其舞美设计是非常当代的，结合了今天的新媒体艺术，同时它的场景设计和表演也非常有趣。《四重唱》这个歌剧的片头，非常精彩，那种超现实的场景让坐在剧院的我有一种梦幻之感，之后的歌剧演出也让我颇为震撼。它的空间设计亦十分独特：在巨大的斯卡拉剧院舞台上呈现了一个盒子，盒子内的场景随着剧情不断变化，背景使用多媒体投影。背景和盒子中的人一直发生着关联，形成空间套叠的关系。这部剧由德国20世纪60年代重要的剧作家海纳·穆勒（Heiner Müller，1929-1995）改编，整剧时长90分钟，没有幕间休息，通过两个演员不断转化身份来成全四个角色。这让我感到其美学中所具备的一种野性，其诗性中所具有的一种力量，这种力量就是在时间的参照下，演员们用身体完成的一种奉献。演出结束后全场观众起立，掌声经久不息，米兰挑剔的戏迷能够给予如此高的赞誉，与其精心创作是分不开的。这部19世纪古老小说改编的剧目，展现了当代人对空间的理解以及对图像的创造。歌剧的历史非常久远，在它的演变过程中，我们看到它既存在永恒的部分又存在不断的变化。技术在不断变化，但有些东西是永恒的，这种永恒性就是我们长久追寻的一种诗意。

此外还有一个十分特殊的剧场，我想与大家分享一下。公元前 3 世纪左右的希腊殖民时期，西西里的陶尔米纳有一个格雷科剧院（Theatre Greco），如今依然在使用。这座剧院建在悬崖的顶部，正对面是意大利著名的活火山——埃特纳火山。曾经剧院规模很大，能容纳上万人。历经了两千年的沧桑之后，它几乎成为一片废墟，但其曾经雄伟的建构还在，还能辨别出希腊的柱式以及罗马时期对它的改造痕迹。更令人惊叹的是，这个剧院现在还在高频使用中。每个剧团、每个乐手、每个歌者都为来这个神圣的场所演出而骄傲。同时，在这个剧场欣赏歌剧或者音乐会，也是观众们终生难忘的记忆。原因就在于 这是历史和当代的结合，是天然和人工的结合在审美过程中产生的综合性。那是一种纠缠，是最沉重

陶尔米纳格雷科剧场
摄影：王琼

和最轻盈的纠缠，是最新的和历史最悠久的元素的融合。这种复杂性在设计的审美中是极其重要的，它往往能够通过空间的因素被巧妙地综合起来。在最近一次《图兰朵》的演出中，剧院背景中的元素更为宏伟，远处埃特纳火山一直在喷发，从而产生了一种不可思议的拼贴感，似乎神话、天堂、地狱、人间又重新拼合到了一个图景之中。这种想象力所创造出的图景是无以复加的，这是灵魂，是我们在创造过程中永远不能丢弃的东西，所有的技术都应该服从于这种想象力。

另一个案例是关于马里奥·博塔，他是瑞士的一位建筑师。清华大学艺术博物馆就是由他设计的。有一次我在斯卡拉剧院看戏，中间休息的时候居然在斯卡拉剧院的门厅里遇到了博塔先生和他的太太，看来对于他这样的人来讲，到剧院看戏已经成为生活中不可分割的一部分，也许在剧场的体验能给予他信心和启发。去年4月，马里奥·博塔带着他的一部纪录片来到清华大学，举办了一场中瑞建筑师的对话。到场的几位嘉宾，一位是坐在我旁边的博塔先生，他身边的女士是那部纪录片的导演，还有一位是今年威尼斯建筑双年展中国馆的策展人张利先生，再有一

"第二届中瑞建筑对话"学术活动，清华大学艺术博物馆，2019年4月，由左至右依次为清华大学建筑学院院长张利，苏丹，瑞士知名建筑设计师马里奥·博塔，导演洛蕾塔·达尔波佐（Loretta Dalpozzo），建筑设计师王晖
图片来源：清华大学艺术博物馆

陶尔米纳格雷科剧场音乐会
摄影：王琼

位是著名的建筑师王晖先生。我们围绕这部电影
展开了讨论，这部纪录片获得了一些电影节的奖
项，它讲述了一名建筑师，因终身创作神性的场
所例如教堂、博物馆等，形成了恒定的价值观。
这部影片沿袭了意大利电影日常叙事的方式，拍
得妥帖低调但又很深刻。能够看到，人在创造过
程中应该用怎样一种淡定的态度和永恒的心来支
撑，同时还需要时间，人要用一生的时间来做自
己钟爱的事业。

● 当代艺术与当代设计

接下来，我想谈一下与当代艺术有关的话题。这也是今天这个讲座里主要的内容。最近大家都在热议，尤其设计界的人都不会忽略一个话题，那就是 2020 年普利兹克奖得主揭晓了，两位来自爱尔兰的女性建筑师，谢利·麦克纳马拉（Shelley McNamara）和伊凡娜·法瑞尔（Yvonne Farrell）获得了这个奖项。因此，这些天网络上关于这两位建筑师的文章推送就非常多，但是我们又有多少人能够真正了解她们呢？这两位建筑师除了自己的建筑实践之外都热衷于当代艺术。当代艺术是如今设计界的人必须关注的领域，这是在审美巨变的过程中出现的新领域。如果你忽略这个领域，可能会对将来的成长产生很多不利影响，也许你会变成一个保守的人，也可能在生活中缺少许多乐趣，因为生活正在变化，这就是今天的审美，你可能认为它是堕落的，但它又是充满活力的。这两位建筑师除了一直在进行建筑创作以外，还担任了 2018 年威尼斯建筑双年展的总策展人，这是非常了不起的事情。随着这两位女性建筑师的获奖，许多人开始研究她们的手法特征，也把话题引到了女性建筑师的身上。这一点我不太苟同，我认为恰恰是这两位女性身上拥有一种非常强大的力量，她们创造出的设计场景具有一种雄性的力量和一种强烈的工程感。她们的视野和胸怀是博大而开放的，因此她们的单体建筑设计里总渗透着一种环境意识，建筑与它所处的都市环境是密切相关的，并且经常以一种谦逊的方式展开胸怀。如果单纯从建筑去判断，我们很难想象这是出自女性之手的作品。

现在我为大家展示的建筑是位于米兰的博科尼大学商学院。这个学校非常有趣，在 2008 年校方邀请了这两位女性建筑师为他们设计大学的一栋教学楼，现在又邀请了日本建筑师妹岛和世来设计他们的新校区，依旧是女性建筑师。从妹岛和世的设计手法里，我们能看到女性的柔美轻盈；但在这两位爱尔兰建筑师的作品里，我们看到更多的是一种雄壮的气质、一种博大、一种力量感，甚至有人认为她们的作品蕴含 20 世纪六七十年代粗野主义的痕迹。这个建筑之所以获得极高的赞誉，就是因为它向城市的环境和空间展开了谦逊的姿态，这是一种利益的出让所带来的崇高感，因此它获得了人们的尊重。我认为，这就是建筑的一种姿态，最终会通过体量和空间展现出来。有一天我发现了一个评论，评论者和我说，对于这个建筑他实在看不出哪里好，我想这也是一个很有趣的事情。从建筑的整体来讲，它是一个抽象的事物，不能用雕塑的标准去衡量，尤其在当代的建筑里，更多的是和工程美学、物理学、环境美学、社会学相关的内容。到如今，如果你无法用社会学的知识去判断一个建筑，你就将失去话语权，因为你完全无视了它的价值。这也就解释了为什么要看当代艺术展这个问题，因为当代艺术相当程度地受到了社会学的影响。

博科尼大学商学院周边街道
摄影：曹琳

博科尼大学商学院是欧洲最好的商学院，它的管理学科在全球排名中名列前茅，其中最强的是艺术管理，一度在全球排名第一。因此，去年我和清华大学经管学院的团队去拜访了这个学校，我们谈成的项目正在启动，是清华大学经管学院和博科尼商学院关于艺术管理项目的合作。在博科尼商学院内，由这两位女性建筑师所设计的教学楼里，我非常惊讶地看到，楼中陈设的艺术品全部是现当代艺术品，我想在中国的美术院校里没有一个能做到这一点。这两位女性建筑师在全世界的很多地方都留下了作品，一如既往地展现了她们的

价值观和她们的工作方法，这种方法既有职业建筑师强有力的处理结构和工程建造的能力，同时又具有社会学的性质，和周围社区存在一种非常良好的关系。这个校园建筑是街道美学在建筑系统的延伸和拓展，它丰富了城市街道的层次，打破了欧洲老资格的学院封闭性的形象。从技术上来讲，我觉得它一直传承了现代主义的技术准则，但理念上还有很多差异。因此，在2018年的威尼斯建筑双年展，由这两位女性建筑师担当总策展人的时候，展览主题叫作"Free space"，即自由空间。这样的作品从理念上为我们展示了在未来的建筑学里，建筑是如何作为一种解决自然、社会和人之间关系的媒介。这是非常当代的一种眼光，因此在这届建筑双年展里我们看到了很多大胆的、具有观念性的建筑。例如英国馆、德国馆，还有最终获得金狮奖的瑞士馆。比如说瑞士馆就做得非常有趣且深刻，它把六个尺度不同的商业空间串联了起来。

接下来，我想给大家介绍的是葡萄牙的建筑师阿尔瓦罗·西扎（Alvaro Siza, 1933-），西扎在中国的作品是中国美院新落成的一个博物馆。他的策展人安东尼奥近期与我计划，2021年将在清华大学艺术博物馆举办关于西扎的名为"未见·未知"的展览。这位资深的建筑师是一位跨世纪的长者，也是现代主义为数不多的仍然在世的大师。在西扎的作品中，我们不仅能看到现代性，还能看到人文主义的情怀，同时兼具后现代主义建筑创作中的文本性，以及多元杂糅的文化性。他是一个非常有人文精神的建筑师，也曾是普利兹克奖的得主。

首先是他20世纪末的作品，现代主义的痕迹非常浓郁。19世纪美国一个重要的浪漫主义诗人朗费罗（Henry Longfellow, 1807-1882）曾经说过一句话："生命的建筑师在时间之墙内奔

忙，忙于那些甚至未见的部分，因为神看得见。"
他用一句富有诗意的话来概括一些伟大的建筑师
们默默无闻所做的一些工作，也把建筑设计中的
神性和诗性揭示了出来。建筑师要组织复杂的、
社会性的、技术性非常强的工作，这些劳动需要
操作机械，组织人力来解决工程中的问题。同时
建筑师的内心世界是复杂而丰富的，西扎最近的
一个展览就展出了他全部的手稿和绘画作品。透
过这些作品，我们也能窥视到这位伟大的建筑师
丰富的内心世界和细腻的情感变化。作为创作主
体，个人的情感、价值观念必须得以抒发、释放
和表达，西扎还有很多抽象性的雕塑作品。这些
雕塑里既有从建筑本体语言里衍生出来的与体量
组合相像的造型内容，又有一种人性的认知与表
达包含在其中。正是因为他特殊的职业，使得他
的艺术思考最终转化成一种介乎于建筑和雕塑之
间的独特形态。

阿尔瓦罗·西扎，1998 年葡萄牙里斯本世博会葡牙馆
1998 年摄影：Eduardo Goody
图片来源：Unsplash

阿尔瓦罗·西扎作品，"你好，忧伤"（*Bonjour Tristesse*）
图片来源：Molly Meng Ma

我们再来回顾现代主义向后现代主义转型时期西扎的一个作品，那是柏林的一个住宅公寓。1987年的世界建筑节在柏林举办，那时柏林建造了一大批实验型的住宅，西扎也做了一个公寓，这个公寓建立在"二战"时期的一片废墟上。读过建筑史的人看到这个建筑外立面的变化可能会想到这三个人：从细节上会想到密斯·凡·德·罗，从女儿墙生动的形态会想到夏隆，从墙身的流动感会想到门德尔松。但最重要的是建筑转角的檐口部分，我们看到一只像眼睛一样的痕迹，这是西扎在创造的过程中留下的。有趣的是，在脚手架没有拆除的时候，不知是谁爬上去留下了一句话"你好，忧伤"。这句话恰恰呼应了柏林这座城市忧郁的气息和历史上的创伤。因此，我觉得这个建筑虽然是一个现代主义建筑，但它的现场性和在地性得到了充分的展示与挖掘，表现出一种人文的情怀。后来这个痕迹就被西扎精心地保留下来，变成了建筑不可分割的一部分。今天的设计者要注重设计存在过程中的生长性，它会和环境偶发共同建造一种形式，这种形式不是稳定的，它可能是审美深层次的影响，也可能仅仅是一种意识上的愉悦或伤感。

讲到西扎我又突然联想到安尼施·卡普尔
（1954—）。现在同大家谈当代艺术，最应景
的一个人物就是安尼施·卡普尔。2019年他在
中国同时做了两个展览，一个是在北京的太庙，
另一个是在中央美院的美术馆。这两个展览由英
国的里森画廊和意大利的常青画廊共同主办，这
两个画廊均为国际知名艺术机构，对重量级的当
代艺术家在全球推广功不可没。安尼施·卡普尔
是一位国际性的艺术家，印度裔英国籍，是我非
常欣赏的一位艺术家。卡普尔作品的艺术语言是
含混的，这致使他的作品并不容易被解释清楚，
但在展览现场总会被他感动。他的作品在不同的
现场会营造出不同的氛围，指向不同的意义，也
得到不同的解释。我认为这是当代艺术所拥有的
一个很重要的艺术特征，这种特征是具有时代性
的。我想在未来，很多艺术品和设计作品都会具
有这种特质—— 一种在空间中的生长性。这种
生长性就如同种子接受了土壤的营养一般，虽然
带有强大基因的种子是相同的，但不要忘记每一
片土地的光照、水分以及营养是不同的。这就是
设计面对的一个普遍性问题：如何让我们的设计
在不同的地方获得了营养之后产生不同的结果？
当这个问题被解决时，规划设计的单一性、扁平
性就将彻底被粉碎。

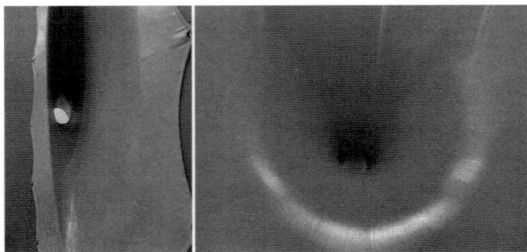

上图：安尼施·卡普尔，《将成为奇特单细胞的截面体》
摄影：苏丹

148

安尼施·卡普尔《将成为奇特单细胞的截面体》，
中央美术学院美术馆展览现场
图片来源：中央美术学院美术馆

右图是安尼施·卡普尔在中央美院美术馆的作品，这个美术馆是矶崎新设计的。2007年在美术馆还未开始运营的时候，我是第一个以非业主身份去拜访这个空间的人，随后我写了一篇评论叫《主流美术院校的"非主流"美术馆》。因为当时在现场我看到矶崎新为中央美术学院设计的美术馆后，我就感到了中央美院的一种雄心。因为这个美术馆给架上绘画留的空间不足30%，看得出他所创造的空间是提供给未来的艺术的，也就是我们所说的当代的艺术。当代艺术是在展览空间中现场生成的，这也是安尼施·卡普尔一直奉行的生长原则。所以他的作品虽然是装置，却仍然具有雕塑的力量。他的作品都包含了自我生成的机制，所以最终作品形态的生成是在场馆里的，于是场馆变成了创作艺术品和艺术品生产的现场。还有重要的一点，观众对他作品的解释正是他作品精神的建造和命名过程。这也是当代艺术非常重要的特质，我想在不远的将来这种特质会通过当代艺术传播并感染到当代设计的领域。假如当代设计领域的设计师能够更早地觉悟，主动地去拥抱这种理念，也许会有一个更好的结果。

上图：安尼施·卡普尔，《远行》，颜料，挖土机，中央美术学院美术馆展览现场

左图：安尼施·卡普尔，《致心爱太阳的交响乐》 2019 年，中央美术学院美术馆展览现场

图片来源：中央美术学院美术馆

卡普尔作品的另外一个特征是空间感，这一点也是当代艺术一个重要的特质。空间感似乎是从现代建筑学里借鉴的一个概念，但在当代艺术的语境里，空间感已经走得很远了，远远超越了现代主义建筑学所描述的那样脆弱不堪的空间美学。如今，在当代建筑设计里再谈空间的时候，它就显露了浓重的社会学意味，这是一个进步，因为今天我们所讲到的空间感，必须在现场感觉到它对既有空间的批判和否定。卡普尔展览的另外一个部分是在太庙里，那是一组镜子。这时候他的作品和这个古老的空间形成了一个对话的过程。镜子实际上是对现实的调侃，因此许多艺术家都沉醉在镜子中。卡普尔的镜子就更加神奇，我研究过他早期的绘画，那些草图展示了他内心对现实的怀疑，他希望通过镜子去撕裂现实。

也许很多设计师会感到疑惑，为什么苏老师会觉得这些艺术作品伟大？我认为解释起来可能有两点：第一点，从直觉来讲，在现场我会被这些像雕塑一样的作品引发一种无法抗拒的来自内心的感动；第二点，就是它具有文本性，这种文本性需要通过研究文献和档案去发现一个艺术家内心的秘密。

151

● 当代艺术中的设计属性

下面为大家介绍一个展览叫"第三种力量的凝聚"，它是由两位艺术家合作举办的。但我想重点给大家推荐这位长者，他已经 87 岁了，他就是生活在比耶拉小城里的艺术家米开朗基罗·皮斯特莱托。皮斯特莱托和卡普尔一样非常喜欢用镜面，但他的镜子就异常理性。卡普尔的镜子总为你生成一种魔幻的力量，在现场去感染你。而皮斯特莱托的镜子像一把锋利的手术刀，去剖开现实，他让你看到平常难以得见的真相，冷冰冰地放到你面前，这其实是一种来自理性的力量。两个人都用同样的素材但气质完全不同。皮斯特莱托也是至今活跃在意大利的最重要的艺术家，无论是学术还是他的商业价值，他都当之无愧。2020 年 8 月我计划举办一个展览，会有许多皮斯特莱托的作品来到清华，他也可能前来。我们看到画面中这个有一堆布和一座维纳斯雕塑的作品，不知在座的各位是否见过，这是皮斯特莱托的代表作《衣衫褴褛的维纳斯》，因为他早期是贫穷艺术的代表。这件作品被当代给予极高的评价。

上图：皮斯特莱托与苏丹，身后是作品《衣衫褴褛的维纳斯》
图片来源：苏丹
下图：奥斯维辛集中营被害者鞋子和眼镜
摄影：郎宇杰

皮斯特莱托，《行走的雕塑》（*Walking Sculpture*），报纸，1966—2019 年
图片来源：皮斯特莱托与北京常青画廊

皮斯特莱托一直以来创造的这个系列作品，我们看到的球体是20世纪60年代用报纸做成的一个球，一件能行走的雕塑。可能很多人感到疑惑，我们看到的这些作品都是用一些稀松平常的物品做成的，在这个形成造型的过程中我们也看不出一些非常的东西，为什么苏老师对他有这么高的评价呢？我想这个问题就像当年宗教裁判问布鲁诺、伽利略的问题一样。在皮斯特莱托身上我看到一种艺术家所具有的科学家一般的怀疑精神。艺术家发现真相的方法和科学家不尽相同，它看上去很偶然，但若一生中不断地有这种偶然，那它也就变成了一种必然。而科学家的真相是推理出来的。但大家关注的焦点可能都是同一个问题，关于世界、人以及世界的真相到底是什么？所以从这一点上我认为皮斯特莱托的作品有一种综合性，综合性也是当代艺术非常重要的特点，这种跨界不仅仅发生在空间、建筑和艺术之间，而是两种思维形式之间的跨界，是逻辑和非逻辑这两种思维的结合，可能在一个人的创作里，在他的一生中我们都能看到这种综合。

《旋转的机体》这件作品创作于20世纪70年代。皮斯特莱托通过美国航天局望远镜拍摄下了太空中星云的照片，那些斑斑点点其实都是恒星，他将

两张照片叠到一起之后旋转其中的一张，就会得到这样一个奇怪的图形，而旋转后我们会发现云团的中心其实就是他手指按压的地方，这是他了不起的一个发现。2018年在他的基金会，他又向我介绍了这件作品，但其实2013年的时候他已经为我介绍过一次了，那时候这个作品让我茅塞顿开，当即出了一身冷汗。就是这样一个奇怪图形我不知道他是怎么发现的，但就是被他发现了，这就是他一生中一直在做的事情，他用看似荒谬的方式发现了真理。我们将图像上的发现引申到人类和宇宙中，每一颗恒星都是宇宙的中心，每一个人也都是社会的中心，他用这件作品来阐释这个道理。

皮斯特莱托向苏丹介绍作品《旋转的机体》
图片来源：苏丹工作室

● 纠缠中的艺术和设计

最后一个部分，我们来谈当代设计和当代艺术的关系及其连接方式。从历史上来看艺术和设计这两个事物一直交叉前进。艺术由于它的轻，会给予设计很多灵感。艺术是一个思想的实践，设计更多的是工程性的实践，因此在过去，这种更轻盈的、更精神化的东西会给日常的事物做出一些启发和示范，所以往往艺术要走在前面。看建筑史和艺术史的发展我们会发现艺术史这个事物从建筑史中分裂的时间。同时我们在设计史里也会看到艺术的思想对设计形态的影响。最为典型的就是蒙德里安的艺术作品，在现代社会到来、机械生产开始以后，艺术突然间实现了转向。他早期的作品其实也以静物和人居多，但为什么突然转变成为一种机械的、冷漠的一种色块之间的关系？这就是艺术家的灵性，让他找到了一个未来的图景。

最近我正在筹划一个非常重要的展览"设计乌托邦"，把人类现代设计史的历史从1880年到1980年之间的历程进行了梳理，也就是从19世纪末人类开始寻找现代主义一直到20世纪80年代这100年期间，把现代主义从雏形、发展

展览"设计乌托邦 1880—1980 年：百年设计史比亚杰蒂－科尼格收藏"
图片来源：清华大学艺术博物馆

154

到转向这样的过程展现出来。这个项目是由意大利的一个基金会跟我合作来做的，策展人是我的前辈亚利桑德罗·格里罗。亚利桑德罗是孟菲斯当时的一个成员也是阿基米亚的发起人，今年虽然已经85岁了依然精神矍铄。我们都认为对于中国来讲，理性而全面地展示现代主义的发展过程是非常重要的，这是一个重新性的启蒙。因为我们这批人最早接受现代主义启蒙的过程完全是书本化的，更是概括性的。我们对整个知识体系的认知也很抽象，缺少细致的了解，难以认识到具体的人和事件对推动历史的真实作用。现在我们出国的机会很多，外出学习与同行的交流的机会也很多，因此在这个阶段有必要重新梳理现代主义的产生、启蒙、兴起和普及，重新回顾这段历史。据说这个家族经过三代人不懈努力，用100年的时间形成了它的设计档案。我了解到这个消息以后，几次前往米兰跟他们谈这个项目，最近已经基本确定了，只是由于疫情的关系，具体展览的时间会有些影响，但这个项目对于中国来说是非常重要的。

届时，158件作品将来到中国，下面我们来看一下这些作品。那真是一个让人期待的规模宏大的展览。有一把18世纪佚名

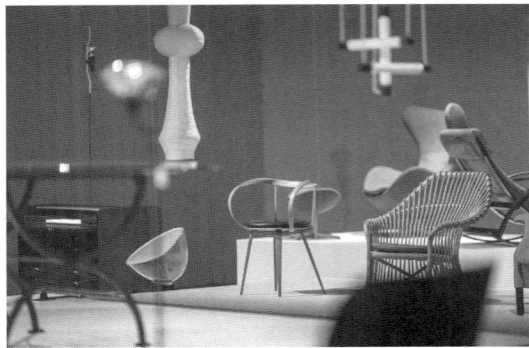

展览"设计乌托邦1880—1980年：百年设计史比亚杰蒂－科尼格收藏"部分展品
图片来源：清华大学艺术博物馆

的椅子，从这个椅子的形态可以看出设计从沉重的建筑里分化出来初始的样子，一个像哥特式教堂立面的尖拱形象作为它结构的支撑。19世之后的人们就是这样做椅子的，想象力和知识体系均来源于建筑，到后来经过一代又一代的人不断疯狂地实验后终于意识到我们需要工艺这种有情感的因素附加到设计的形式中，同时也要保持一种理性的能力去判断结构和形式之间的关系。当然这是一个非常漫长的过程，在这个过程中我们看到人类一直纠缠在理性和感性之间。例如伟大的安东尼奥·高迪他所创造的设计物品就充满了魔性，像今天我们看到的卡普尔的雕塑一般，充满了动态，有一种与你情感碰撞的欲望。同时我们也看到一些设计师属于另外一个思考型的体系，例如麦金托什这样的英国设计师，以及德国设计师约瑟夫·霍夫曼都是20世纪早期的设计实践者。此外还有伟大的建筑师赖特，在他的作品里我们甚至能够看到日本浮世绘的某些影子，这是多元文化共同汇聚、融合过程中所产生的新形式。艺术的风尚流变也是影响设计形态的一个因素，如蒙德里安开创了抽象绘画以后，受他发现的影响，设计界也进行了一些实验，比如里特维尔德做的红蓝椅。

所以，现代主义的过程并不是一条由技术革命带动的直线，它是由技术和文化艺术两条线索并行又互相纠缠而形成的轨迹。像苏联的塔特林、利西茨基，还有密斯·凡·德·罗这些举世闻名的大师的作品将在5月来到中国，如果疫情能很快结束，我想这会是一件让人期待的事情，届时欢迎各位来清华观展，如果我们有缘，也许大家会在现场看到我在做讲解。这次展览里也有20世纪30年代意大利现代主义建筑大师吉奥·庞蒂的作品，甚至北欧的一些设计作品。20世纪70年代是一个非常重要的分水岭。现代主义的理性冲动已经开始式微，这个时期情感的力量又重新反过头来并略占上风，因此70年代的作品是非常有趣的，闪烁着人性温暖又诙谐的光芒，这又是现代主义的一个拐点。

1964年在威尼斯艺术双年展上发生了非常重要的一件事情，欧洲的艺术家开始输给美国的艺术家，劳森伯格最终获得了金狮奖。这其实是一场欧美在文化艺术方面的博弈。经过漫长激烈的争夺，最终法国人文主义的代表罗杰·比埃塞以及比利时的艺术家昂托安·莫迪耶都输给了来自美国的更具有时代标志性的艺术家。到了由现代主义进入后现代主义的转折时期，设计的形态再次发生变化，具象的作品开始涌现。但这种具象又与过去的具象不同，它是放大尺度的、夸张的，以此释放出形式主义的情感能量。

展览还有孟菲斯的创始人索特萨斯的作品，以及我们熟悉的门迪尼的作品。其实门迪尼最亲密的一个合作伙伴，就是和我一同做这个展览的策展人，亚利桑德罗·格里罗，他们俩合作了40年。而像索特萨斯这样的人，艺术创作的能量巨大，我曾经在威尼斯看过他的一个玻璃展，被他深深震撼。

● 商业中的艺术和设计

最后一个部分，为大家介绍一个酒庄，在这个项目里我们能看到空间对品牌推广的神奇作用，也能看到构筑空间的要素都有些什么样的内容，并且它们之间是如何组合而成的。罗浮拉菲酒庄坐落在意大利的托斯卡纳，占地5000亩，是当今意大利最大的酒庄，这个项目的建筑师是意大利最昂贵的建筑师伦佐·皮亚诺。我们知道伦佐·皮亚诺20世纪70年代设计了蓬皮杜艺术中心，那是一个非常伟大的项目，也是艺术博物馆空间形态发展的一个历史转折点。我之所以要去拜访这个酒庄也是因为酒庄的建筑师伦佐·皮亚诺是我非常敬仰的一位建筑大师。酒庄的老板是我的朋友，意大利媒体大王保罗·潘那利，他一共拥有四个酒庄，各具特色，这是其中之一。从佛罗伦萨开车过去要三个小时，最后走上乡间一条很窄的公路，几经波折才找到这个酒庄。进入酒庄的范围之后，视野顿时开阔了起来，一望无际的葡萄园分布在连绵起伏的丘陵之上，很快就会看到一个土红色的建筑建在山腰上，很质朴，但它建筑轮廓上竖立起的塔台以及塔上的构件都在暗暗提示这是伦佐·皮亚诺标志性的手法。建筑的入口

罗浮拉菲酒庄 Rocca di Frassinello
图片来源：罗浮拉菲酒庄官网 ©DOMINI CASTELLARE DI CASTELLINA

在罗浮拉菲酒庄举办的聚会
图片来源：罗浮拉菲酒庄官网 ©DOMINI CASTELLARE DI CASTELLINA

设在它的背面，几层相互穿插的金属架子形成了丰富生动的趣味，以此强调了入口的存在。

建筑顶层的平台有特别的寓意，像一块漂浮着的土红色飞毯，中心的建筑是用通透的玻璃建成的，聚会的时候宾客们会产生像漂浮在整个葡萄庄园上空一样的错觉，具有神话一般的魅力。这个酒庄的拥有者非常喜欢当代艺术，在他的圈子里边我们很难看到那些古董式的艺术，他们都喜欢能够代表未来的艺术，因为这好像已经变成欧洲上流社会社交圈子里的一种时尚了，大概他们认为只有喜欢未来的东西、喜欢未来艺术的人才有可能执掌未来。所以这个圈子里的人谈论的都是当代艺术。

酒庄的设计里有几个精彩的创意，一个是刚才的飞毯，还有就是它的博物馆。在酒庄设计过程中，拥有者发现这片土地是3000年前埃特鲁里亚人生活的地方，存留了很多的文物遗迹，单古墓就有十几处。因此在发掘古墓的过程中了解到，在

3000年前埃特鲁里亚人在这个地方种植葡萄酿造酒，产生了很多与酒相关联的仪式、服装和生活方式。之后酒庄的拥有者通过意大利迂回的立法改变了现行的法律，从而让法律可以允许私人拥有发掘文物10%的权力，但条件之一就是要为此建造博物馆，因此这个酒庄里有一个小型的博物馆。为了充分展示3000年前的文明，酒庄的拥有者保罗先生邀请了意大利最顶级的文物修复团队来修复这些文物。

最终这些文物都在酒庄里的小型博物馆进行展览。而更有意思的是这个小型的博物馆是意大利另外一位著名建筑师所设计的，这个人就是伊塔洛·罗塔。

罗浮拉菲酒庄中的埃特鲁利亚文明考古发现

图片来源：罗浮拉菲酒庄官网©DOMINI CASTELLARE DI CASTELLINA

苏丹与意大利媒体大王保罗·潘那利在罗浮拉菲酒庄
图片来源：苏丹工作室

他在 20 世纪 80 年代协助奥伦蒂设计了巴黎的奥赛美术馆，因此意大利人认为在 20 世纪有两个意大利人在巴黎为意大利争得了荣誉，一个是伦佐·皮亚诺，另一个是伊塔洛·罗塔。保罗先生就把这两位设计师都请到了这个项目里来，一个做了博物馆一个做了整个酒庄，保罗用这种方式在促戒一种融合，然后像酿酒师一样等待着发酵。他把最有想象力的、最理性的、最科学的、最感性的人放到一起，每个人都展示了他的才华。

在罗浮拉菲酒庄的酒窖里我们被其想象力的精确性以及极简风格深深折服。伦佐·皮亚诺做了一个有些像剧场的概念，不同年份的酒盛放在橡木桶里，罗列在看台上，一共有 2770 桶红酒。保罗曾说在这里他觉得它们都是观众，像 3000 双眼睛一栏看向他。酒窖在建筑声学上做得非常完善，用欧洲音乐厅的标准衡量这个酒窖，扩分区间 0~10，这个酒窖的声学效果是 9.5，超过了绝大多数音乐厅的声效，所以这个空间是绝对震撼的，每个人站到那里都会觉得那些陈年的红酒像有生命一般，它们在默默注视着你。在这个空间里保罗经常举办他的各种活动比如爵士音乐会等，法拉利、保时捷的一些活动也会在这个地方举行，酒庄的俱乐部会员制度非常有趣，在它的 5000 亩土地里，会员支付一些费用就可以拥有几亩葡萄庄园中的土地，之后每年都可以收到这个葡萄庄园产出的产品。到现在，这个酒庄当产

的酒已经是意大利最好的酒之一了，它开始向传统红酒霸主法国的地位发起挑战。

我的公众号"四面空间"里有一篇文章专门介绍这个酒庄，文章的题目就叫《酒庄里的那 3000 双眼睛——意大利酒庄之旅（之二）》。我一共介绍了两个酒主，一个在意大利北部的巴洛洛，另外一个就是在意大利中部托斯卡纳地区。托斯卡纳地区是一个更开放包容的地区，包括它葡萄酒的种类，例如葡萄酒的酿造是允许外来葡萄和本地葡萄混合的。我觉得这种思维都是一体的，在这个酒庄的项目里我们也看到了这种新的融合。其实在罗浮拉菲酒庄里拉菲集团占了 50% 的股份，但在这个项目的推广上意大利人为了获得他们的尊严，坚持用意大利的设计师而且是意大利曾经在法国获得了广泛赞誉的设计师。这个项目里边的两位建筑师最根本的内容是绝对理性的，都是通过技术的沉淀来达到这种品质的，不是摆弄花里胡哨形式的那种模式。然而技术上的巨大努力都谦逊地隐藏了起来，它们提供给使用者的不只是视觉方面的感知，更在于置身其中的体验，妙不可言。

罗浮拉菲酒庄内的酒窖，建筑由伦佐·皮亚诺设计
图片来源：罗浮拉菲酒庄官网 ©DOMINI CASTELLARE DI CASTELLINA

● 风筝不断线

这些年以来，其实我自己的工作和生活繁忙并丰富，极力保持着积极的、不甘沦陷的状态。就像今天讲的题目一样，我一直在学习的过程中，阅读、讨论……因为在很多领域我深知自己还有很大的差距，同时在这种学习过程中我会发现，经常跨越不同的领域会得到很多信息和知识，但跨越是一个反复的过程，最终你会回到原点。就像我涉足当代艺术领域一样，我做艺术策展快 20 年了，在这个过程中我获得了很多的灵感，我觉得设计思想和形态的未来或许可以从看展览的过程中，尤其是看当代艺术展的过程获得。同时我认为艺术和设计具体的衔接就是指在未来很多的项目里，我们会看到当代艺术的元素，不只是变成了一些色彩的、形态的符号，更会提供一个整体性解决问题的思路。

做一个展览，做一个项目需要文本，这个文本是需要研究的，背后要有逻辑和知识体系。因此我有一个平台，原来是实体空间，是 798 常青画廊对面的四面空间，后来在 2014 年离开了那里，辗转到现在就变成了一个公众号。明年我会把这些年我做艺术展览、设计展览和设计实践的所有经验形成一

本新的书，书名就叫《四面空间》，它展示了我对不同领域的认识以及我需要建构的一座四通八达的桥梁，让这些领域互相贯通，无论是文学、艺术还是建筑。这些年在这个平台上我一共做了 30 多场展览，其中还包括在国外做的展览。这是曾经做过的展览的一些海报。现在它变成了一个虚拟的空间，就是一个公众号，公众号内每个星期会推出一篇我自己的想法，这些灵感或者来自电影；或者来自我的游历，我看到的历史以及获得的启发；或者是来自一个实体的建筑，我从设计里边获得的灵感，可能还有其他的内容，会在不久的将来和各位见面。

我算是一个非常勤奋的人，我一年中有三分之一的时间在世界各地奔忙，去参观交流，在国内还有三分之一的时间在不同的城市奔跑，我一年要飞 30 万公里，我想这些都是让自己获得学习机会，让自己不断成长的一种付出。我接近 30 年没有这样的休息过了：新冠肺炎疫情以来我在家里的时间加起来有 45 天，基本上什么都不做，每天就是胡思乱想。但我又找到了另外一个途径，我开始看电影，我最近连写了八篇影评，从电影里面我又获得了一些新的启发，正是因为电影的启发我才会给大家谈歌剧，因为歌剧是一个更为古老的事物，但是我们看到在斯卡拉剧院里歌剧也在拓展自己，也在重生。电影本身就是个新生事物，它具有工业感，它是最现代的一种方式，但是电影也遭遇到了一些挑战，它也需要变化。这些东西都会给我提供很多的启发和帮助，我在这个过程中非常享受，因为都是非常优秀的人设计出来的、非常优秀的人做的舞美、非常优秀的人演唱的。所以人生就是这样一个永不停息的努力的过程。

右图："四面空间"苏丹策展精选
图片来源：四面空间

限量版
Exhibition for the Limited Edition
策展人：苏丹 满开慧 Curator : SU Dan MAN Kaihui
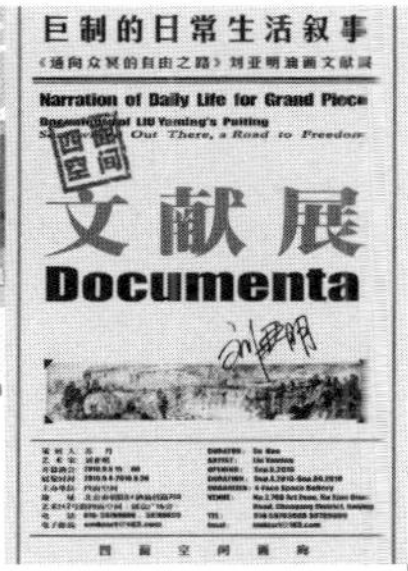
巨制的日常生活叙事
Narration of Daily Life for Grand Piece
文献展
Documenta
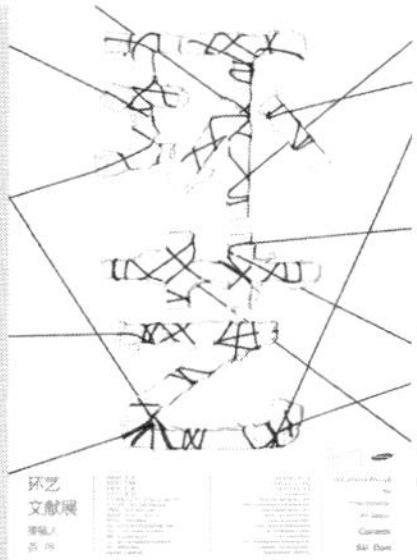
环艺文献展
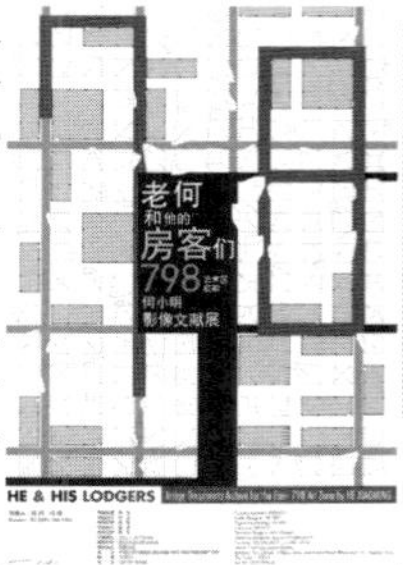
老何和他的房客们
798
何小明影像文献展
HE & HIS LODGERS
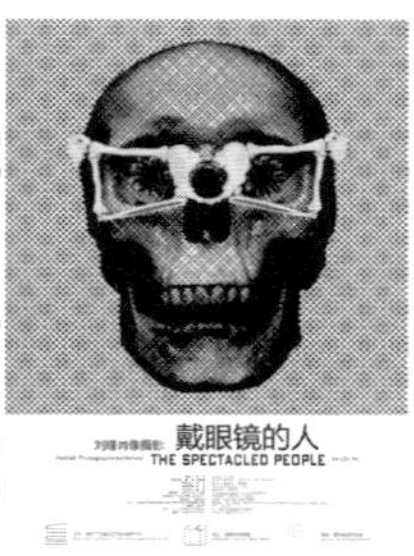
戴眼镜的人
THE SPECTACLED PEOPLE
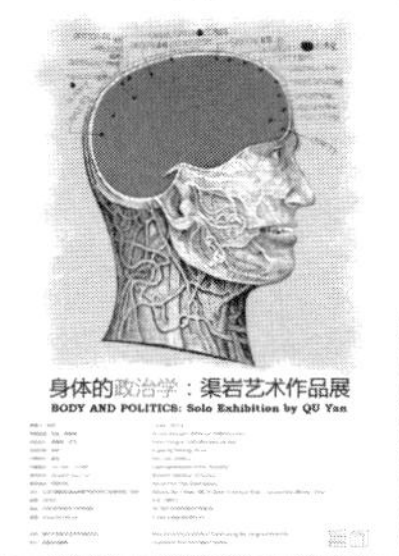
身体的政治学：渠岩艺术作品展
BODY AND POLITICS: Solo Exhibition by QU Yan

波兰克拉科夫版画展

endless feast 流水席
2015/07/21
10:00-19:00

NOOSPHERE XXI
A Mobile and Evolving School
二十一世纪人类圈
一个移动和演进的学校

归成
2019.07.23-10.13
毕业于美国宾夕法尼亚大学的
第一代中国建筑师
THE FIRST GENERATION OF CHINESE ARCHITECTS FROM THE UNIVERSITY OF PENNSYLVANIA

THE RACE FOR CHINA

Environmental Consciousness in Design

年度成果展
清华大学雪花秀

2019.11.23—2019.12.15
马泉
Superposition State Exhibition of Ma Quan Works

Art Nurtures Life

解构绘画
支架/表面艺术运动与它的成员
2019.5.21-6.20
THE SUPPORTS/SURFACES MOVEMENT
BACK TO SIMPLE RADICAL GESTURES
WITHIN AND AROUND

DOCUMENTA 2020
WINDOWS IN PANDEMIC
窗口 2020
疫情时期图像档案展
2020
4.26 5.26

东张西望三十年
程昕东当代艺术收藏
A Snapshot of Globalization
Xin Dong Cheng and His Contemporary Art Collection
2020.12.12—2021.3.12

东瀛的钟声
YU-ICHI INOUE: BELL TOLLS FROM JAPAN
2020.11.20
2021.03.28

MEANDERS IN THE TROPICS
热带风暴
2021
02.18
07.18
A Narrative of Indonesian Modern and Contemporary Art

栋梁
LIANG
THE OVERARCHING

设计乌托邦
1880 1980
UTOPIA
DESIGN
2021
6.1 8.25

VERTICAL · HORIZONTAL
Wang Huaiqing's Art Exhibition
纵
横
王怀庆艺术展
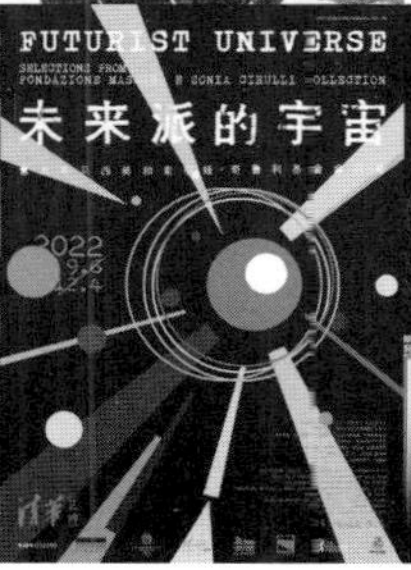
FUTURIST UNIVERSE
未来派的宇宙
2022

清华大学雪花秀非遗保护基金年度项目
Embroidery of Splendor
绣色可观
文化之美
2021—2022
粤绣年度成果展

设计中的环境意识

7

时间：2019 年 7 月 4 日
地点：北京白盒子艺术中心

概要

环境意识之于设计甚至全人类都至关重要。环境的概念是分层次的：第一层是与个人有关的小环境，是人性化的；第二层是具有社会属性的社会环境，人是群居性的动物，人的行为举止皆受社会影响；第三层是终极的，即自然环境，神秘且强大。人类的进化过程和环境的关系变化，其实是环境不断命题，人类不断答题的过程。

引言：

今天讲座的题目是"设计中的环境意识"，显然讲座题目和我个人的专业是密切相关的。然而这个专业现在已经更名为"环境设计"，这个变更本质上和过去的"环境艺术设计"之间产生了很大的差异。从一个专业的训练系统的角度来看，似乎并没有变，好像"换汤不换药"，但是我个人认为其实"药"已经换了，环境设计这个概念和导向，已经产生了一种心理暗示。

其实这个问题说来话长，环境意识是早于我们这个专业而有的一种思想形态，这一点在我过去写的一本书《迷途知返》中，对中国环境艺术设计的发展历史有所梳理。所以我认为尽管专业的名称在变，可贵的是现在还在谈环境。不管是"环境艺术"还是"环境设计"，至少"环境"这个词还在。我认为它是一个最为根本的、非常重要的、非常有生产力的词语，它会引导我们面对环境这个概念进行思考，进而建立一种观念和方法。正是因为有环境意识，才产生我们这样的专业，也正是因为有环境意识，我们才不至于在中国改革开放的早期陷入窘境，本土设计师在那个时期做的一些设计在今天看来依然是可圈可点的。

● 方法和元素

概括而言，环境意识是一种潜在的意识，同时也是一种显性的东西，当环境在变化中表现出非常性特质的时候，我们会察觉这个环境的存在。我想大家都有过这种体验，当你旅游的时候，突然到了一个和你过去生存的环境相差甚远的地方，你会感觉到环境变了，因为所处的空间、场所和组成它的元素很多都发生了变化。这就是我们经常爱出去旅游的很重要的一个原因，旅游就是要置身于异质的环境中，感受多样化的可能。

说一个我身边的案例。2017年4月，在我的工作室里突然发生了一件有趣的事情。有一天我开完一个拖沓冗长的会昏头涨脑地从学院会议室回到工作室，看到一个年轻人正在把植物安装在工作室内部靠近窗口的墙壁上，这是怎么回事呢？原来是我过去的一个学生石俊峰，他创建了一个品牌叫"光合未来"，主要是把室内绿化和当今的信息技术结合，探索绿化和空间界面之间更好的结合方式，使"垂直绿化"不再像过去室内摆放的盆花那样，对空间有更多的挤占。那么这

石俊峰将植物安装于苏丹工作室内墙
图片来源：苏丹工作室

2018 年 7 月 3 日，日本 NHK 电视台记者团队到北京对光合未来进行了为期两天的专访，CEO 石俊峰接受采访，向记者展示了光合未来的垂直绿化系统和近场植物健康检测技术

图片来源：石俊峰

个学生创立的公司一直致力于借助科学与艺术的结合，在室内构建绿色花园，大力推崇一种"自然主义"的室内设计观。2015 年光合未来入选中关村双创汇，是与李克强总理、张高丽副总理见面的最年轻的创业公司之一，也入选了中国 2015 年最具科技创新创业企业，入选清华大学和麻省理工学院全球 MBA 课程研究案例，两次新华社专栏报道。

一个年轻的学生刚毕业创立的企业，之所以得到这么高的重视，上至国家领导人，下至社会的各类种子基金，是因为无论是从国家的导向还是社会媒体、社会基金的敏感性而言，他们都意识到光合未来所做的事业代表了一种未来的生活美学。而这种生活美学的背后，有一套新的道德伦理，那就是可持续发展的生态美学。第二天我看到工作室这面郁郁葱葱的墙，令人惊诧的是这组植物贴附在墙面上，根系依附着像土壤一样的培养基，它很薄，目测 7 厘米左右。这就是技术，能做到这点是非常不容易的事情，这背后凝聚了这个年轻的工作研发团队的大量心血。学生送我的礼物也大大改善了我二作室的气象，让这个一直以来被誉为"美术学院最具魅力工作室"的空间更有活力了。

光合未来 CEO 石俊峰在"HICOOL 2021 全球创业大赛"荣获三等奖，并接受了北京电视台的采访，向记者展示了现在已完工交付了 13 个月也是光合未来 C 端的第一个客户的室内绿化

图片来源：石俊峰

接着我再为大家介绍一个意大利的品牌，来自意大利南部的普利亚地区（Puglia），它也是意大利的家具业第一个在美国上市的公司，叫纳图兹（NATUZZI）。这个品牌这些年在他们的家具设计中体现出生活美学文化的一种转向。图中的这一款白色的沙发，侧面的扶手后边有一个支撑的结构，造型隐喻鲸鱼的尾巴。这个形象能够唤起人们对一部电影的记忆——《海洋深处》。电影讲人类捕鲸过程中的残忍和血腥，最后激起了鲸鱼的反抗，捕鲸的船也发生了颠覆，很多船员最终丧命。而搭乘救生艇的残存下来的一小群人，又见到了这头受伤的鲸鱼，身上还有他们发射的标枪，最后残忍的捕鲸者和奋起反抗的鲸鱼之间达成了和解。这个故事发人深省，表达了人类的反省和崇高的愿景。这些年传媒娱乐的教化也发生了转变，这一款家具就是根据这个故事形成了一种文化意向，同时这也是品牌新的主张。我认为一个品牌，它的主张和所倡导的文化，一定要符合当下社会的价值，它才能够树立起一种更加正面的形象。

科尔卡诺（Kano.cn）设计师贝里尼（中），翻译曹金刚（左）与苏丹
图片来源：苏丹工作室

意大利家具品牌纳图兹沙发
图片来源：纳图兹

2017 年我和科尔卡诺（Kano.cn）的时任的首席创意设计师克劳迪奥·贝里尼（Claudio Francesco Bellini）在苏州见过一面，我们俩有一个对谈。他出身于建筑世家，他的父亲就是意大利非常著名的马里奥·贝里尼（Mario Bellini），他过去曾在米兰理工接受建筑学的教育，后来从事家具设计。他在设计的过程中，在使用材料、传统手工艺，以及对环境的创造性表现上，都有非常独到的想法。

2016 年 3 月，我在工作室接待了 2010 年上海世博会荷兰国家馆的设计者，建筑师约翰·考梅林（John Kormeling）。他是一位非常独特的建筑师，如果你看到考梅林，很难把他和一个工作严谨、工程感十足的建筑师联系起来。考梅林的衣着非常随意，他似乎更像一个美术学院工房的师傅。在和考梅林交流的过程中，他这些年所做的设计实践也让我深受启发，同时我也感受到在他的思维体系里存在的一种非常牢固的环境意识。

左图：约翰·考梅林于清华做讲座
图片来源：苏丹工作室

上海世博会荷兰国家馆 Happy Street
摄影：Antoine Duhamel
图片来源：约翰·考梅林

考梅林是一个不安分守己的建筑师，他做了很多奇奇怪怪的设计，比方说一个活动的停车场，旋转的停车平台上建立一个房子，这房子就一直在旋转，最终房子会撞到路边的车。他还试图在地球上做一根纯粹的直线（相当于环境设计）。最离奇的是他做了一双嘻哈袜子，作为礼品也送了我一双。那么在考梅林的作品中，我们看到了一种环境意识，这种环境意识既是荷兰所有设计师的共性，同时有考梅林的特性。我所说的共性是指，由于荷兰特殊的地形地貌和地理位置所决定的忧患意识，以及这种忧患意识驱动的创造能力。他们可以把建筑做得像一艘船，更有机械感。除了这些具有普遍性的东西，考梅林还有他自己更加独特的解决环境问题的手段。

再给大家看一个庆典活动，这个活动是 2014 年在纽约布鲁克林区所做的一个金融机构的十周年庆典，它的名字叫"文艺复兴之颂词"（A Tribute to Renaissance）。晚宴的衣着标准是"21 世纪的文艺复兴"，它的活动选址在纽约布鲁克林区的威廉姆斯伯格储蓄银行的旧址（Williamsburg Saving Bank），这座古老的

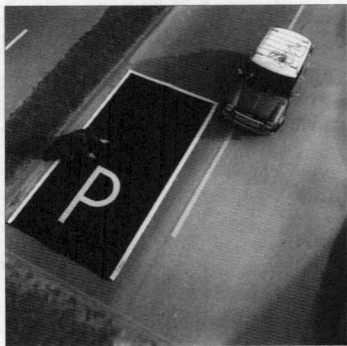

停车场地毯（Parking Carpet），
1991 年
摄影：Annaleen Louwers
图片来源：约翰·考梅林

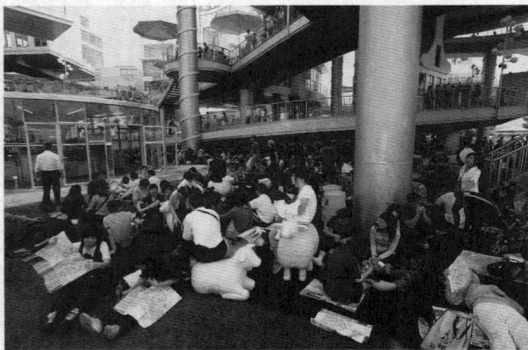

上海世博会荷兰国家馆 Happy Street 展览现场
摄影：Ruben Lundgren
图片来源：约翰·考梅林

Performa 表演艺术双年展十周年庆典活动现场
晚宴主题：丰饶女神
艺术家 / 艺术指导：珍妮弗·卢贝尔
项目主管兼摄影：何为
图片来源：何为

建筑内部装饰依旧保留了建筑室内的纹样和图案，甚至雕刻在门廊上方办理各种银行业务的名称，依旧清晰可见。展览的服务生全部由半裸上身的男性承担。他们扮演军队的角色，暗喻丰饶女神的生产工具，为所有到场的宾客，尤其是女性宾客服务。整场晚宴从前餐《橡皮鸡之死》，到正餐《襁褓》，直到最后的甜品《甜蜜的颠覆》，共耗时 4 小时。展览空间也从一开始的整齐庄重，变为酒足饭饱后的淫奢靡乱；从起先的黑白严肃，到摔砸破坏后的兴奋欢愉。人性中的理智严禁与情绪的发泄，在整个饮食过程中得以充分诠释。晚宴让人感觉到人类文明演化过程出现的各种颠覆。

这是艺术家珍妮弗·卢贝尔（Jennifer Rubell）做的一场晚宴，在今天我们看到艺术家不仅画画做雕塑，做艺术装置，还有专门做活动的，这个也是超出我们的想象。今天的当代艺术可以变得这么多样化，艺术形式逐渐由纯个人化向环境关系的综合构建发展，构成的因素逐渐变为立体的、环境的。而且这位女性艺术家的艺术创作方法里有很多环境艺术的影子，环境艺术不仅仅是一种意识，更是在意识驱动下的一种创作方法。这种创作方法是不拘一格，需要具有强大的综合能力，它能够汇聚空间、造型、着装以及人的活动，甚

UCCA Gala 2018
慈善义拍预展
Benefit Auction
Preview

2018.10.28 – 2018.11.4

苏丹与何为在 UCCA Gala 2018 晚宴现场
图片来源：苏丹

至美食，把这所有的要素汇集到一起进行一场盛大的叙事活动。

艺术家的一个助手是我过去的学生，他叫何为；他的本科、硕士都是跟我在清华美院读的。在他上学期间我曾带他去过日本、韩国，不止一次过欧洲，像巴黎、米兰、维也纳、苏黎世、洛桑去做 workshop 或展览。所以他在上学期间就参与了很多艺术活动，因此他虽然是学设计出身的，最终在美国又读了一个硕士以后，就开始从事当代艺术的创作。而且他追随了这位纽约的艺术家珍妮弗·卢贝尔，做她的助手。珍妮弗·卢贝尔带他入门后，他就开始痴迷于这项以宴会为媒介的艺术创作工作。2018 年何为回到了北京，他把在纽约学到的方法带回了中国。2018 年尤伦斯年度慈善晚宴由何为执掌，他的亮相也是震惊了中国当代艺术界。2018 年末尤伦斯慈善晚宴的主题叫"一个艺术机构的重生"，何为担任本次活动的创意总监。他带领他的团队共同策划了一场涵盖表演、交互装置、数字媒体，以及沉浸式体验等多种艺术语言的观感盛宴。何为从晚宴主题"一个艺术机构的重生"延伸联想至中国古典文化中的著名母题"柳暗花明"，将尤伦斯打造为一座艺术的"理想桃源"，并以沉浸式饮食剧场的形式，通过"逢桃""春雨""子夜""破晓"和"晨沐"五幕展开整场晚宴的叙事。这场活动给中国艺术界和喜欢艺术社交的人士带来了别开生面的体验，也预示着他在中国的事业旗开得胜。

UCCA Gala 2018，尤伦斯当代艺术中心 2018 年度艺术晚宴
开幕酒会现场
主题：一个机构的重生
艺术家兼创意指导：何为
图片来源：UCCA

● 环境意识及其作用

刚才我给大家列举了各种各样的事实，既包括文化旅游，也有建筑师、设计师的创作，还包括了一场晚宴。从不同类型的现象里，我们或多或少都受到了艺术的感染。那么这些感染力和艺术形式背后的驱动力到底是什么？我想那是一种共同的东西——环境意识。

接下来为大家把环境意识的概念做一番推演和梳理。环境意识起源于人类对自然的敬畏、依赖、崇拜和反抗，如早期世界人类为了抵御外侵和自然不可抗力而创造的巫术。法国人类学者李维史陀（1908—2009）认为巫术是正常思维在尽力理解它所面对的宇宙和自然，却又无法掌握它时所产生的病态思维及解释，以此来充实不足的现实。如各个民族的对于崇敬自然的祭祀形式大相径庭，意义却如出一辙：人类将许多不能解释的社会现象和自然现象归之于鬼神作用，认为自然界的日、月、星辰、风、雨、雷电、山河等都各有其神，支配着作物生长与人间祸福，并根据自己的想象创造了各路神灵，为其建造建筑（神庙等）以祈福纳吉，消灾弭祸。

工业革命是一个巨大的转折点。社会生产力的迅速发展，提高了劳动生产率，在人同自然做斗争方面出现了具有划时代的巨大历史意义的曙光。人类自以为可以改变世界，改变自然，直接导致环境意识逐渐淡薄。1851年世博会水晶宫，把自然"放进"工业产物中；到了20世纪70年代，著名的建筑师巴克敏斯特·富勒曾经有一个"曼哈顿穹顶的计划"，用一个"富勒球"式的大壳将曼哈顿中心区罩起来，大罩里面的城市可以建立一个完整的、自给自足的新陈代谢系统。"大罩"可以创造适合生存的气候，提供必要的生态机制，并有完整的处理垃圾污物的办法。这还是一个防

御性的大罩，无论是太阳风暴，还是核弹爆炸，都可以被这个"金刚罩"挡在外面……

2015年米兰世博会期间，我和著名的旅美艺术家谷文达曾经有过接触，试图在世博会上进行一次合作。借此，看到了谷文达先生近期的创作开始从纸本的现代书法向空间和环境拓展。谷文达先生在最近的作品创作中，执着于把他所造的字刻写到太湖石上，让环境中的物质结晶和思想中的环境意识叠合。思想意识来自环境，现在他又把这种思想意识进行反向投射，回到对他意识萌生起决定性作用的环境事物中，让它们产生一个新的艺术形态。

几年前在宋庄吴高钟先生的工作室看到他新创作的一件作品，引起了我丰富的联想。这个作品是一个华丽无比的画框，但是它的画面却是空白的，所有的创造力集中到了画框。从艺术本体的角度来讲，过去我们认为一张完美的画作，它的核心是中间的画面，但是它又得到了画框的反衬，因此画框与画面形成了一种共同体的关系。然而在新的观念下，内容主体、核心在本体之上的关系并非一成不变。艺术家将这种变化极端性地呈现出来，也就是说原来作为主体之中核心的画面已

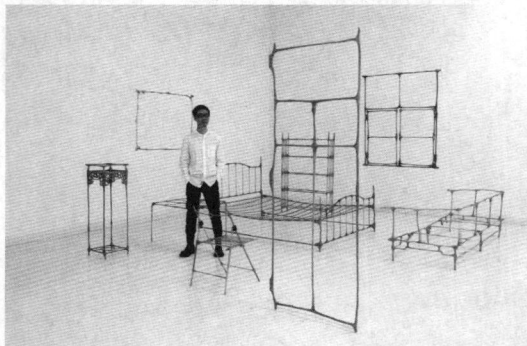

吴高钟，《家》，400cm×360cm×210cm，木头，2015 年
图片来源：吴高钟

吴高钟，《镜框之六》，
93cm×125cm×11cm，
雕塑装置，木雕，毛发等，2011 年
图片来源：吴高钟

经不存在了，所有的创造力、工艺都可以延伸扩展到画框。这是一个哲学问题。吴高钟这张作品把这个问题通过一种华丽的、令人有疑虑的物象呈现了出来，它说明了一个主体和环境之间关系的演变。我认为这个作品非常重要，"环境是围绕主体而存在的，是主体赖以存在的周边条件的总和"，这是我们过去对环境的定义。然而在今天，主体似乎不再重要了，环境整体变成了我们面对的唯一对象，主体可能是想象出来的，因为事实上环境一直就不需要什么所谓的主体。

在苏格兰，艺术家安迪·戈兹沃西（Andy Goldsworthy）多年来一直通过自己的劳动和身体，在大自然中用大自然提供的物料进行艺术创作，他所做的作品和自然环境浑然天成。戈兹沃西的第一件作品是 1981 年在伦敦蛇形画廊外的草坪上挖的一个孔洞，然后用一组铁栏杆把这个洞围起来。铁栏杆很重要，铁栏杆就是洞的一个环境界限，和吴高钟的作品有相似的地方，所有的作品其实要有一个边界，把它从环境里边剥离出来作为强调。艺术作品并不是从环境里截取的局部，而是人们刻意为之的意义，正如这个被栏杆围起的黑洞变成一个作品。三年后，1984 年作为蛇形画廊秋季沙龙的一部分，戈兹沃西在蛇形画廊的室内又挖了另一个洞，把 1981 年在画廊外边草坪上的类似作品搬到了室内。画廊的地面被挖穿，露出一个深邃漆黑的空洞，唤起了人们的好奇心，甚至是恐惧，人们在猜测其中会隐藏着什么，并且那强烈的黑暗气氛暗示着一种神秘的、无止境的空间抑或能量。戈兹沃西的"洞"来源于他对山洞和树洞的着迷，同样也是一种对"包围"这一目前他创作中的主题的表达。现当代艺术史里很多的作品都具有这种共性，善于批评和怀疑的艺术家对于我们能够看到的环境一直是持怀疑态度的，他们在寻找环境的真相。

戈兹沃西还有一个作品在大英博物馆埃及区的展馆内，巨大的玄武岩石棺将他的作品围住：一个小版本的"沙作"和由树叶和坏了的鹅卵石制成的雕塑。在古埃及语中，"石棺"（sarcophagi）这个词还有"生命之主"的意思，所以石棺对树叶等作品的包围表达了一种观念——接受死亡是生长的一部分。因此作品本身就与自然万物从生到死，再到重生这一永不停止的循环相契合了。当所有人都认为艺术应当经得起时间的检验之时，对于戈兹沃西来说，他的一些作品只能存在不足一分钟，在这种稍纵即逝的变化中有一种美存在。戈兹沃西将他所有的创作都视为短暂的或者是朝生暮死的。因此时光是戈兹沃西这件作品中环境和作品之间的关系，环境并不是被动的。在这个里边我们看到环境是一个主动的角色，当然他在大自然里也做了类似的作品，在湖水中，在冬天冰封的河床上，他用各种各样的素材，比如切断的鹅卵石、松针、枫叶，还有密林里的那些树叶，他创作了很多这样的作品，其中我们也能够看到黑洞依然存在。艺术品之所以能够成为艺术品，就在于它对环境既是相似的，又是具有超越性的。

安迪·戈兹沃西作品，《沙作》（*Sandwork*）大英博物馆，1994 年

图片来源：苏丹《迷途知返——中国环艺发展史掠影》，中国建筑工业出版社，2014

安迪·戈兹沃西在蛇形画廊外部草坪和室内的作品

图片来源：苏丹《迷途知返——中国环艺发展史掠影》，中国建筑工业出版社，2014

绍拉格艺术仓库入口
摄影：苏丹

2013 年我去巴塞尔，当时看到赫尔佐格和德梅隆设计的绍拉格艺术仓库（Schaulager Laurenz Foundation）像一个巨型装置艺术。建筑的一个立面前造了一个巨大的埃及石棺。我想它的寓意是明确的，因为在古埃及文化中石棺表示"噬肉的容器"，是可以将物质转化为精神的载体和装置。保存艺术品的空间最终的目的，不就是完成这种把物质样式变成精神财富的使命吗？我甚至敢断定这个构思是受了安迪·戈兹沃西的启发。那位伟大的苏格兰人在荒野中用页岩砌起来一个巨大的石棺，然后放入枯死的树干，为它们"招魂"，以使这些死去的树木复生。巴塞尔拥有世界上最著名的艺术博览会，无数的艺术家、艺术品经由这里转移到世界各地。转化之后，它输出的就不再是物质形式而是精神。

同年我去威尼斯看展览，其中著名的策展人毛里齐奥·博尔托洛蒂（Maurizio Bortolotti）在威尼斯做了两个展览，一个在教堂里，另一个在威尼斯岛外的一个小岛上，而这两个展览之间有上下文的关系。我看到毛里齐奥在做展览的过程中，实际上营造了一个更大的空间计划。在教堂里的展览内放置了六个由钢板所做的如同棺材般的巨大盒子，盒子上有孔洞，内部是室内的六组场景。这组作品放在教堂中和教堂日常中发生的场景有很多相像的地方，比如威尼斯人的葬礼、棺材和教堂……在意大利很多重要的教堂里，圣徒、神父有时候就葬在教堂里，同时教堂的绘画中有与天堂和地狱相关的叙事情节。因此这样的作品出现在教堂里边，获得了环境给予的某种响应，增强了作品的表现力。

钢板制成形如棺材的装置，展览由毛里齐奥·博尔托洛蒂策划
摄影：苏丹

意大利威尼斯的海岛
摄影：苏丹

2015 年米兰世博会的奥地利馆"感官森林"令我印象非常深刻，项目中一大片起伏不平的小丘陵和郁郁葱葱的植被景观被圈在一座现代建筑中，为置身其中的游客带来了一场丰富的感官之旅。除了一系列多样化的植物生态系统外，项目中的"音云"和"味站"也是该项目一大特色，它能进一步调动人的感官。这个方案促进室内外空间的联系，项目中的植物生态系统以奥地利森林为参考，其叶面的面积，即蒸发面积达 43200 平方米。当植物进行光合作用，每小时将可以产生 62.5 千克的新鲜氧气，能为多达 1800 人提供呼吸所需的氧气。该展馆的目的是突出空气在食物和能源生产中的重大意义，同时也赞美奥地利的高空气质量。项目通过将建筑和人工景观紧密结合在一起，促进了城市环境中绿化空间的增加，同时能为人们提供充足的氧气和清爽宜人的气候。在这个项目中建筑和环境的关系被反转了，自然环境成了人工建造的核心。

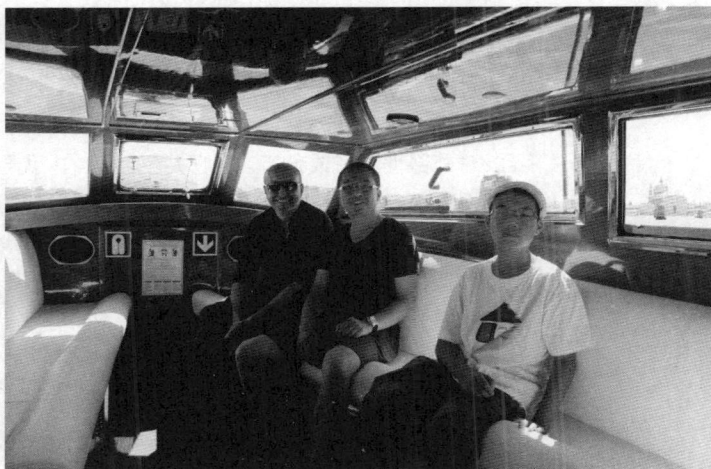

策展人毛里齐奥·博尔托洛蒂（左）与苏丹（中）乘船前往泻岛
图片来源：苏丹

● 环境意识的构造层次

环境是一种存在的现实，它是不以人的意志为转移的。但是环境又存在于想象之中，我们过去既有的经验，对于我们认识环境有巨大的帮助。环境是丰富多彩的，环境的构筑又是复杂的，环境是多线索的。那么我们如何有条理、有层次地解读环境？我想从以下几个方面为大家逐一解释，依据这样的解释，我们能够对环境的构造有一个基本的剖析和认知。当然这只是我的一己之见。

自我

环境存在于人的观念之中，人是对环境认知和表述的主体。因此谈及环境意识，人就是一个主体。首先是自我。人类的自我意识起源于欧洲中世纪后期，宗教改革打破了天主教会精神垄断，使人们的思想得到解放，发展了人文主义。本民族文化得到发展，各国普遍重视教育，兴办学校，增加包括自然科学在内的学习科目，促进了西欧各国民族文化和教育事业发展。资产阶级的意识形态渐渐传播，为早期资产阶级革命提供了旗帜。

"'因信称义'，信仰即可得救，每个人都可以和上帝直接沟通。"

——马丁·路德

文艺复兴最先在意大利多个城市兴起，以后扩展到西欧各国，于16世纪达到顶峰，带来一段科学与艺术革命时期，揭开了近代欧洲历史的序幕，被认为是中古时代和近代的分界。启蒙运动和工业革命将人类的自我意识逐步提升到空前的水准，人们看待环境的方式也发生了变化。过去人们看待环境是平视的、环视的关系，以自己、自己的族群、自己的社会为主体。现在的关系变成了一种俯视的，更像一种上帝的视角，将自我抽身出来，把环境作为一种客观的存在去看环境各要素之间的关系和配比。

精神分析学创始人、奥地利心理学家S.弗洛伊德在《自我与本我》（1923年）一书中认为，人的心理可划分为三个层次，即"本我""自我"和"超我"。这里我们谈论前两者。其中"本我"是指原始的无意识心理，充满了自发的本能欲望的强烈冲动。这种冲动是非理性的，完全受快乐原则的支配。"自我"即"现实化了的本能"，它代表着理性的要求和常识，体现了外部世界的现实可能，并依照"现实原则"抑制着"本我"的非理性的欲望冲动，防范它不至于越过一定的界线对外部世界造成危害。但它并不否定"本我"的欲望，而是引导它通过迂回曲折的途径来满足这种欲望。因此，对于"本我"来说，"自我"起着"监护者"的作用。自我的觉察是环境意识进步的曙光。

接下来我给大家讲一个案例，2016年我给摄影师冯海曾经做的个展，也是冯海在职业生涯中的第一次个展。冯海的成功是在20世纪90年代，当时他已经是中国最成功的时尚摄影师，拍摄了很多时尚明星的照片，他也是服装领域最重要的时尚品牌的摄影师。在职业工作之外，他还有一些创作，比如说"游园惊梦"系列，"搜神记"系列等，但是有一个系列从来没有给人看过。在2015年筹办个展的时候，我和冯海在他的工作室讨论展览的计划和作品，冯海对我说，他还有一个系列没有给人看过，问我想不想看。后来他就把我带到工作室的小黑房间里打开了电脑，这一组作品的亮相给我带来极大的震撼——面具系列。这组作品揭示了艺术家内心存在的恐惧、压抑、迷恋、执着，这是属于个人内心的隐私。当我看完这组作品后，便坚决要求这组作品在这次个展中着重展示。这些作品牵扯到身体，画面上的主角都是他在不同阶段的助手，尽管这些作品在一所综合性大学校园展览时是有些禁忌的，但我在这里边耍了点小花招，最后得以成功地在清华庄严典雅的展厅展出。而这批作品的展出引起了社会和业内的广泛关注，甚至在展览结束以后就被一个买家整体买断。刚才看到的这批作品，所有画面的角色都带有面具，我对这个面具系列在序言中有一段概述："面具是面孔的天敌，却是个人精神和人格的面容。由于每一张面孔都是

冯海，《面具》系列作品
图片来源：冯海

独一无二的，所以在对人的'描述'中存在着面孔的霸权，面具的发明可以被看作是对这种霸权的反抗。面具的现身瞬间掩盖了独特性，面具是能使个人隐匿的器物，面孔退却的同时，解放了身体，于是身体成为空间中叙事的主角。"在这次展览过程中，我给冯海写过一篇文章，冯海对这篇文章高度认可，他认为我这篇文章在对面具系列的揭示与评论上，其实把他的内心世界全部讲出来了。

清华学群个案研究系列展第四回——冯海的世界·冯海摄影作品展
图片来源：苏丹工作室

其实今天人们对于自我有更强烈的关注、表达、呵护等种种诉求。2005年诗人也夫在北京现代城附近做了一个行为艺术《住在鸟巢里的人》，他做了一个巢穴装置，在炎热的夏天也夫在巢穴里居住了一个星期，这成为当时北京一个重要的话题，后来我才知道这个策展人是当代著名艺术评论家朱其。这个作品做得很有意思，它代表了现代人普遍的焦虑，人们既依赖于都市，又想独处，仍处在一种焦灼、纠结的状态中。艺术家是这种典型的人群，因此借用巢穴把人身上所具有的社会性和反社会性赤裸裸地表达了出来。

在20世纪80年代，华人艺术家谢德庆在美国所做的一系列作品都和这个话题有关，他的作品探讨人性、剖析自我、批判社会。其中1983年7月4日到1984年的7月4日整整一年时间，谢德庆和英国的女性艺术家琳达·莫塔诺用一根两米半的绳子把他们两个人拴在一起，拴了整整一年形影不离。最终作品结束解开绳子的一刹那，两人迅速分开，他们仿佛都得到了解放，快速地逃离了这种被规定的关系。两个人暗示着社会的基本构成，这个作品是非常深刻且耐人寻味的。

也夫，《住在鸟巢里的人》，行为表演，2005年
图片来源：朱其

这些年中国社会的观念也在悄然发生变化，我们由过去关注集体、关注外在的物质，逐渐转向了关注自身、关注内心。个人价值、身体、个人思想的独立性，这些概念正渐入人心。下面我为大家介绍一下我大学时期的一个同学，该同学大学期间因过分特立独行，一直是年级里令师生头疼的人，他毕业后分到设计院，不久从设计院辞职又做了很多其他的工作。这些年，工作好像变成了他的业余爱好，他主要开始练习马拉松、极限长跑、攀岩这些运动，工作只是为体育活动提供经费支持。这个很有意思，在过去我们同学聚会的主要话题还是谈论各自的发展，关注与比拼的项目都和经济活动、社会地位有关。但最近一段时期因为有了微信，所以同学的聚会聊天就比过去频繁多了，我发现最近的话题开

大学同学牟政
图片来源：牟政

始聚集于这位同学身上。过去他这样好像是不务正业的人，没有什么人关注他。但是人过中年以后，大家开始意识到什么是最真实、最重要的东西，这位同学的壮举反而变成了同学们聚会时的话题。

在设计专业领域也有更多类似的话题。下面给大家举一个例子，美籍华人设计师石大宇先生，过去荣获了很多设计界的奖项，像红点奖、IF 奖等，他基本上把所有的知名奖项都得了遍。他的作品里一直有一种很浓郁的东方文化意味，他设计的一把竹椅，首先是由一把明式圈椅的样式演变而来，但是它的材料由硬木变成了竹材，并用了新的材料处理加工方式。竹材和木头不一样，竹子生长快，材料密实度也高，但是竹材形本比较小，必须成组出现才能够具备某种强度，因此，这把椅子无论是圈椅靠背还是前腿、后腿，实际上都是由一组竹材组成的。

2014 年末我正在筹划一场现代芭蕾舞剧，其中有一段独奏请中阮演奏家冯满天先生演奏，他是这些年涌现出来的一位痴迷于中国国乐，有信念、有坚守的音乐人，同时他的音乐是一个开放的体系，融合了西洋古典音乐、现代音乐和中国传统民乐。我希望在冯满天先生演奏过程中，有设计文化的植入，于是想到了石大宇先生，便邀请他为冯满天先生量身定做一把演奏时用的椅子。我提出了两点设计要求：一是这把椅子能让冯老师在国际巡演时能轻松携带，所以它一定是可折叠的；二是一定要用竹子制作，不使用钉子而采用榫卯结构作为连接。最终当这把椅子做成后，冯老师演奏的乐器还没有开腔，但是他的坐具就已经传达出来自东方的文化信息。

在我的引荐下这两个人很快便惺惺相惜，因为他们都是非常敬业、非常热爱传统文化，同时又具有开放包容态度的艺术家。石大宇先生开始认真思考我给他的命题，也开始认真品味冯满天的音乐，详细了解他的身体，同时展开创作。

这把椅子的制作，我请了南通一个做工非常精良的企业来实施。大概经过了半年时间，两把椅子诞生了，我们看到这把椅子是一把可以前后折叠的交椅，折叠后它是一个平面的形状，能够放到一个箱子里随身携带，我相信这也是设计历史上第一把为演奏家

量身定做的椅子。它非常贴身，石大宇的椅子和
冯满天的音乐在美学上有一定的呼应。

最终石大宇先生请我为这两把椅子命名，一把叫
"椅·满风"，一把叫"椅·满空"。"椅·满
风"是石大宇先生为中阮大师冯满天2015年米
兰世博会开幕舞剧《谜》演出量身定做的全竹演
奏椅，也是首次根据中国演奏家的音乐曲风与风
格气质特别打造的专制坐具。呈现当代中国演奏
家的国际风范。"椅·满空"取冯满天之"满"
字。借由椅背侧弯与微抱之势，蕴意东方武林中
人——站桩者追求内功抱空的意境。"风""空"
皆"气"也，此演奏椅即托乘叙琴者精气之所，
精气上浮，神举而远游，演奏家虚一而静，更专
注地弹奏音乐。

综上所述，我认为未来的个体意识里对自我的反
省和关注是普遍存在的，设计必须应对这种需求，
由此打破现代主义所忽略的个体差异，以及因此
形成的设计结果扁平化。我想这也是出于对人本
身的重新认知，一个新的开始。

石大宇，《椅·满风》
图片来源：石大宇

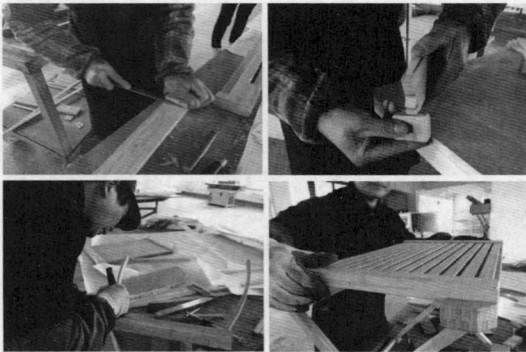

打形，开榫，精修，拼装
图片来源：石大宇

社会

环境意识的第二个层面是关于社会的，即社会学视角下的环境观。今天我们谈到的环境，具有相当的复杂性，比如自然属性、文化属性、经济属性和社会属性，而社会性虽为间接却是非常关键的。从社会学的层面去看环境，社会无疑是个体存在的大环境。那么社会是什么呢？

首先我们生存的环境——城市，就像一片丛林，是由许许多多建筑和不同的人组成的。李安导演执掌的电影《少年派的奇幻漂流》（*Life of Pi*）就是把社会通过一艘船上动物和人的

2016 年纽约大学电影学院崔明慧（李安导师，资深教授，著名导演）

图片来源：苏丹工作室

关系巧妙又精准地隐喻展现出来。它通过一个少年生存的奇迹来揭示人和社会的关系，人永远无法摆脱社会，构成社会中的人和人之间相互依靠又相互敌对的，既矛盾又复杂的关系令人疑惑，又无法挣脱。《少年派的奇幻漂流》这部电影非常深刻，是根据一部小说改编而来的。少年派的小说属于扬·马特尔，少年派的电影属于李安。李安的电影虽基于原著，但又不尽相同。成年派的演员伊尔凡·可汗在接受采访时说过："这部电影表面上看是一个少年的冒险故事，实际上隐藏着很多隐喻，它有许多平行空间，很多层次。"换句话说，这是一个寓言性质的故事，里面的隐喻表现手法克制而简洁，彼此的映射关系十分明显。李安就是通过这种方式，赋予了扬·马特尔的故事框架一个"李安"灵魂。

2016 年我到纽约大学电影学院参观，拜访了李安的硕士导师崔明慧老师。纽约大学电影学院的走廊几乎是个名人堂，这个大学引以为傲的校友们拍出的重要电影都罗列在走廊里，我看到关于李安的海报就是《少年派的奇幻漂流》。我认为这部电影达到了前所未有的高度，因为它触及个人、社会以及信仰，这是以往的华人甚至亚洲电影都少有的精品。

我们看一下这部电影里的一些经典台词：

> "让我生存的恐怖伴侣，就这样走了，我被救的时候号啕大哭，虽然有一部分是获救的激动，更多的是理查德·帕克头也不回地走了。他伤透了我的心。"
> "我失去了家人，我失去了一切，我臣服，你还想要什么？"

这些台词无一例外地传递出个人对社会的一种认知和情感的依赖。

185

回过头来再说我刚才提到的现代芭蕾舞剧《谜》，我们为这部剧从全球选取了来自英国、法国、意大利、乌克兰、美国、菲律宾等9个国家的11位杰出的芭蕾舞演员，把他们聚集在米兰进行了三个月的训练，最后奉献了一场60分钟的现代芭蕾舞剧。这部现代芭蕾舞剧的主题是关于人对自我的认知和反省，以及自我意识觉醒之后人和人重新缔造的关系，展示出未来社会图景的基础——它必须是建立在人和人重塑的新型关系之上。这样的社会无疑是一个新的人文环境，而这种环境既在我们的意识里，又正处在生成的过程中。

我们看到演员们在米兰国家大剧院排演厅里排演的场景，当时正好我在负责世博会的项目，每天一部分时间在工地，另一部分时间去看他们排练。排练的过程中发生了很多矛盾和冲突，都引起了我的思考。每一个演员都是才艺绝伦的优秀个体，但是合作的时候，如何让他们的特性得到充分的表现，同时又能协调为一个整体，始终是这部舞剧排练过程中的一个巨大的矛盾。但令人欣慰的是，在演出前的一个星期，我完美化解了矛盾，最终为米兰的观众和知识界、艺术界奉献了一场精彩绝伦的演出。

米兰国家大剧院排演厅，来自英国、法国、意大利、乌克兰、美国、菲律宾等国家的11位芭蕾演员正在紧张地训练，他们即将在世博期间为米兰和世界献上一部精彩的舞剧
摄影：苏丹

当代城市设计、景观设计、室内设计、公共艺术设计、平面设计等几乎所有的设计领域都在更多地关照社会环境。现代主义设计的某种理想就是为社会而存在着，它们是媒介、交点、撬棍、黏合剂，促进着人和人的交流。共识就是在这种积极的状态下一点一点逐渐形成的。现实社会环境中的问题是普遍存在的，但是这些问题往往就是设计行动的出发点。设计的结果是解决方案更是思想的模型，我们不难发现每当一个设计出现之后，往往会引发大范围的讨论。建筑如此，公园如此，公益广告也如此。因此，环境意识中的社会属性当是一个无法回避的问题，必须予以正视。

自然

第三个主题，我们来谈一下自然。2017年我去威尼斯的时候，当时要参加达明·赫斯特展览"难以置信的毁灭中的珍宝"（Treasures from the wreck of the unbelievable）的开幕式，后来阴错阳差错过了开幕式，很是遗憾。第二天我到海关美术馆去看达明·赫斯特的这个展览，感到极其震惊，虽然很多人对这个展览有不同的说法，但是我看到的是这个展览所呈现出的大自然伟大的力量，令我深受启发。为了这个展览，达明·赫斯特和他的团队用了10年的时间创作了190件作品来叙述一个古老的传说。展出的作品包括一尊高达60英尺（约18.28米）的雕塑作品 *Demon with Bowl*；而部分展品为了看起来像是沉没在海底遗失千年的珍宝，艺术家把作品沉在海底进行了一场海水浸泡。虽然展览要给观众呈现千年珍宝的主题，但观众会惊喜地发现这些雕塑作品的模特包括了蕾哈娜、"菲董"、凯特·莫斯、尤兰迪·维瑟，以及米老鼠、高飞等卡通角色。很多作品被展出了3个版本，"原始"版本、"抢救"版本以及海底打捞版本。

我们可以看到，这些作品上附着了很多海底生物，以及它们在作品上所形成的生长痕迹。我们看到当人工的杰作回归到自然里，每天都将被自然所改造。因此这个展览呈现出的作品，是一种大自然和人工混合所生成的奇观。

那么自然是什么？在东方思想道家看来，"自然"是道家主要道德观念之一，其主要含义指事物生而有之，不加任何强制的自然而然的本然状态，亦指事物本来固有的本体和规律。《老子》二十五章："人法地，地法天，天法道，道法自然。"认为盛德总是服从和追随着道体或自然，"自然"即是理想的社会状态和道德状态。魏晋玄学家申名教与自然之辨，相对名教而言自然，把自然理解为名教伦理之根本。何晏《无名论》："夏侯玄曰：'天地以自然运，圣人以自然用。'自然者，道也。"郭象《庄子·逍遥游注》也说："天地以万物为体，而万物必以自然为正。自然者，不为而自然者也。"强调名教道德乃至世上的一切都要顺其自然。在西方，中世纪的自然观将柏拉图和亚里士多德的目的论与犹太教相联系并继承了犹太教的自然观。《创世纪》将人与自然的关系含混，认为人有罪，自然因人而有罪，自然因此而被否定。它将人从自然界中分离出来，也使自然丧失了它以往的神圣不可侵犯性。这种思想又被基督教所继承。

这些年有很多当代艺术家，他们的作品里都渗透了"自然"，比如说苍鑫的摄影作品"交流计划"系列、"天人合一"系列。在设计界，这样的作品更是呈现高速发展的态势，例如在米兰，由斯坦法诺·博埃里工作室设计的"垂直森林"成为全世界摩天楼的典范，共730棵乔木、5000株灌木和1.1万株草本植物在出挑与楼体的阳台，沿着外墙体层层种下。它的出现改变了工业大都市城市轮廓线的属性，表达了后现代文化语境之下，人类对都市发展和自然生态平衡的关照。摩天楼是一个极端性的人工产物，但是在今天，正是有了自然的意识，驱使建筑师开始自觉把大自然的美学和人工的美学进行混合。马岩松在北京的设计实践也同样表现出这种思想倾向，更新的设计辅助手段和更先进的建造技术正是在把这种表达推向新的境界。

在 2015 年，华人收藏家黄建华先生在摩纳哥率领 20 余位中国艺术家做了"鲨鱼与人类"（On sharks and humanity）的展览，这个展览试图通过保护鲨鱼这个主题来唤醒人们对大自然面临破坏危机的警觉意识。其中，非常有意思的是展览在入口处安置了一个巨大的装置，这个空间装置是请中国当代艺术家王鲁炎先生来创作的。在作品制作的过程中，黄建华先生曾请我去北京通州宋庄的一个加工厂看这个作品加工制作的过程。我记得 2014 年早春，在北京春寒料峭的一个大雾天里，我和黄先生驱车来到现场，王鲁炎先生给我们介绍他的作品——"一张巨网"，一张铺张开来的巨大的捕鲨鱼的网。参观展览的所有人要穿过这张网才能走入展厅，于是这张网就变成了空间里的一个装置，一个转换器，把人的角色变成了鲨鱼。通过对它的穿越，参观者转换了角色，因此也改变了观看其他作品的立场和视角。这是典型的观念性表达的当代艺术展，终极目的是改变观者的思维方式。场所变更之后再看这件作品，似乎激发出了另一层面的意义。展览结束后，这个装置被黄建华先生安置在地标性的建筑侨福芳草地里。我们看到今天即使在一个豪华的商业场所，有良心的开发商和物业管理者依然在人们消费的过程中提示人和自然的和谐关系。

2014 年 2 月 25 日，在北京的天坛举办了一个非常重要的集体的行为艺术活动。来自北京的艺术

施工期间的"垂直森林"
摄影：苏丹

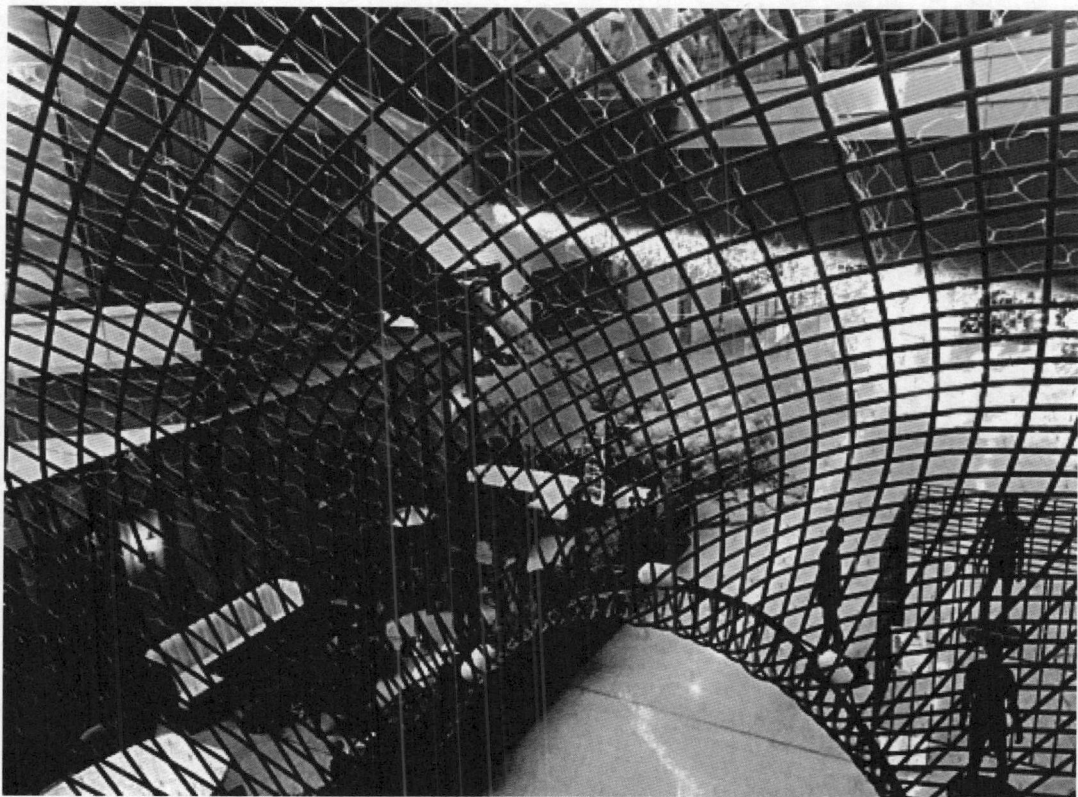

展览"鲨鱼与人类"
摄影：苏丹

家们，一人手执一张蓝天白云的明信片，在祈年殿前祈祷蓝天。这场表达抵抗雾霾的行为艺术，旨在呼吁全社会关注环境问题。环保成为拯救自己的一个信念，艺术是传播这种信念、理念的重要手段。针对挑动公众神经的雾霾天气，社会上不同领域和不同部门都在不同层面有所表达。在持续严重的雾霾之下，舆情渐起，并很快就出现了一个轰动性事件——柴静的"雾霾调查"。柴静通过在互联网上发表《穹顶之下》，使大气污染变成了一个公共的话题。因为雾霾是一个工业化的产物，在工业发展之前它是不存在于我们生存的世界里的。那么如今人类的生存越来越受到雾霾的影响，柴静的雾霾调查《穹顶之下》，在网上引起了轰动，全网投放换来了2亿的点击量，因此这个话题俨然已经变成了中国社会一个关注

度极高的话题，引起了舆情的变化。公众如此高度关注环境的状况，在我看来这是一个国家、一个民族整体的觉醒，整个社会开始关注大自然和人的关系。

在罗马附近的曼托瓦曾举办过一个重要的展览，也是关于生态环保和社会治理的。关于未来人类社会如何应对自然所发生的变化，我们用什么样的建造，用什么样的设计，用什么样的社会形态去重新构筑人类社会和自然的关系。这个展览

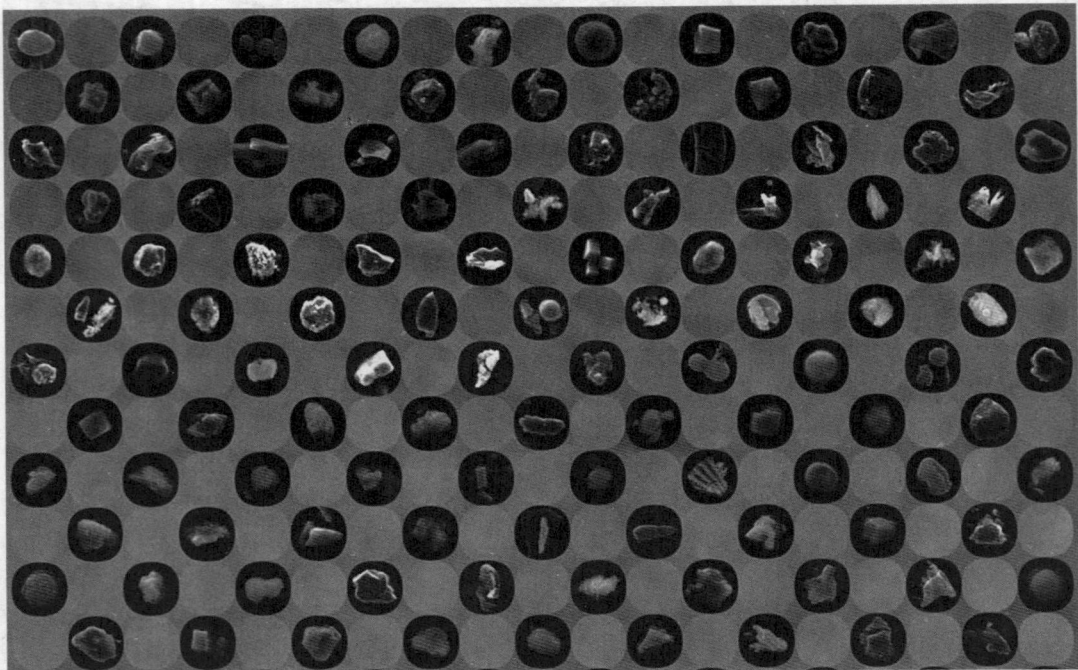

李天元作品，《雾霾—皮肤—12 小时》，2014 年

图片来源：李天元

给我们展示了很多非常有趣的发明创造，非常有趣的社区管理方式，还有非常有趣的生活形态。人类未来的居住、生产、生活每时每刻都和自然相联系着，人类每时每刻都无法忽略大自然的反应。我想这就是所谓的"同呼吸，共命运"，其不仅仅存在于人和人之间，也存在于人和自然之间。在这个项目里，艺术家、建筑师、设计师们展示了未来社区的创造和管理以及生产协同之间的关系。在这个想象中的未来社会里，所有的建造和社区设计都由社区内的全体人民共同完成。我想这是对未来社会真正成为一个共同体的构想。展览中更有趣的是一些细节，比如模型上有混凝土打造的一堵墙，墙上的凹凸是由一个建筑表面隆起的装饰性造型拓翻下来的，这种方式代表了一种反建筑的意识。反建筑是什么？即建造不要成为社会生活的负担，美学不要成为建造的负担。我想这个理念对我们来讲是具有深刻启发的。

最后为大家介绍一个年轻的艺术家——任日。任日从 2007 年开始养蜜蜂，几年之后开始创作以蜂蜡为材料的作品，包括《元塑 I：几何学的起源》（介绍如何利用蜂巢制作出各个国家的地图），以及《元塑 II》（介绍如

天坛集体行为艺术
图片来源：杜曦云

何通过控制蜜蜂的行为创造立体几何形雕塑）。2015 年获得戈斯拉尔·凯撒林年轻艺术家大奖，2018 年任日接受邀请，加入美国麻省理工学院媒体实验室，开展艺术与科学方面的研究，这项殊荣是令人赞叹的，因为他是第一个进入这个享誉世界的研究机构的华人艺术家。于是在当年的教师节，任日和他的父亲用微信给我发来了教师节的问候，我向他们表达了衷心的祝贺。说实在的，我为这个先知先觉的年轻人感到骄傲和惊叹，因为我很早就看到这位年轻有为的艺术家的雄心，而且作品中的深刻性并不一定能够被我们当下理解和接受。出于对专业的一种责任，我一直在推广任日的艺术，包括支持他出国参展等，甚至把他的作品作为我 2014 年的出版物《迷途知返——中国环艺发展史掠影》的封面。

大自然既是可见、可知、可触摸、可体会的，也是一个非常深奥令人捉摸不透的事物。理解了自然，就理解了"我们是谁？我们从哪里来？我们到哪里去？"的深邃问题。这个问题不仅仅涉及生态学、植物学、地理学、气候学，它和物理学、哲学的终极性研究也是相关的。

任日，行为表演，第 21 届米兰三年展
图片来源：任日

● 环境意识与未来构建

综上所述，关于环境意识我谈到了三个方面——个人、社会、自然。并且环境意识本身是由这三种关系而缔结的一种思维结构，唯有这种结构方能有序地解决我们面对的问题。因此我想未来的生产生活和环境意识是密切相关的，并且我们应该及早建立这种意识。在第21届米兰三年展过程中，我们以这样的思考去应对本届展览的主题"二十一世纪，设计之后的设计"，通过图像艺术、空间装置、设计产品、环境设计综合在一起表达了我们的想法。

展览主题可从"危机与二十一世纪""城市与未来"和"设计之后的设计"进行理解。"危机与二十一世纪"的概念来源于2008年的危机，美国和欧洲的金融体系崩溃，使得国际秩序向去等级化方向转型，并带来了角色和劳动分工的问题。面对国际竞争的压力，整个生产系统迫切需要不断更新其目录、商品、服务，并更新其技术和市场策略。从"城市与未来"角度来看，当代城市很难接受和平衡由创意经济产生的功能和连续变化的活动，这导致了大都市和设计之间的关系发生深刻变化。因此"设计后的设计"值得深思，新的通信技术的兴起、成本的降低，个人流动性的扩大共同语言的存在……这些都需要找到设计生产的插口，并产生由互联网所有生成的替代市场，使设计人员尝试大胆和创新的解决方案并进行试验。

"21世纪人类圈：一个移动和演进的学校"展览现场，第21届米兰三年展
摄影：赵华森

193

因此，此次中国馆的项目概念为"21世纪人类圈"和"一个移动和演进的学校"。项目概念的发展是伴随着概念"人类圈"而进行的，一个建筑在三年展花园里的演进课堂体现了这个理念。这是一个通过连续的、递进的学习体验，让学生、老师、参观者在现场环境中由多元文化连接的一个真实的学习体验。"移动和演进的课堂"概念的提出是为了探索基于更加开放、交流促进和打破地域隔阂的，创新的未来教育模式的可能性。

无疑这个展览引起了全球的关注，不仅国内重要的媒体大都对此进行了报道，国际上更有多达175家英文和意大利文媒体进行了追踪报道。甚至直接影响了第22届米兰三年展的主题。2016年的9月6日，我和我的合作伙伴伊塔洛·罗塔在闭馆前，在我们的作品前合影，以此作为纪念。因此我认为环境意识是一种新兴的概念和价值观，它在内容和结构上都有所创新，自我、自然、社会这三点形成了我们意识中基本的结构构成体。同时三者之间随时互动，永远纠缠。

那么环境到底是什么？环境不仅仅只是关乎于自己，关乎于人性，它还要继续关乎于社会，从而建立使个人之间相互连接并达成共识的可能；在未来它更要关乎自然，因为关乎自然的精神就会赋予环境一种神性，这是建立信仰的开始，是自觉诞生的曙光！

米兰三年展的展览概念：

Variety and complexity of design objects 设计客体的多样性和复杂性

The evolution of functional art 功能艺术的演化

Bionics，design and artificial intelligence：a shared platform for future synergies 仿生、设计和人工智能：一个为未来协同的共享平台

Design and future society，future design culture applied to education 设计和未来社会，应用于教育的未来设计文化

Hyper-connectivity and collective intelligence 超联系和集体智慧

An urban，democratic and public perspective 都市、民主和公共视角

Italian design after design 意大利设计之后的设计

The big waste：an ethics/aesthetics challenge 大浪费：一个伦理、审美的挑战

Biological science. energy utilization from biosphere 生物科学。生物圈中的能源利用

2016 年 9 月 6 日与合作伙伴伊塔洛·罗塔在闭馆前的合影

图片来源：苏丹

第八讲

都市化与非都市化

时间：2014 年 9 月 26 日
地点：清华大学美术学院
讲座：清华美院新生入学教育

8

概要

都市具有复杂性、多样性、矛盾性以及神秘性等
抽象化特征，而当代都市生成则趋于逐利化、同
质化、简单化。本讲基于都市的属性以及共生特质，
探讨了诸多都市化与非都市化相持的现实问题：
如何应对国际化风格导致的社区冷漠？汽车究竟
是都市文明的象征还是逃离域市的工具？都市是
否可以实现自我调节而不被供养？……

引言:

我今天要讲的内容题目是"都市化与非都市化"。
这个话题值得玩味,从表面上看,这是一对令人
费解的概念,它缘于 2003 年第 5 届圣保罗国际
建筑与设计双年展,当时我是该届展览北京馆的
负责人,而这届双年展的主题就是"都市化与非
都市化"。在这次展览中,我们不仅做了展品,
一个木构架装置在展厅内展出,还参加了同主题
的论坛。在参加这一届双年展的过程中,我又得
以对巴西这个发展中国家的三座城市进行了考
察。那一次在巴西的行程共计 18 天,因为会议
的原因,主要的学术活动都安排在圣保罗市内,
此外还抽时间去了大名鼎鼎的里约热内卢市和我
神往已久的巴西利亚市。待这一切结束之后,我
对巴西这样的发展中国家在现代化中的境遇产生
颇多联想。对大城市造成的社会问题,得以有粗
略的现场体验,对拉美城市所暴露出来的危机,
映射出来的大都市败落的方向性深有感触。因此,
愈发对双年展的主题有所感悟。随后的十余年以
来,中国的城市化运动继续高歌猛进,始料不及
的各种问题也层出不穷。在这样的现实语境中,
提到都市化和非都市化的概念,不是一种巧合,
而是非常贴切,非常应景的。

巴西利亚国防部,2003 年
图片来源:苏丹

圣保罗国际建筑与设计双年展
图片来源:苏丹

清华美院在 2003 年圣保罗国际建筑与设计双年展的参展作品
图片来源:苏丹

● 拉美城市现象

圣保罗是一个超大规模的城市，在去之前我完全没有想到这个城市是如此的庞大繁忙，并且有深厚的文化基础。圣保罗市内的当代艺术博物馆里有大量现代主义的绘画作品，令人叹为观止。当时转念一想，在我们中国的国家美术馆，且不说当时，可能现在也没有那么大数量的现代艺术藏品。圣保罗也是一个充满活力的城市，我们参观了它的老城区，看了新区，拜访了圣保罗大学的建筑学院；看了当时柯布西耶造访这座城市时所引发的万人空巷的景况录像。我还听说圣保罗的犯罪也是非常猖獗，个别区域黑帮武装足以对抗地方警察甚至军队。有一次圣保罗大学的一位教授帕多瓦诺请我到他的一个从哈佛毕业后又回到圣保罗做律师的朋友的事务所。该事务所坐落在一片相当于CBD的区域。在一座地标性超高层建筑内，有一整层是他们的律师事务所，从窗口看出去，和当时北京 CBD 现代城 A 座北向窗户看到的景观类似。我看到圣保罗密密麻麻的建筑群无边无际，我甚至觉得它的规模似乎和北京不相上下，有一点出乎意料。还有一个事情就是现在圣保罗建筑师的状态，它的层级非常明确，老一代的，也就是现代主义的追随者和后现代主义的建筑师之间层级非常清晰。也就是说南美这个地方，建筑师们恰恰是在欧洲和北美的先锋建筑理论和建筑实践的引导下在效仿现代主义，但手法精湛、地道，堪称典范者不在少数。也足以看出过去由于欧洲殖民体系和北美密切交流，这两条线索交汇而成所建立的系统性的建筑训练和建筑设计教育，是非常到位的。

造访圣保罗大学时也能感受到这样一种事实，其建筑本身是一个现身说法的实体示范。那是一个现代主义的混凝土建筑，处处体现了混凝土工艺的质朴和现代主义美学法则。因为南美气候的原因，多数建筑看起来非常通透，许多空间属于半室内半室外，在这样一个现代主义的建筑里，我看到它采用的模式是将各个年级的学生安置到一个大教室里，很明显这是在营造一种生态环境，建筑、规划、景观设计各专业相混杂，高年级低年级的学生在一起形成了互动。在教育里这种学生之间的传帮带的方式是非常有效的，这也是20 世纪 80 年代被中国一些院校所效仿的模式，比如同济大学当时就模仿了这种教育模式，只是最终没有坚持下来。但是我看到恰恰是在拉美这样的地方，他们坚持下来了，并结出了硕果。

从圣保罗 CBD 建筑高层俯瞰城市，2003 年
摄影：苏丹

圣保罗大学建筑学院，各年级同学使用同一教室，2003 年
摄影：于历战

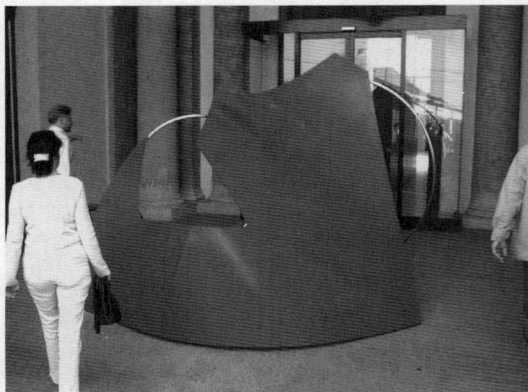

圣保罗州立美术馆入口装置
摄影：崔笑声

圣保罗州立美术馆楼梯，建筑由达·洛查设计
摄影：崔笑声

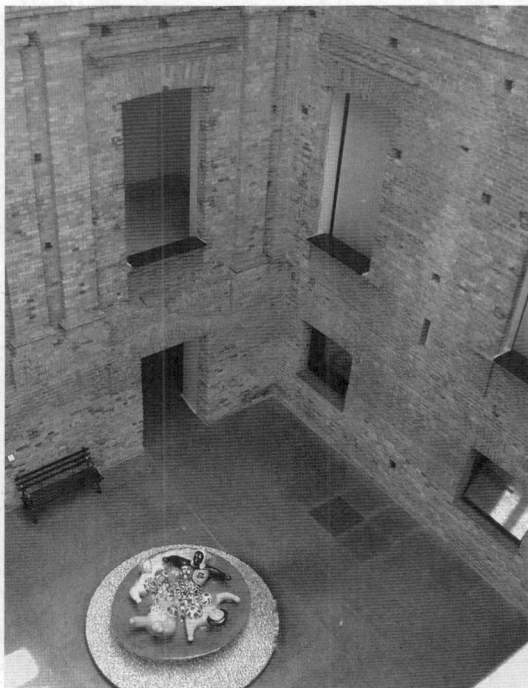

圣保罗州立美术馆中庭展出艺术家妮基·桑法勒和尚·丁格利
（Jean Tinguely）的作品，喷泉装置
摄影：崔笑声

我们还抽了一天时间匆匆拜访了里约热内卢，这座城市之所以吸引我们是因为它既是充满浪漫主义风采的，又是激情澎湃的，甚至可以说是有几分恐怖的。与之旖旎风光相伴的，是高频率发案且来势凶猛的犯罪浪潮。为什么没有在里约过夜，是因为我们到达以后，当时的领事馆总领事就建议我们要当天去当天回，如果住的话就住在领事馆里边不要住酒店，在当地偷窃抢劫行为是非常普遍的。但里约的确迷人，这个城市非常漂亮，湖光山色，整个城市的格调明媚灿烂，沙滩也非常漂亮，看上去应该是一个旅游度假的绝佳之地。其地貌很奇特，是典型的山水城市。当然也有不协调的东西，就是当我站在基督山俯瞰这座城市的时候，除了令人心醉的风景，还能看到比比皆是狼疮一样的贫民窟，那种土红色的建材几乎成了贫民窟的符号，它们是用黏土、废弃工地上的木板或棚布所建造的简易居住社区。

关于贫民窟的传说更是骇人听闻，那里是法外之地。据说里面的犯罪非常严重，社区生活几乎全部是由黑帮来控制。警察们一般没有 20 到 30 人的规模是不敢深入贫民窟的。每个贫民窟都是一个独立的小王国，由不同的黑帮控制，是非法交易的天堂。我虽然没有敢深入贫民窟，但很好奇，我想如果多待几天的话，一定会大胆地去走进这些地方。因为对我来讲，一个城市的危险某种程度上也具有一种奇幻的魅力，而里约的确是一个疯狂的城市，城市的建筑造型夸张，城市的涂鸦文化非常灿烂。我们坐缆车上基督山，当缆车穿越一片建在山腰处的平民区的时候，我看到两旁都拉铁网，戒备森严。两侧的山林里，许多少年犯，操着砍刀虎视眈眈地盯着我们这些笼子里的游客。这个场景让人不寒而栗，深切感觉到这座城市令人生畏的地方。

里约热内卢的狂欢节闻名全世界，每年会吸引近

里约热内卢，2003 年
摄影：于历战

202

百万的游客前来观光，极大地刺激了当地旅游业的发展，促进了经济增长。狂欢节是这座城市的沸点，桑巴舞是狂欢节的灵魂。1983 年由巴西建筑教父奥斯卡·尼迈耶设计，6 万余名建设者齐心协力只用了 117 天就建成了可容数万人的桑巴舞场。每当一年一度的狂欢节来临时，这座城市从这里开始沸腾，直至进入癫狂的状态。狂欢节也是一个都市社会问题的症结根源，据说每年此节过后，一大批私生子呱呱落地，他们是犯罪集团源源不断的人力资源。

关于巴西利亚这个城市也让我非常费解，在本科受教育的时候，给我们讲授西方现代建筑史的老师们，把这座 20 世纪 50 年代按现代主义美学建造而成的城市作为反面教材，甚至当时有一部关于现代建筑的电影《世界建筑在十字路口上》，对巴西利亚的评价都是负面的，人们都认为巴西利亚是一座没有城市生活、没有人性、没有艺术性也没有文化的城市，是按照一种机械刻板的方式设计出来的，它虽然践行了勒·柯布西耶的城市概念，但它是失败的，所以我记得当时镜头里有建筑师波特曼对巴西利亚的一段评价，他说："当我到达这座城市的时候惊呆了，城市的建筑像一个个卫兵般站在那里。"所以一直以来我对巴西利亚这个城市亦是鹦鹉学舌一般持怀疑和批判态度的。在未到达巴西利亚之前，我也在课堂上慷慨激昂地抨击过这灯塔一般的城市。但是非常有趣的是当我到达巴西利亚机场的时候，当地华人的报纸采访我，很多人竟然不约而同地建议我去巴西利亚做一次访问，我表情不屑地问为什么，他们说巴西利亚现在已经是世界文化遗产，其实那个时候巴西利亚城市的建成只有 47 年的历史，这么短的时间内它已经变成世界文化遗产，足以见得这个一直以来被人诟病的城市开始慢慢被世人所接受，学界和社会大众终于开始承认它的艺术价值。

于是我们从繁重的布展工作中抽了一天时间去巴西利亚拜访，同样也是早出晚归。巴西利亚这个城市简直就像大学课堂上，由一个老师带着一群学生所做出来的一个阳春白雪似的作业。它是一座高度理想化的城市，大胆使用了象征主义的手法，寓意深远。但它又是现实的，几乎所有的建筑都是白色涂料或者是清水混凝土的外饰面，没有过多的粉饰和装修，显得那么透明，那么健康。但是的确缺少人居环境应当具有的烟火气，城市内除了排列整齐

巴西利亚陆军总部
摄影：苏丹

的公务员宿舍，庄严端正的政府职能部门办公大楼以外，几乎看不到造型有趣的商业建筑；除了繁忙有序的公务员进进出出以外，也看不到任何都市人的生活，没有小商小贩，没有集市，没有街头艺人，没有混乱的街区，这就是巴西利亚。

但是巴西利亚有一种离经叛道的城市魅力，它所呈现出来的勇气和果敢令人震惊。据说当时的巴西总统比奇尼克建造这座城市的时候，遭遇很大的阻力，但他力排众议执意将首都从繁华的里约热内卢迁至荒凉的高原，并在不到十年的时间内完成了宏大的建设任务。建设这座城市的主建筑师有两位，一位是科斯塔，另外一位是科斯塔的学生奥斯卡·尼迈耶。二者都是伟大的建筑师，这两位建筑师创作的历史背景恰逢现代主义高歌猛进，他们是极力追随现代主义的，但两个人同样毕业于里约热内卢国家美术学院，也就是说对现代主义和艺术这个事情，他们的态度是明确的，甚至一度很激进。但是他们的训练方式依然是大张旗鼓地追求形式。也就是说我们在判断现代主义这个问题的时候，无法用一种简单的方式和立场去判断，还需要看每一个执笔建筑师的履历。因此，即使是巴西利亚城中这样简洁明快的现代主义建筑，它们的比例和尺度与它形态的生动性都和现代艺术有某种关联。

里约热内卢市区，2003 年
图片来源：苏丹工作室

里约热内卢城市街道，2003 年
图片来源：苏丹工作室

● 非都市化

现在我们再来谈谈都市化和非都市化这个概念，这其实是互为反义词的一对概念。在诗歌里边有的时候会讲到反词，虽然我们知道都市化是一种目标、一种事实、一种行动，而且它是有时间维度的，是工业文明以后才出现的概念，但它有它的反词。都市化和非都市化这两个概念互为反词，代表着相互纠缠的一对概念，正是这样一对概念和在这种理念的驱动下所进行的某种持久的行动，才形成了一个都市变化的轨迹，形成了都市的现实。

所以说，都市化和非都市化可能是某种主张，可能是一种现实可能。这是理想和现实纠缠以后形成的结果。这一对概念令我着迷，我对其漫长的思考过程几乎持续了 20 年的时间。圣保罗双年展之后，我一度在报纸上收集城市发展信息，将它们剪下来粘贴在一个笔记本中。城市发展不断经历各种挑战，它在思考中筑就，也在筑就中思考。

我们首先来谈都市化，都市化一定是建立在我们对都市功能普遍认同的基础上，当然还有都市的文化生产意义。工业革命以后机器生产替代了传统的农业生产，使得大量的农民开始涌进城市。城市的工业生产需要大量的人力，而新兴城市和传统的乡村集镇的形态有很大区别，它更在意的是效率、生产、运输、销售、生活之间的关系。城市是一个更加宏伟的计划，生产、运输、消费、生活，样样都需要重新想象它的模式，并将它们有序地予以安置。城市表面上看都是经过认真规划的，然而最终的结果却并未像当时规划那般，常常是事与愿违。所以很多人想象的天堂，最终无一避免地都沦为地狱，因为人类对于一种新生事物的预见往往是不准确的，但是人类的主体居

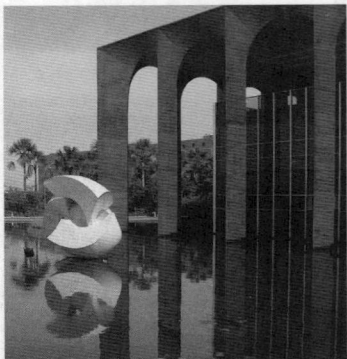

巴西外交部大楼
（The Itamaraty Palace），
1960—1970 年，巴西利亚，
建筑由奥斯卡·尼迈耶设计
摄影：苏丹

巴西利亚三权广场
摄影：苏丹

巴西利亚库比契克总统纪念碑（JK Memorial）
摄影：苏丹

巴西利亚大教堂，建筑由奥斯卡·尼迈耶设计
摄影：苏丹

住在都市又是一个不争的现实，所以城市越来越多，城市越来越大，出现了超大型的城市，甚至说出现了城市群。无论在美洲、欧洲还是亚洲，都有这样的情形出现，而且越来越多。

如今更多的人居住在城市里，从全世界来看，城市化率已经非常高了，并且还在不断提高的过程中。城市开始作为一个新文化的摇篮和母体在源源不断产生文化。而过去很多文化是产生于乡村的，例如仪式、生活方式、语言、文学、治国理政的思想甚至艺术，乡村在过去所有的方面都具有强大的生产力。然而今天这些都发生在城市中，乡村开始塌陷，这是我们追求城市化的一个最重要的驱动力，因为都市的成功具有某种导向性，具有某种说服力。但它并未像我们所想象的那样一味增长，有时会出现负增长，这种负增长有时是绝对性的，也就是一个城市整体的消失，开始萎缩。从历史上看就有很多这样的城市，庞贝古城的消失是因为维苏威火山的爆发，繁荣无比的亚特兰蒂斯只剩下了传说，难觅踪迹，更早在 4500 年前印度河流域，关于摩亨佐这座城市消失的原因，人们猜测是因为外族的侵扰或是某种自然灾害。在当代，像美国底特律这样的城市一定程度上的消减是因为社会问题和经济问题。当然，中国历史上也有很多这样的案例，例如我们古老的丝绸之路，在西域很多城市文献中的辉煌和今天的惨淡与失落对比过于强烈，让人不忍心去想象，去追忆。

在 1997 年香港回归之前，香港九龙地区有一个臭名昭著的九龙城寨。它虽然只有区区 0.24 平方公里的面积，但城区里最多的时候竟然居住了 4 万人。这里是庇护罪恶的天堂，东南亚最危险的罪犯和许多逃犯都隐身于此；绝大多数房子没有门牌号，且终日不见阳光；那里有各种各样的非法产业，从饮食加工、毒品制造到非法行医。但

香港高密度住宅
摄影：Alexandr Bormotin
图片来源：unsplash

210

它又有某种秩序，被几只黑暗中的大手牢牢地控制。一直居住在里面的人对它甚至产生了某种依赖感，以至于九龙城在 1997 年前被拆毁的时候很多人不愿离去。最后香港警署动用了 5000 警力才完成了这个拆迁改造计划。曾经，九龙城寨的建筑形象每天都在发生变化，因为非法的私搭乱建从来没有停息过，它像一个活生生的有机体。九龙城对于当时的香港来讲是一个非常负面的东西，它是城市问题最集中的地方，但它又是一个建造的事实。

所以像九龙城这样的城区，你说它是都市化的结果还是非都市化的一种方式？我想二者都有，它具有两种属性，一方面它的形成和它的增长是由于香港的城市化所带动的，如果没有香港的城市化、香港的经济繁荣以及对劳动供给的需求，九龙不会存活，但九龙所承载的方式又和一个规范的都市化的方式是背道而驰的，比如说都市追求高效、明确、安全和卫生，在九龙里我们看到的所有东西都是它的反词，它是阴暗的、迷乱的、没有方向的、不安全的。

另一方面，都市的负增长体现在一些超大型城市里的局部，因为经济的问题和治安方面的

问题它形成某种空洞，有人将此称为"真空"也有人叫"塌陷"。现实中这样的地方非常多，它们的存在是对网格化规划理想的批判，也就是说都市空间在某些区域因为各种各样的原因而失落了，它和整个城市的发展背道而驰，它们像无数个黑洞一样吞噬着城市的能量。这种情况在拉美国家的城市中非常多，巴西的城市就更不用说了，在智利、厄瓜多尔到处都是这样的局部。当时圣保罗双年展有一个主题论坛，里边谈到都市化和非都市化的一些动因，理论家和建筑师在讨论形成这些事实的原因到底在哪。

那么这些事实对我们的未来有哪些影响？都市化与非都市化在一个城市的现实中往往是并存的，而且在城市的发展过程中它们相互纠缠，例如里约的贫民窟展现的就是典型的失落感。因为这个时候它形成了对社会秩序的严重干扰和权力的真空，很快的这些真空地带就被一种非主流的势力所接管，此外还有文化的真空，文化的塌陷。勒·柯布西耶和奥斯卡·尼迈耶在圣保罗都曾经设计过几座地标性建筑，是现代主义的代表作。后来我听说这些建筑已经变成了一个城市流民所居住的地方，因为正常的商业与正常的秩序无法在这些地方维持。在哥伦比亚、智利也有这些社会流动的力量最终还占领了几座烂尾楼，它形成了自有的一套秩序，而这样的秩序形态在一个楼体内和正常的社会中的秩序形态相比是反过来的，现代主义城市无一例外都有某种乌托邦式的理想，而城市的发展过程中却形成了一些黑色的或灰色的乌托邦。这也是都市负增长的一种表现形式。

埃及开罗城中有三分之一的面积是死人居住的，所谓"死人城"是一个历史悠久的公墓群，是开罗市区的一片特殊区域，面积达 6 平方公里。这里从外观看和正常城区风貌无异，就是空荡荡，显得格外凋敝、冷落，其中宅院、宫殿、街区的

建造质量甚至比繁华市区中的许多地方还要精致一些，但就是阴森森，有几分诡异。每一处院落和建筑都有门牌号，建筑内还通了电，于是也成为非常性人口的居住地。据说这些人的祖先都是守墓人，相当于清东陵或者圆明园的看守人家。但随着历史变故，他们竟成了这里的主人。这些"死人区"成为城市现代化中的一处真空地带被长久忽略着，成为一种"负"的存在。这是历史、文化和观念所致的非都市化状况，令人迷惑万分。

我曾经的一个学生在美国底特律匡西艺术大学读书，当时他曾送我一本美国记者所写的书，书中通过一系列的图像呈现去缅怀这个城市的黄金时代。它记录当下的衰退，生动地告诉我们底特律的失落现实。由于经济衰败和社会问题，黑人犯罪的问题，导致曾经在历史上非常辉煌、非常摩登的一个城市，许多区域都没有人了。由于火灾或者是大自然野草的力量，一些无人居住的房子开始破败然后变成废墟。航拍的视角下，我们可以清晰地看到那些被自然或是人为的暴力所摧毁的建筑在大地上留下的一个个印迹，恰似城市负增长那令人心悸的脚步声。

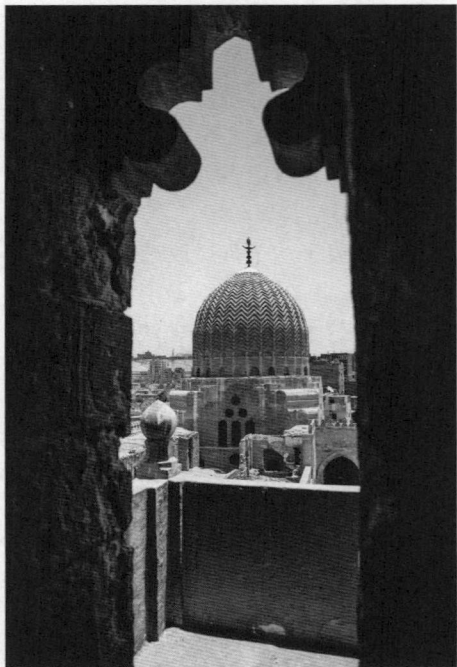

埃及开罗死亡之城（City of the Dead）的苏丹 - 阿什拉夫 - 盖特贝清真寺（Sultan Al-Ashraf Qaytbay Mosque）和陵墓，透过尖塔拱门看见清真寺圆顶
摄影：Ruben Hanssen
图片来源：unsplash

埃及开罗城
摄影：Sophia Valkova
图片来源：unsplash

位于底特律贝勒维大街的帕卡德工厂（Packard Plant）是全世界最大的废弃工厂，建于 1903 年，1958 年彻底关闭
图片来源：香港电台 RTHK 纪录片《城市游弃：废墟之城——底特律》

● 中国城市

在城市加速发展的过程中，中国也同样出现了各种各样的问题。中国城市发展超强的计划性也是一柄双刃剑，它的发展速度或许是飞速的，集中力量办大事，在城市基础设施建设等方面有着巨大的优势。当这种计划性转向地产时，也会在短时间内产生奇效，炮制出诸多的神话。然而城市终究是千年大计的一项事物，生活方式、文化自生这些方面都需要慢慢来，不是一蹴而就的事情，比如随着地产的膨胀与高速的发展形成的那些"睡城""鬼城"。最为典型的就是鄂尔多斯，它曾是一个经济高速发展，人均GDP超过香港的内地城市，"羊""煤""土""气"资源性的表述是它发展的一个动力，它们分别指的是畜牧业羊绒，盛产稀土、油气和煤田。当地人有钱以后，城市的消费就陡然增长，消费能力的提升导致地产的蓬勃发展，随后各地名牌、豪车也汇集到这个城市里。但如今，鄂尔多斯的很多城区是没有人住的，人们买房子只是为了囤积房子，把多余的资本变成地产，希望它保值增值。最终那些新建的城区都像"鬼城"一样看不到人影。

798 之一
摄影：朱岩

其实这个空心化的过程是相对漫长的，我觉得大概经历了差不多 20 年以上的时间。中国在 20 世纪 90 年代中期就已经出现这样的城市了，比方说我所亲历的烟台的福山区，作为当时烟台的高新区，虽然高楼林立、屋舍整齐，但到了晚上基本没有人住，一栋楼里面可能就住了两三户人，这种情况持续了很长时间，我想这样的城市还有很多，也就是说在规划师、建筑师和城市管理者想象中的那种真正的都市的繁荣并未到来，并未随着建设的成就而呈现。近代中国城市发展的动力和"工业化梦想"是分不开的，烟囱林立、喷云吐雾的景观曾经代表着几代人对中国未来城市的想象。一些城市在古老的躯体上嵌入了工业生产的功能，如北京、太原、西安、成都；另一些城市索性是就工业建设为核心发展起来的，如鞍山、郑州、唐山、攀枝花……

早期的工业化和工业遗产其实也是现在城市发展的一个问题，它也代表了一个城市的发展在都市化和非都市化这两个概念的纠缠之中，从死亡走向新生。工业革命以来所新建的城市，工业生产和生活是毗邻的，这样规划是希望二者能够临近，以减少交通方面的压力，同时又必须将二者隔开以保证生产生活相对独立。因此，工业生产的厂区选址往往是在城市郊区的部分，它的肌理是粗大的，因为它是给机器、运输和物质流通所使用的。在早期的城市化中，我们看到城市肌理的变化，就是中心区是密集的供人居住的房子，外围往往是被这些肌理粗大的工业区域所包围。

然而我们可以看到，最终城市发展的速度与蔓延的方式，让这些工业区变成了城市中心的一块飞地，而工业本身的变革，比如机器的更新，生产方式的变化，也导致传统工业生产方式的退出。于是在已快速扩张变迁的城市中又形成了大片像废墟一样的存在。这个问题是世界性的，无论是在北美、欧洲还是在中国都有很多类似的场景。

比如北京现在的 798 艺术区，在 20 世纪 90 年代初我曾经造访过那里的工厂，那时还是一片繁荣兴盛的样子，每一个车间都非常繁忙，道路上都是来来往往运输的车辆，大门戒备森严，要会见一个人，需要很多的手续，填单子、打通电话然后才被允许进入厂区，在车间外的小会客室和从繁忙生产线上走出来的朋友聊上几句。但到了 90 年代末，随着中国经济形势的变化，生产重点的转型，市场经济的发展等种种原因，798 这个工厂就开始变得日渐萧条。许多车间工人们已经离去或者退休，还有一些下海自谋生路，只有极少数的车间还在生产。在这样的情况下，798 工厂为了把这些闲置的空间释放形成杯水车薪的财政收入，逐渐开始对外招租一些新的产业进来。但这些产业无一不是那种采取比较简单生产方式的类型，比如做模型、雕塑、印刷的这些机构和企业。

后来到了 21 世纪初，开始有艺术家的进入。见过世面且敢于想象未来的艺术家重新塑造了这个区域，最终沧海桑田把它变成了北京的一张文化名片。

《地上的模特》
摄影：刘瑾，183cm×124cm，2002 年
图片来源：刘瑾

南通唐闸 1895 工业遗址
图片来源：张羽

以至于在 2008 年的时候，北京市有一句宣传口号叫"长城、烤鸭、798"，798 已经变成了北京向国际社会展示自己形象和活力的艺术社区。这无疑是一个都市复兴神话一般的历程，而这种现象在世界范围是普遍的。比方说在德国鲁尔区，那里许多矿业、冶炼企业都经历了这样一个凤凰涅槃的蜕变。纽约的高线交通最终变成了一个公园，变成了城市里最有魅力的公共空间。因为它的改变，又改变了周边的产业形态，形成一个城市新的文化增长和经济增长点。

在南通的唐闸也有这样一片区域。1895 年，清末的状元张謇筹划着用发展实业的方式去拯救国家，于是从英国引进了纺织机械，筹集民间的资本承建了这些工厂，形成了一个崭新的社区。这个社区按照理想的社会模式而建立，代表了那个时期的有志之士与知识分子共同的一种愿景。他大兴教育；给工人提供福利，修建公园；采用循环经济的模式，从养蚕种植到生产形成整体的生产链，唐闸兴盛一时。在后来的历史发展过程中，唐闸经历了各种动荡，战争、革命，公私合营等各种各样的波折，受到很大的影响。进入 21 世纪以后，唐闸已经变成了一个失落的区域，

798 之二
摄影：朱岩

改造前，南通唐闸 1895 工业遗迹
图片来源：张羽

改造后，现为南通唐闸 1895 文化创意产业园

因为进入 20 世纪 90 年代，整个中国纺织业都受到了毁灭性的打击，诸多企业勉强地、艰难地生存，更多的企业破产，职工下岗。作为中国第一家纺织企业，大生纱厂也面临这样的窘境，而这样的窘境带动整个产业链开始崩塌，大量的库房闲置，年轻人离去，昔日繁忙的运河冷落。2009 年，我发现了这个隐藏在一片民居后的区域，我就向南通市提出一些设想，并着手开始对其资源存量进行调研并提出保护方案，逐渐地引起了南通市政府的关注，开始对工业遗产的片区进行保护开发利用，形成了今天唐闸 1895 工业遗址保护区和文化聚集区。

《受伤的天使之一》（上）
《受伤的天使之二》（下）
摄影：刘瑾 153cm×124cm，2005 年

217

虽然目前看，唐闸未来的发展还存在诸多问题，但是我认为，它和我们刚才讲到的早期唐闸的兴盛和后期的凋敝以及它的复兴有某种关联，甚至说在某一个最终的概念里，总是进行着"都市化""非都市化"这一对反义词之间的交替。例如最近长沙"文和友"这种商业模式居然变成了一种网红的现实。"文和友"这种现象如同一面镜子，使都市化和非都市化这样交替进行不断纠缠的模式显形了出来。文和友所体现的20世纪80年代的街区，其生活和街道的形象业已消失，而当时接管这种形象的是现代化的购物中心（shopping mall）这种来自北美的商业模式，但从21世纪开始，购物中心这种模式又遭遇了危机，尤其网络电商对他们形成了真正毁灭性的打击。我们看到90年代出现的那些新贵，如今又需要面对新一轮的窘境，又变成了一个都市里难以解决的问题，成为欣欣向荣的都市里正在败坏的一个社会环境。长沙文和友恰恰用了一种电影和戏剧的方式，拯救了被之前的一种模式所否定和颠覆的视觉语言。

还有一个令我诧异的事情，现在去长沙文和友吃顿饭要排队三个小时，而且每天每张桌子翻台竟达到了8.5次，这样一个惊人的数字，它无疑创造了新时代的神话。都市化和非都市化之间的交替进行，这种戏剧性极强的反转让你感到惊诧与惊愕，图像与行为模式上的反差、经济运行模式上的强烈对比都让你始料不及，由此我常感叹我们预见性的苍白和事实的喜感荒诞。人类的城市总是在都市化和非都市化这两种思想的动念之间，在两种现实的不断刺激之下做出选择，做出修正。因此，人们说大城市今天有很多的毛病，但它永远在不停地进步。其实城市的历史一直如此，人类不愿意放弃城市，希望它更好，城市在人民的抱怨中不断改善。

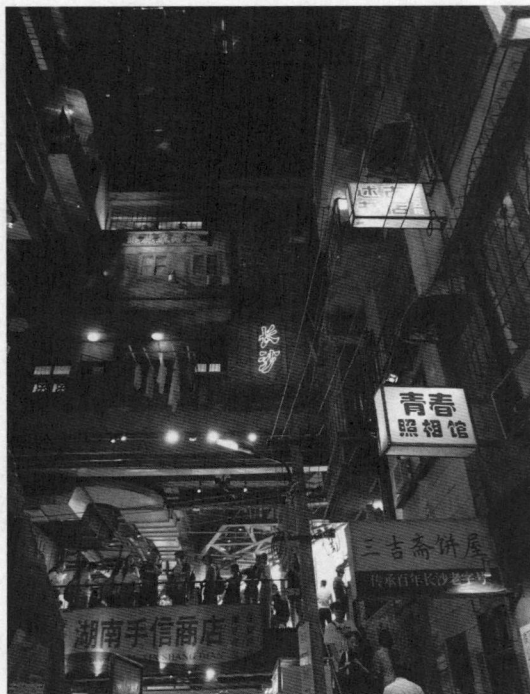

长沙文和友中庭
图片来源：邓佳琦

218

2010 年上海世博会的口号是"城市让生活更美好"，这样的口号代表了一种美好的愿景。但现实中许多城市发展的图景却不容乐观，存在着各种各样的问题。城市化不应当是一个扁平的概念，比如经济、形象、规模、人口。它的衡量指标应当更多样化、多元化，并且应当涵盖时间的维度。千年的城市必然是在一种可持续发展的理念下得以推动的。而可持续并不是一个空洞的口号，它当是科学的和具人文性的。

我相信今天的城市因为科学、工程与艺术的介入，变成了一种综合工作方式之下的对象。因此今天解决城市问题的手段也是多样的，我相信城市的确会变得更好，但是好的评价又是什么呢？我们认为好的评价是让一个城市有诗意，这种诗意是建立在文化多样性，物种多样性的基础之上，同时一个有魅力的城市一定是概念与概念的反词并存。它有多面性，能够让每一个置身于这个城市的人或是访客，对这个城市的认知不断产生反转，不断地加深。而且这种反转会是一种常态，它是一种逻辑，呈现一种螺旋变化的关系。例如安全和危险之间的关系，人工和自然之间的关系，秩序和无序混沌之间的关系，以及建造这个城市的过程中，职业设计和非职业设计之间的关系。唯有如此，我认为城市会在文化性、社会性、艺术表达，以及一种生态的伦理上，进入一种新的境界。

工业美学与故乡建构
——《闹城》与城市空间

时间：2020 年 10 月 9 日

地点：福州大学厦门工艺美术学院
学术报告厅

9

概要

工业乐园中荒诞的青春背后，静拓着故土情结与空间技艺的烙印。造物主为每个时代、每个人分配了不同的面貌，这面貌跟心性互证。中国工业化的过程不缺钙，缺的是碘、磷这些微量元素。太原是一座"闹"出了荒诞的城市，但其中的内涵还要更加深远。《闹城》通过对于切身经历的叙述，揭示出这种矛盾性在生活中"闹"出的荒诞，这诸多荒诞故事的背后，渗透着当事个体曾经受的苦难。

一、《闹城》背后

1 故土乡愁

乡愁在如今是一个被广泛讨论的话题，在快速现代化、城市化、全球化的过程中，很多人因为各种各样的缘故离开了乡土。但是人生永远不可能背叛乡土，因此乡土就总是隐藏在个人记忆的深处，隐隐作痛或魂牵梦萦。当你似乎觉得已经远离故乡完全独立时，乡土便像潜意识一样不断侵扰着你。实际上，每个人都有难以割舍的事物，你会逐渐发现自己的思维模式和成长经历是相关的，这其中可能有很多深层原因，这有待科学家、心理学家去破解和揭秘。

现在我想先从一个案例切入。我的一个老大姐在中国开了十几家养老院，她亲自参与护理工作，尤其是疫情期间。大概在三月底的时候，我曾经去过这家养老院走访，去探问这些老人们在非常时期的生活状况。当时她说："因为养老院有很多70多、80多甚至90多岁的老人，他们的记忆力和判断力都大不如前，记不住今天发生的事，也判断不清楚道理。他们大多数都回归到了自己童年时代的状态，童年所有亏欠的东西在心里永远挥之不去，这是由心理底色反映出来的。经常听说有90多岁的老人哭着喊着找妈妈，也是因为这个事儿。"于是，我这位老大姐就扮成这位老人的母亲，让他能够和比他大30岁的一个人对话。她说：人生其实就像一个错动的闭环，在生命的最后时刻挥之不去的东西，可能就是你所缺少的东西，是你永远揪着不放的东西。最后她还跟我讲了一句话："不要愧对人生。"这个话题跟我今天的讲座有关。

最近我所有的活动都在围绕着我新出的书《闹城》而展开。从 2020 年 6 月 15 日这本书上市以来，

油画《家乡》，作者：于会见

我就不断地参加各种媒体活动，比如电视访谈、网络媒体和纸媒等报道，像《三联周刊》等，也频频在国内重要的书店与读者对话，其中第一场活动是我和杨澜在许知远的单向街书店对谈；前两天在厦门十点书店也有过一场活动；其中在北京的一场是跟宁浩导演在雍和书庭的对话。我和宁浩再加上为本书中友情赞助插图的艺术家宋永红，我们三个是来自同一个城市工业大院的子弟，大家有很多共同的成长经历用来描述工业社会；9 月 19 日我回到了故乡太原，在一个图书城里和贾樟柯导演对话；国庆长假期间在成都方所书店也有一场；此外，工业社会这个话题在东北师范大学讲座结束后，可能还会在深圳前檐书店再做一场。在这之后，我马上就要投入第二本书的修改中。下一本书讲的是东北的事，疫情期间我已经写完了 20 万字，尽管还有很多不满意的地方，觉得描写深度和问题意识与《闹城》尚有些差距。

今天要和大家讨论《闹城》中所揭示的几个比较深刻的问题，这些围绕工业社会的讨论和话题发酵时间也足够长了，从 20 世纪 60 年代一直到今天，有近 50 年的发酵期，因此，当它喷涌时便是这般猛烈而又持续。

2 成书始末

这本书的书写是从 2017 年 5 月 1 日开始的。那天，一个看似偶然的契机让我开始了写作，然后就是一发不可收的状态，到 2018 年底一气呵成写完了。也赶上了非常特别的网络传媒时期，这给了我持续书写的动力。我们在虚拟的世界里构建了不同的空间，接触不同的阅读群体，这促使我在网络上一共写了 34 篇文章，这一个个生动的故事是有时间线索和结构关系的。这个数字结构其实是很有当代美学感的，开始，我的设想是

这样的：第一章是 1 篇文章，讲我的出生；第二章是 2 篇文章，讲我的父亲母亲；第三章是 3 篇，讲乡村生活记忆之类的话题，讲我从城市被寄养在农村的经历，讲述生命最早被呵护的过程；第四章是 4 篇文章，讲我从农耕文化的环境回到工业社区之后对生命的困惑感，包括对时间、空间、语言环境、生活方式，等等；第五章是 5 篇文章，讲我五次逃亡的过程，代表了生命中的反叛意识和无畏行动；第六章是 6 篇文章，素描了若干具有时代面孔的小人物和空间记忆。这个书写结构特别像宋庄方力钧做的土变金的五行塔，章节不再像过去这么均衡，每一章大概写几个故事，这种节奏其实非常符合我们今天的阅读和审美习惯。但最终，在书的结构上，我还是做出了一些妥协，出版人打散并重新组织了各个章节的关系，呈现出我们常规看到的那种均衡结构。

此外呢，我也很幸运地赶上了一群很好的助力者，他们不遗余力、费尽心机帮助我出了这本书。我的出版人号称是京城第一编辑杨晓燕，很多重要的学者和公众人物的书都是她负责出版的，像之前陈鲁豫的书就卖了 500 万册，再比如最近刚出版的余秀华的那本书，在

传播的过程中也有很多热议。装帧设计是琥珀工作室负责的，这是中国做图书最厉害的工作室之一。这本书的出版社选择了广东的花城出版社，而花城出版社的出版物《花城》恰恰是我在20世纪70年代末到80年代初阅读最多的一本杂志，那个时候看的伤痕文学很多上都来自于"花城"。更有意思的是，我在此书中讨论的视角，以及我所谈论的中国工业社会构建的过程恰恰是被忽略的，很多学者、社会学家、文学家笔下往往没有关注到这一块。而我的成长经历恰恰在一个工业大院里，我从小生活的社区被纳入了第一个五年计划的增补项目，也就是中国的三大矿山机器生产的制造企业——太原矿山机器厂，这企业发展的经历让我认识到中国早期工业化的过程既是非常艰苦，又是格外热烈且丰富多彩。同时也是非常沉重的，充满矛盾和令人费解的人和事件，是混杂着热汗、冷汗、热血和铁血的往事。其中的很多话题我至今仍不敢把它完全呈现，因为有许多过于血腥、残忍。

大家可能都知道唐家三少，是中国排名第一的网络作家。他在微博上转发了《闹城》发布链接之后，便有257万人点击阅读，这个巨大的点击量确实是得益于他的转发效应。后来，这本书上市时我跟他讲了一句话，我说："其实这本书里写到了你的舅舅，但是我不能往下再写了。"因为他舅舅在1992年的时候，因为癌症过世了。然而他离世的过程让我非常疑惑，当时他舅舅才27岁，是一个英俊的小伙子，他舅舅的父亲是一个开铲车的工人。临走时他舅舅对自己的父亲说："能不能抱我一下"，但是这句话没有得到那个铁石心肠的父亲任何行动上的回应……这种事当时在工业社区里特别多。工人阶级在用他特殊的方式来教育自己孩子，那种"暴力"是现在难以想象的。

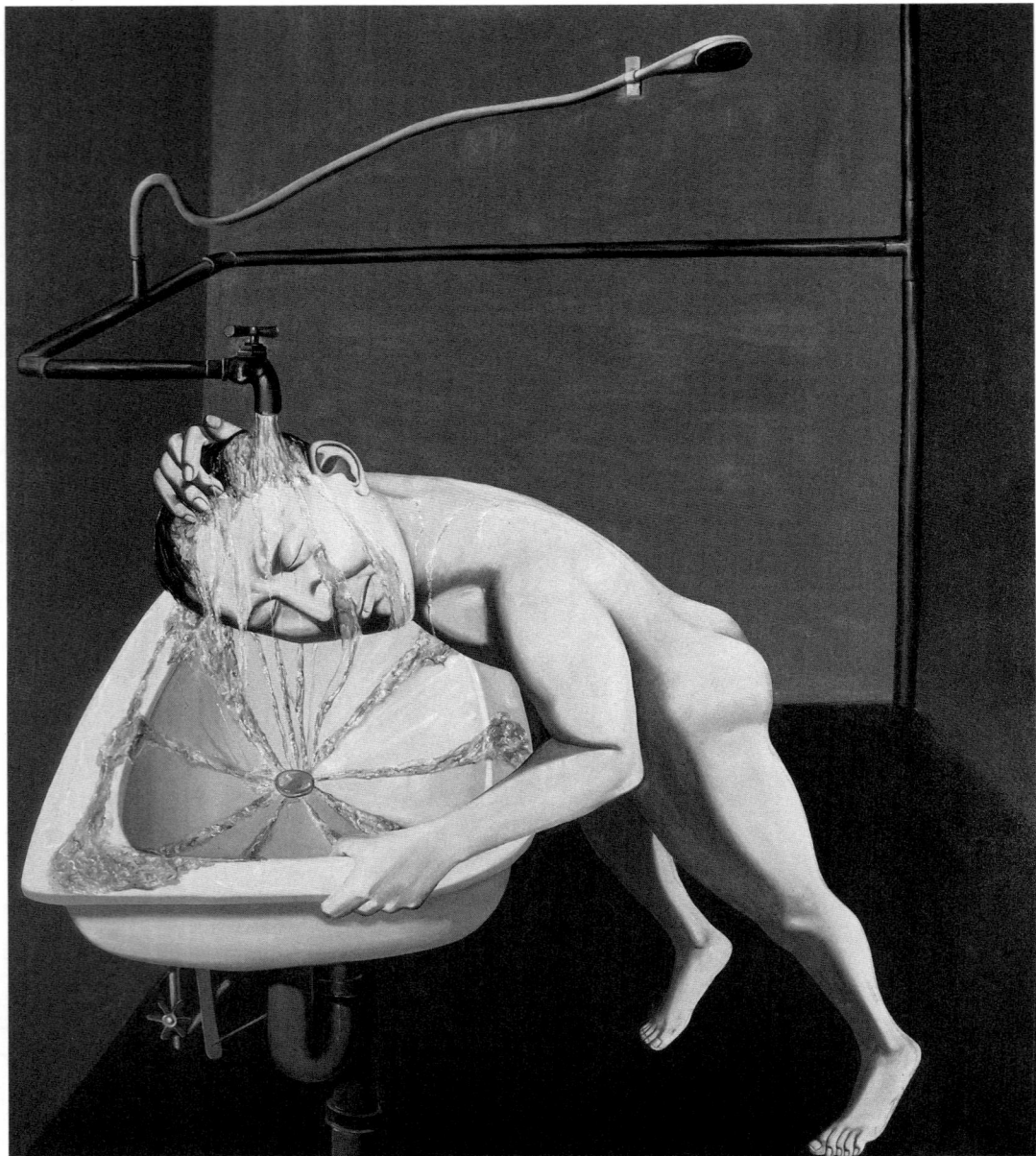

油画《慰藉之浴》，作者：宋永红

其实，在我们那个时候也有很多非常有趣的故事，在这本书里我都是一带而过的，像一部史诗般的音乐剧。明眼人一下能看出来。这个故事中也有很多看"点"，像黑洞一样吸引你进入，随后就会被吞噬。所以说，9月19日在太原的读书会现场，当时有观众提问贾樟柯导演说："贾导，您有没有计划拍《闹城》这部电影？"他说："《闹城》其实不止能拍一部电影，而是一系列的电影，这里边的每一个故事都可以拍成一部独立的电影。"我觉得，贾樟柯的确是一个非常敏感的人，他看到了我那些有所保留的、节制的、隐藏起来的叙述，点到为止的东西，以及通过个人体验和家庭生活反映的工业文明形态。

就内容而言，《闹城》是我针对故乡的一次漫长的书写，书中描写的时间跨度是从1967年出生到1984年我离开这个城市的17年。我并没有明确地对历史进行个人性的审判，而是以灰色调的语言来叙述，并把这种审判的权利交给了每一个读者。记忆中的很多苦难，在我的笔下都经由时间的发酵变成了酸楚和荒诞。其实，我们每个人都摆脱不了自己成长的环境，苦难或是快乐都是命运给你的东西，你都必须直面、承受，最后再慢慢消化。消化的过程非常重要，这和后来的见识与思考有关。正是因为几十年来我一直从事现当代设计和工业遗产的研究，走了许多世界上有工业历史的城市，对比城市之间的差异，生产文化的差异，再和中国工业化过程相比较而获取了心得。这是一个反反复复的过程，社会学的知识、工业历史的研究以及艺术创作的方法和思考，逐一灌输于这个内化过程，最后经过我几十年的消化后，共同作用于我的写作和输出。

在这本书写作和出版过程中，我得到了很多艺术家的帮助，包括刘野、祁志龙、宋永红、宋永平、唐志冈、李天元、刘力国、邓箭今、于会见、杜宝印、陈文令、王宏剑，等等，他们都是中国一线的重要艺术家，非常慷慨地提供了绘画作品以对照我的文字。《闹城》这本书是文字对照图像的一本书，比方说像王兴伟的画《又不是一百分》，那个父亲训诫儿子的画面让我牢记了足有二十年之久。当时在网络上传播的时候我找他，他很高兴地让我使用了这个图像；还有像宋永平、宋永红两位同乡，尤其宋永红在画面里那种窥视的欲望和躁动，在我的青春期也曾有过这样的东西。他画了一代人的生活、一代人的意识，也给了我很大的帮助；祁志龙笔下红卫兵的形象，代表了我成长中曾经看到的那些年长的面孔，甚至有我母亲的影子……

3 唤醒记忆

虽然那种大家一辈子在互相取笑开心中虚度光阴的时代，那个街头巷尾充斥着闲言碎语的熟人社会，早已成为历史的灰烬，我写完这本书以后，那些社区里的老人也在看，他们依旧快乐，并认为我带给他们很多幸福的回忆。因为他们早就把这些往事忘掉了。现在，我把这些苦难以灰色的方式吐露出来，在他们的回忆里可能反而觉得很甜美。这些人之中很多现在下岗了，一些大学毕业生做着一份1500块钱工资的工作，每天都觉得无比幸福。最后在看到工人阶级作为主体的时代描述时，他们感到特自豪。有一个从小跟我一起画画的伙伴，现在是国家话剧院舞台美术总监，曾获得过无数舞美大奖。这本书刚出来不久，他在网络上突然看到相关信息，他被我的描述深深吸引，后来发现是我写的，就在当当网上订了一本，并通过清华的各种关系找到我。他很激动，晚上11：30打电话跟我说："终于找到你了，这本书我从下午5：30一直到11：00刚看完，看得我老泪纵横……"这说明这本书还有一个功效，就是还给一代人一个记忆，关于生命的历程，关于我们的共同经历。

但是从另一个角度来看，这本书如果交到文化学者或历史学家的手中，他们会看到我在这个背景图层里描绘的社会事实，也就是中国工业化的一个过程以及工业化中的缺失。我们今天会着重强调这个问题，过去中国搞工业是在一个强国梦的激励下进行的，它和西方工业的自然发展不同，西方是从中世纪的思想到文艺复兴再到工业社会，这是一个缓慢演进和自然生长的过程，所以各方面准备比较充分，各领域发展比较均衡。他们的重工业、轻工业的发展几乎是齐头并进的，创造活动是出于兴趣，出于人们对自然、对物理的好奇，它是伴随着科学

的发现而逐渐形成的。而对中国而言，工业是一个外来的事物，之前我们一直是农耕社会，但是因为农村社会在和工业文明对抗的过程中惨败，这个时候政治家就萌生了中国一定要有自己的工业的念头。从清末的宫廷大员和近代知识分子精英，再到中华人民共和国的缔造者都是这样想的。所以1949年毛泽东主席在城楼上看到红旗的海洋时感慨地说："今天看到了红旗的海洋，希望在不久之后可以看到烟囱的海洋。"其实这段话在20世纪90年代由一个纪录片放出来时，令我感到很震惊。那个时候对一个国家强大的想象就是要拥有工业，而对工业文化这个事物，我们却一直没有仔细打量过。

二、《闹城》语境

1 工业洗礼与公共空间

前些年，我在《人民日报》曾发表过一篇文章，谈及工业文化问题。我认为工业把人放在流水线上，而现代生产一个复杂物件的工序从三四道一直到40多道，其本质是分解复杂的过程。每个人固守在一个岗位，干的是单一的工作，因为简单性重复才有效率。到后来我们

对工业化更多的批判是因为环境的污染。工业让人变得狂妄自大，为什么这么说呢？工业是人创造出的一个强大的怪兽，我们可以利用它和曾经敬畏的大自然抗衡，人类假借工业的行动一定程度改变了自然的景象，比如说雾霾，比如在《闹城》中所描述的火车倾倒焦渣映照夜空的景象。这些过程中带来很多的污染问题，在一次对话活动中，比如宁浩导演描述了重工业生产及周边生活环境中的严酷事实，令人感到震惊。

那么工业的文明到底是不是一种文明，是不是应该引以为豪？我这些年不断往返欧洲，突然意识到为什么像老牌工业国家的城市，比如米兰、里昂、斯图加特、鲁尔，人们至今仍然以工业为骄傲。在意大利北部地区像都灵和米兰的人，对南部地区有一些偏见，因为北方工业比南方发达许多，这导致了生活方式和思维习惯的差异。南部悠久的历史是来自希腊文明的，文艺复兴所留物质印记也多在中部。北部过去是防止蛮族入侵的城堡要塞。但工业化的洗礼带来了一种新的思维，工业生产又创造了一种巨大的社会能量，缔造了人和人之间一种新的社会关系，带来政治和法律上的一系列的变化。工业文明带来很多新生事物，汽车、火车、飞机，电话、电报、电台，公园、医院、小学。正是在这样的曙光映照下，才让你真正地意识到现代文明开始出现了。

另外，我在这本书里面也会谈到一些过去的事物，比如工业居住区里的集体大澡堂，因为那时候只有国营大厂子才有集体澡堂。中国最早的工人宿舍是 1895 年在南通唐闸的南北工房，那个是产业工人住宅的初步形式，传统院落的格局没了，变成了连排的形制，但保留了半开放的院落的模式。文明的形态最终会转化成空间的形态，而我的专业是研究环艺、空间、建筑的，所以我会把这个东西翻译过来变成语言输出。空间形态在工

太原机车厂、矿机生活区鸟瞰（20 世纪 80 年代末 90 年代初）
图片提供：城释 ® 历史影像鉴藏数据库

247 厂露天煤库冷却塔（1956 年）
图片提供：城释 ® 历史影像鉴藏数据库

傍晚中的太原第一电热厂（1955 年）
图片提供：城释 ® 历史影像鉴藏数据库

业区到底是怎样一种表现？这是我书写的一个很重要的特点。很多作家不具备这种描写能力，绝大多数文学家的能力更多表现在对人性的刻画，对风物的描写，他们的书写水准取决于对语言本身的控制。而我的书写里会对物质形态和空间形态有更广阔的辨析和解释，这也是这本书的一个特点。这些观点都渗透在我对大澡堂、大操场、工人俱乐部的描述中。在我从小生活的工业宿舍区里，工业社区的格局非常功能化，条块的分割非常理性，一切都以追求效率为标准。在每个工业社区里都试图建立完整的社会，每一个工厂的生活区都是独立的，有高中、初中、小学、幼儿园、医院、太平间、篮球场、足球场、图书馆、澡堂、粮店、商店……它几乎是一个全能型的社会，独立地存在于太原城郊的社区。

那时候，大型国企工厂的人非常多，每天上下班的时候成千上万的工人在狭窄的道路上骑着自行车的场景，特别像非洲角马过河。那是一条工人从生活区到工厂上班的路，它会穿越另一个工厂和社区。但是当孩子们走这条路的时候会有更多危险。因为各企业之间在武斗的时候结下了梁子，它们因政治主张不一样而形成敌对。一直到"文革"后期都有这种后患，社区之间的孩子互相都不来往，每天在打斗，我们要是去别的社区就会面临着洗劫、羞辱和毒打，他们到我们这边也一样，特别惨烈。这本书出来以后，一位在京负责保安公司的领导就通过宁浩导演找我，因为他就生活在跟我隔着条马路的地方，那条马路就是我们两个社区的分界线。后来约到一起见了面，彼此畅谈旧事，都特别高兴，他说："你们小时候打架的场景我看过一次，上百人的那种斗殴太激烈了"，工业社会时期形成的集体性和破坏性真令人疑惑不解。

● 城墙幻影

现在为大家说说太原的城墙。这座城墙已经消失殆尽，只留下一些地名，比如大南门、小东门、汉西关、水西关这样的地方，而北京至少还留了几个城门楼。太原老城城墙在 1949 年解放战争过程中被连天炮火摧毁，后被彻底拆掉了。从老照片上看，太原城老城墙的伟岸程度一点都不亚于西安，解放太原是当时最艰苦的城防战之一，连天的战火最后把这座城市也毁得够呛。太原战役是中国人民解放军在解放战争中伤亡最大的一场战争，解放军牺牲了 45000 人。后来城市被定位成一座重工业城市，根据交通运输的要求，城墙被彻底铲掉了。在旧城墙位置上修建的这条宽广的大街是东西向的，它一直是当地人的骄傲。为什么这座城市有全国最宽的路，甚至比长安街宽 20 米？因为它的东边是火车铁路线，西边的河西区有大量工厂，重工业和军工制造的企业，大型设备的运输需要宽广的马路。

20 世纪 50 年代初要体现社会主义的福利，那时人们对未来充满了希望和想象，畅想未来的生活有多好，就像《活着》里说的"天天吃饺子"的幸福社会。人们在最宽的大街南边修了一个巨大的公园，叫作迎泽公园。公园原址在明代时经历

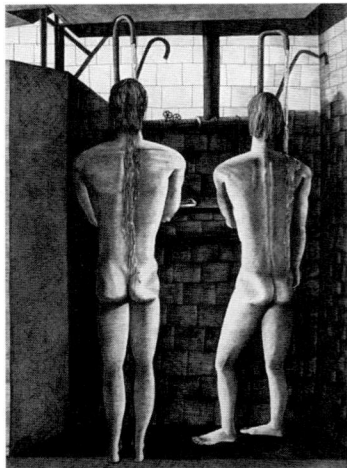

油画《陌生环境》系列之二，
作者：宋永红

迎泽大街全景（1959 年）
图片提供：城释 ® 历史影像鉴藏数据库

迎泽公园（1986 年）
图片提供：城释 ® 历史影像鉴藏数据库

一场大水灾，留下了一片沼泽，这水竟然一直没干，后来在清末的时候又变成一个城里人向城外丢弃垃圾的地方。50 年代初，太原动员了 10 万工人义务进行劳动，终于把它变成了劳动人民的福利之地。这座公园承载着太原人民最美好的记忆，也是未来奋斗目标的一个社会模型。平常这个门一张票要收 5 分钱，但是那时候的大多数孩子还是经常想逃票。从我家步行到这儿要十几公里，我们这些来自厂矿社区的孩子有时候会步行前往，期间会穿越繁华的市区，古老的街区，最终进入这片社会主义的新天地。对我来说，从工业社区经过老城区再到公园，就是一个从晦暗当下经历人间迷茫再到天堂的时空变幻。公园的设计也很有意思，湖水和种植在模仿杭州，可能也受到颐和园的启发，但大门是现代主义独特的帝国样式，像苏联的模式，或者意大利墨索里尼时期的样式，非常简约。这种风格跟未来主义有点关系。未来主义是马里内蒂（Marinetti，1876–1944）这个狂妄的作家，带领一帮作家、诗人、画家和建筑师，搞的一场运动来描述工业带来世界格局的崭新变化和美学趣味。

穿过这个现代主义简约风格的大门之后，出现了一个太湖石叠成的假山，像一扇屏风一样挡在前面。这个形态无疑是文化现状的缩影。这说明中国的工业化过程最终还要面对自己的文化传统，园林格局的形态是一个铁的事实，它能够表现出那个历史阶段人们的思想。公园对面是当时全城最富有表现力的高楼，那个叫八角大楼的建筑像个巍峨的城堡，它虽然也是现代主义的风格样式。但它却没有现代主义的透明性质，它属于省委的机关事务管理局，那个时候由解放军战士严格把守着，显得既神圣又神秘。我从来没进去过，一直到1982年温元凯教授到太原讲学的时候，当时我的一个堂哥是他的助手，我才能借着去看我堂哥的名义进到这座神秘的建筑里。我第一次看到里面的场景：红地毯，还有电梯里一个长得非常美貌的女同志在不动声色地帮我们按电梯开关，那个时候才真正感受到了共和国风格的室内美学。

当时的许多家庭都会在迎泽公园这个地方留下一个影像，为什么这个场景受到人们的青睐？因为有代表未来现代化的大楼，以及传统文化多情多姿的柳树，红领巾在胸前飘荡，游船把现实和彼岸结合在一起。特别巧的是一个星期前，中国纪录片导演时间半夜给我发条信息说："苏丹，你的这本书里的图片到底是谁拍的？"我说："我的一个朋友说是他的父亲拍的，有可能需要进一步调查，因为收藏图片的机构也不清楚，他可能是从老照片征集平台或从二手市场找来的。但这张照片的确非常经典，代表了那个时候的人的风貌。"长春有个摄影家海波，曾经在南湖就拍了很多这样的场景。为什么当时的中国工业那么贴近城市，要把城墙铲掉？因为工业的发展它要依托于过去的一个城市的躯体，所以农耕文明、工商文明这些东西，它是工业生产工业文明的摇篮和母体，所有的营养要从这里获取。

迎泽公园儿童合影（1974年）
图片提供：城释 ® 历史影像鉴藏数据库

北京也是这样，当今很多人对昔日的北京城墙被拆掉持批判态度，认为应该按照梁思成的来，在石景山重建一个城市，不应该拆掉旧城墙，等等。但是身处于那个历史时期的许多人也不一定这么认为，我听过很多的专家反驳这种观点，其中最重要的就是王世仁先生，他当过北京规划局局长，是资深的中国城市规划的专家和文物保护的专家，也做过文物局的局长。有一次我在王世仁家里做客（当时我们在合作做前门大街的改造），王老当时跟我说，那个时期国家没有能力去新建一个城区，所以必须借用老的设施，这是个历史事实。我从小生活的区域在城乡接合部，太原是个盆地，我们在北部山区的边缘，到星期天需要进城采购或开眼，而且为了避免交通拥挤，大企业的星期天和整个城市的星期天是错开的。因此我从小的记忆里并不完全是工业和城市，而是有城乡混杂环境。并且工业区和自然村落中居住的人口经常发生各种各样的冲突，这又引出一个比较严重的问题——在都市的城市化中，工业文明和农村文明到底在什么样的关系里完成历史的更迭？

人民电影院（1978 年）
图片提供：城释 ® 历史影像鉴藏数据库

素描《电影院空间》，作者：苏丹

● 魔法影院

这个时期，城里面建有很多的公共文化设施，其中尤以电影院为数众多。许多电影院是以工人俱乐部的名义承担文艺表演、庆功大会、放电影等多种功能。电影是最牛的工业化的艺术，电影浓缩了当代所有的图像制作方法、欣赏方式以及谋划方式。电影可以一段一段地拍，再拼接、剪辑，最后画面精致到看上去天衣无缝。此外还可以从计划写脚本到直至完成从文本到图像再到配声的合成。而且随着技术的进步，人们对声像品质有愈加苛刻的要求。今天的电影开始追求声效，有好多电影获奖往往是因为声效做得好。有个墨西哥电影《罗马》，声效据说是最牛的；张扬导演前两天拍的《皮绳上的魂》，据说也是目前中国电影中声效最讲究的。

电影院也是一个重要的话题，电影院在 20世纪六七十年代年代是人们享受工业产品、文化产品的一个重要场所，总是人满为患，一票难求，百看不厌。为什么？因为现代工业用机器营造了一个空间上的幻觉，让人在其中不能自拔，即使是特别乏味的阶级斗争影片。当时中国最辉煌的几个电影制片厂有长春电影制片厂、八一电影制片厂，那里聚集着最耀眼的明星，不断地制造出一个个剧情模式相近的故事片。片头都会有这样的元素，几个气宇轩昂的男女雕像，摆着几个很有气势的姿势，而我们最迷恋的是像变戏法一样的电影技巧，会有很多匪夷所思的场景切换，比如说男女主角要进入回忆模式时，一张凝视前方的面孔慢慢模糊下去后，另一个场景浮现出来。尤其忆苦思甜的时候大多是以这种方式来表现。

所以说，电影院就像一个魔术厅一样，是一处神奇地改变人类对时间、空间感受判断的地方。电影出现了以后，魔术和马戏的票房受到了巨大的影响，娱乐的方式中滑稽和幽默让位于幻觉。疫情期间我写了一篇费里尼的电影《小丑》的影评，当时费里尼带着助手去巴黎拍了很多马戏团，走访了很多小丑，当时这些生动鲜活的事物在欧洲已经快绝迹了。片中很多"小丑"在回忆他们最辉煌的时代并感慨叹息电影出现后马戏被电影谋杀。事实上靠魔力取胜的电影又败给了一个庸俗无比的新生事物——随后电影又被电视谋杀了。电影院太生动了，那个时候我们在电影院里能看到的中国以外国家的电影只有东欧国家和亚洲的朝鲜和越南。越南和朝鲜基本上是战争和反特题材的，一片一片焦土和一阵阵斗智斗勇；东欧的电影有文化上的巨大鸿沟，令中国人民好奇，但不易接受。罗马尼亚、阿尔巴尼亚电影中展现的景观和生活方式和我们迥异，情感表达、表现方式、叙事结构都是陌生的，这时人群之中会发生很多激烈的争论，你会听到人们观影后的争论，说"这个人到底死了没有？""这个人到底是好是坏？""为什么这和我们过去中国放的电影人物的安排会不太一样？"之类的争论。

朝鲜电影《永生的战士》描述了革命志士宁死不屈的牢狱斗争，黑白片中一直都是阴森的牢房和各种恐怖的刑具；《原形毕露》也是一个阴暗格调的电影，其中的故事离奇、神秘，令人心惊胆战；罗马尼亚电影《第八个是铜像》开篇是一个艺术家在做雕塑泥塑的镜头特写，它的叙事时间轴设置巧妙，由一组抬雕塑的一个个人物逐一回忆衔接而成，但这种美学并不被人民大众看好，电影院中的人们只关心出现战争、战斗场面的几个片段。但女主人公的美貌还是俘获了许多中国青年的心。这位高鼻梁凹眼睛黑头发的美女，成了很多中国男人的梦中情人；《爆炸》是一部悬念不断的灾难片，电影中展现了东欧人民的一些日常生活片段，令人艳羡。但最令人争论不休的还是片尾结束时的处理，闹得人们一头雾水，争执不休。《新闻简报》是一种新闻纪录片形式的短片，一般放在故事片之前放映。这部分是搭配的，不额外收费，但是说教性强、政治性强，多和中国当时工业、农业、外交上的巨大成功相关。它是我们看世界的一个神奇窗口，其中非洲的镜头很多，一张张笑盈盈的黑色面孔让我们确信中非友谊天长地久。

素描《老矿机厂》，作者：杜宝印

2 岁月羁绊与社会历练

● 童年秘密

我的生命经历比较独特。1967年我出生后，父母忙于抓革命保生产，没有精力看管我们。每天他们被一轮一轮的运动消耗得筋疲力尽，在我出生3个月后把我寄养在离城市100公里的一个小村子里，奶妈完成了我儿时的哺育。我的摇篮是乡村而不是城市，到了两岁的时候才回到了城里。此时我已经完全是个农村孩子，回到城里见到了比我大不到三岁的哥哥。父母带我们两兄弟到照相馆照了一张照片，这张照片堪称历史性的人类肖像，具有社会学文献的属性。兄弟俩在一起时，人们大都喜欢我哥哥，他长得眉清目秀的，口音、肤色、见识一听一看都是城里孩子的形象和做派，而我则完全相反。我们甚至于完全不像有血缘关联的兄弟俩，不过这样倒是阴差阳错地对应了当时的相关政策。虽然我父亲是20世纪50年代大学毕业分配到太原的，但此时大学招生已经停止了。没有高考，非但城乡之间的人们基本上失去了横向流动的机制，而城市也无法容纳越来越多的人口，伟大领袖号召青年们"到农村去，广阔天地，大有作为"，但是每个人的前景还是进工厂，梦想是当工人，所以我那受人疼爱的哥哥就是如此这般一套工人的装扮,背带裤,鸭舌帽。那个时候全国奉行上山下乡的政策，一个家庭若两个孩子的话，老大留城老二去农村，所以我的宿命似乎早就被确定是回到农村。因此，他们就把我装扮成一个标准山西农民的模样，头上是盘扎着头巾，上身穿着对襟的黑棉袄。这是未来人生的写照，代表着每一个家庭对国家政策和领袖号召欢呼雀跃般的响应。

父母的铸造意识里也是如此，他们把所有的爱都给了老大，为了让他将来能更好地在城市发展，让他学各种各样的文艺，手风琴、小提琴、扬琴；却让我在社会上闯荡，他们豁达地认为"这个孩子反正将来广阔天地大有作为，得玩去。"但这一玩就玩到惊天动地，惹了很多祸，在这本书里都写到了。如今我父母看完这本书后他们很吃惊，我爸前几天看到我说："你小时候有过这样的经历，你怎么回家也不跟我说。"我说："孩子都有自己的秘密是吧？"……

最近有个网络电视剧《隐秘的角落》，这是描写新时代孩童世界的故事，依旧惊心动魄、跌宕起伏。孩子们之间总有一种默契，大家共同守护着自己的秘密。这些秘密地点、秘密勾当绝不能让成年人知道，所以我们那时候就有很多这样的故事。

奶妈的现象当时是比较普遍的，这是农耕文明中的一种独特现象，在今天看来这个似乎该作非遗申报了。我相信奶妈的历史一定非常久远，这是人类社会的互助需求所催生的。我有这样的一个经历，虽然它带给了我很痛苦的记忆。因为对于幼年的我来说，会在伦理上形成一些错乱，令自己茫然不知所措，不知道怎么面对。尤其生母和奶妈在一起的时候，我不知道该喊谁叫"妈"，很纠结。然而幸运的是异母之乳的哺育

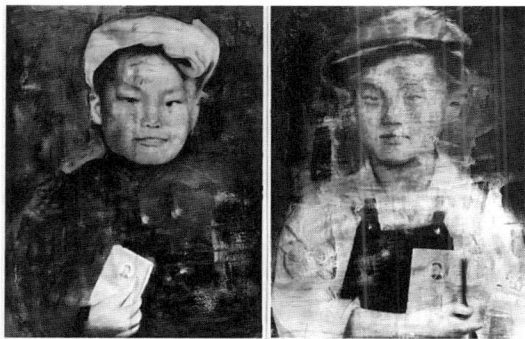
综合材料作品《我和哥哥》，作者：王宁

也给予我很重要的一个帮助，让我从小的生命荡漾在乡村文化这种田园牧歌式的环境里面。

农村这段经历非常难忘，正是因为这种经历，在我的印象中和工业环境会形成一种对照，这种对照的反差由此加剧了童年苦难的记忆。当时要回城里的时候，奶妈带着我和我的一个姐姐在原来的县城一块照相，作为诀别的留念。这本书实际上是从对奶妈的回忆开始书写的，2017 年的 5 月 1 日当我突然意识到从前哺育之恩的时候，得到了她老人家已经过世的消息，我感情的闸门瞬间被打开了，于是开始用书写表达对她的感恩和对生命的纪念，并一发不可收。

农村的生活给我留下非常难忘的记忆，晚上油灯摇曳的光辉，很神奇地在墙上投射出手指变成各种动物剪影；晚夜那么安静，偶尔会有一声猫叫；白天阳光那么明亮，洒在院子里；在村大队的场院里，我看到各种各样的牲口，绵羊、毛驴、骡子、马，毛驴在撒欢儿似的打滚，母猪在慈祥地哺乳，公鸡跳上墙头在鸣叫……一辆锈迹斑斑的拖拉机像外星文明遗落在农耕乡野的一个物件，每天早上要一群人合力推到村口坡地才能发动；闻着田野麦地的香味，挖地瓜的时候在田野里突然发现土里还有一种果实彭当粮食，这都是非常神奇的事情。民俗方面，农村里更是花样繁多，祭天祭地祭鬼神，惊天动地般哭诉、折腾。送葬时候披麻戴孝绵延百米的哭丧队伍，葬礼之后盛大的筵席。过年是整个乡村里最隆重的一场大戏，人们把一年里节省下来的细粮全部拿了出来，杀猪宰羊包饺子；白面太过精贵，不仅仅是粮食，还是塑形的材料，心灵手巧的村妇们把它们塑造成五彩斑斓形状各异的花馍，那些用面捏出的小白兔、大公鸡、花蝴蝶的形态生动，美满吉祥，是我童年记忆中最精彩的元素，给我留下了太深刻的记忆。我那时候认为农村文化在当时非常浓郁，生产力旺盛，精壮人口也有，每天公社喇叭里广播找人，传达中央精神，鼓励大家去工作；大队里面有专门饲养牲口的地方，许多神秘兮兮的仓库都被我拜访过。

到了城里，一切就发生了变化。首先，我没有城市生活的记忆，当时下了火车往城里面走的时候，我第一次对灯火通明的城市环境产生印象。进到苏联人盖的大屋顶灰楼里，我感到很唐突，很茫然，无所适从。因为那个时候家里面已经开始用日光灯管了，那种白色的冷光把你刺透，让你连恐惧都无处掩藏。面对一群陌生的面孔，他们都期待着我讲农村话，想嘲笑我。我的生母最后出现了，拿了块蛋糕递给我表示友好，结果我抓起蛋糕一下就扔地上了，然后用山西农村的土话大喊一声"我要吃窝窝头！"然后全楼爆发出一阵笑声，这是他们期望的。

《闹城》中的一个个故事表现出工业文明一直在嘲笑和诋毁着农耕文明，尽管农耕文明是哺育工业文明的奶妈，但是工业文明从来没有反哺过农耕文明，这是文明演进的过程中一个非常残酷的伦理现象，这是事实，无法拯救。所以现在都大张旗鼓地大谈乡村复兴，设

素描《炕上的手影游戏》，作者：王宁

素描《放羊》，作者：王宁

计师参与乡村建设，媒体呼吁让人回到农村，很有难度。未来的世界肯定是属于城市的，因为只有城市才能生产工业文明和后工业文明的新事物。你现在看到农村可以生产新的民歌、新的戏剧吗？没有！还在唱千百年前的东西。因为农村在萎缩，基本上没有创造力了。但是城市里体育、娱乐方式花样繁多，并利用各种媒介传播，报纸、电视、广播、微博、微信、抖音、快手……这是都市密集文化形成的强大的生产力，缔造了一个新的帝国，是不可战胜的，除非下一代文明的曙光出现。但是我们目前来看，城市文明肯定是未来文明主要的形态。在乡村的记忆里，我还有两次放羊的经历也非常美好。那时候山西的北部还有狼，牧羊人每天带着七八条狗，赶着一大群羊在野外风餐露宿。但奇怪的是我非常向往那种生活，一直希望能带着猎狗跟大人去放羊。我也看到过乡村的其他场景，比如说杀猪的场景非常残酷血腥，还有屠夫对猪进行阉割的劁猪行动，一帮小孩坏笑地跟在后边欢呼雀跃，劁猪者最后一个动作是拿起从公猪身上割下的器官，趾高气扬地一挥手，一块肉就飞了出去，旁边的狗儿猛地跳起来接住，然后一溜烟跑掉，然后就是小孩们一顿欢腾，那猪从此就被废了。民间杀猪的过程很残酷，捆绑、下刀、放血、开膛，屠夫们有条不紊，猪儿们拼命挣扎、大声抗议……在八五美术新潮的时候，宋永平在山西组织山西的新潮美术运动，一行人曾经想沿着黄河考察中国的乡村，并想做一个杀猪的仪式，后来因为太血腥就放弃了。后来我想到一个问题，其实农耕文化缔造完毕以后，形成了一个很饱满的闭环，它的野蛮和残酷可以利用隆重、复杂的仪式进行掩盖，进行分解，最终神奇地变相成为美学。而工业的一切是在没有仪式诞生之前的形态，残暴性都是赤裸裸地表现出来。我曾看到昔日里城乡之间帮派的争斗还有人和人之间的算计和戕害，这在那一段生活中非常多见。

● 惯性逃亡

回到工业社区，经过很长一段时间适应，直到小学后期我才真正融入工业社会，开始为这个城市、为工业骄傲。其实在开始适应的那漫长的岁月里（从 2 岁到 10 岁这个时间里面），我一直想回到乡村，因为我觉得那里才是我生命的母体，我想离开这个人口扎堆的整天窃窃私语的地方。我们家后边有一条铁路，大人骗我说坐火车就回到你奶妈家了，然后他们会拿出一张纸来，用圆珠笔写几个字，笑嘻嘻地说："拿上它就能上火车回到奶妈家里了。"之后很长一段时间里我就把它揣在兜里保存起来，我一直想乘火车离开城里。这其实对一个孩子来讲是挺残酷的一件事，让他脱离原来生活的母体，硬生生地投放在一个完全陌生的环境里。

所以这本书里就描述了我初到城里所感到的压抑。比如说对空间感到的压力，楼体的巨大，人的密集，阴影的明确性，从视觉到心理都在压迫着自己，每时每刻。时间也被肢解了，并被残酷地拆分打包。在农村，时间基本上是靠太阳落山、太阳升起、雄鸡打鸣判断。时令也如此，什么季节开什么花、结什么果，麦子结穗、成熟，它是以现象和物体颗粒来标识的。农历那套东西中，时间是非常粗放自由的。到城里许多人都戴着表，工业制造的手表精准无比，是时间的克星和捕手，它时时刻刻把你每一段、每一瞬间标记了个清清楚楚，于是生命变成了在清透的时间溪水里裸泳的泥鳅。这是一个非常残酷的现象，会导致严重不适应，但是很多人没有想到这个问题。

看看谢德庆在美国 1981 年做的行为艺术就知道为什么人们说他那么深刻，他在一天 24 小时内每隔一个小时打一次卡，也就是说他把一天的时间切成 24 块，把一年的时间切成了 8700 多块。他通过对自己生命的思索来表现时间的残酷性，表现现代社会对人性的束缚，对时间的束缚，对时间的肢解。从而令人明白时间乃是生命体。在乡村社会，冬天时间和夏天时间或许不是一种感觉，但是在工业社会都是一样的，就这么冷漠。这种伤害大多数人没有感觉，但是作为一个敏感的生命体，我从小就很不适应。尤其在幼儿园里这种不适应就表现得更加明显，简直是度日如年。每天一大早被送进由高高围墙和铁门"保护"着的幼儿园，然后被阿姨严格看管着，到了晚上家长才接回去。这时候的阿姨也有城乡的歧视，看到农村来的孩子或讲话农村口音的就开始欺负，大嘴巴子啪、啪、啪扇，耳朵揪得生疼。于是我就想到逃跑这个事儿，后来就真的开始实施逃亡计划。家长送进去伪装得乖乖的，但眼睛在观察，心里在琢磨。很快我就发现围墙上有一个缺口，且离厕所很近，小孩子屎尿总是很多，于是就来了借口，一天我和虎视眈眈的阿姨谎称上厕所然后跳墙而逃。你们知道那种快乐的感觉吗？获得解放的那种感觉就在跳墙角落地的一刹那，脚踩到松软的杨树落叶上，穿透树枝树叶的阳光光斑落下来是圆的，

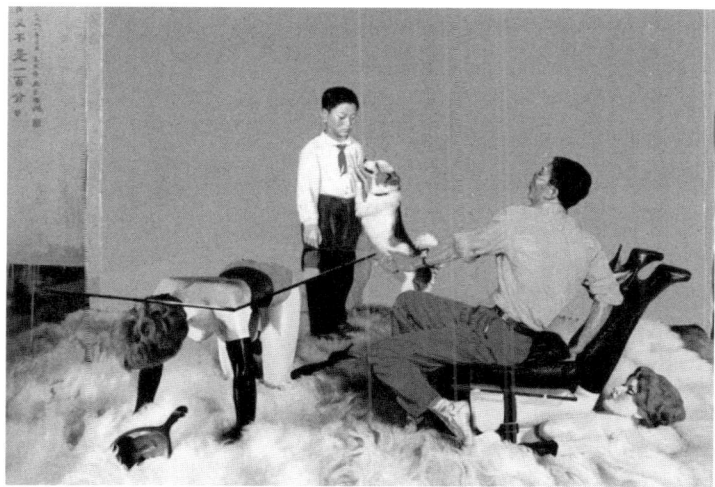

油画《又〤是一百分》，作者：王兴伟

它不再是幼儿园院子里面没有树全是房间里笔直的线条和大块几何形状的阴影。我向楼群的深处跑去，觉得自己解放了，但代价就是饥饿。那时候幼儿园居然几天都不知道少了个孩子，我连着逃了三天每天都没有午饭可吃，饥肠辘辘的。这堪称一次农耕社会闯入工业社会的儿童对工业文明的一次反抗，我体会到自由诚可贵，每天就在街上游荡，在建筑工地上独自玩耍，同时要躲避社区里的熟人们疑惑的眼光。这是一次精彩的逃亡经历。

到了小学二年级我又经历了一次被动性逃亡，但这回的逃亡让我感到工业社会的温暖。二年级的时候贪玩扒上了农村的拉砂子的卡车，当时我小学校舍盖二层楼，农村拉砂的拖拉机来了，一大票顽童就赖在车斗里不愿意下车。这个车开出社区之后速度越来越快，周围景观也越来越丰富，许多孩子在一起看到变化的景观，感受着机动车风驰电掣的速度大呼过瘾。大家不愿下车，结果这个车一直开出去 50 里地，这个距离对过去的城市来讲，早就离开这个城市的边缘了，顽童们开头还记得路，后来就懵了。结果到了拖拉机要进一个村子的时候，司机说你们再不下车，就找不到回去的路了，这个地

243

方离你们宿舍区50里！此时已经下午4：30了，冬天天黑得又早，大家开始产生恐慌。下车后我带着7个孩子往城里跑，那时候感觉到危险真的要来了，天快黑的时候荒野是那么陌生，我们一个个恨不得生出翅膀，立马飞回灯火通明的城市。我看到一条铁路，急中生智的我就突然想到我们家背后是条铁路，我觉得沿着铁路跑就能跑回家。7个孩子体力好的跑到前面，后面跟着跑的是边哭边喊的孩子，后来跑不动就开始扒车，结果差点摔死。当我伤痕累累，精疲力竭回到我们社区，爬上熟悉的楼层的时候，真温暖啊！

虽然这是个悲催的逃亡故事，但是自己已经开始感受到城市和社区的温暖，这是一个重要的转变，我已经被工业同化了。

3　卡司阵容与社会历练

● 熟人社会

虽然生活在这个远离中国政治中心的社区里，但依然处在高度昂奋的为工业化奋斗的神经系统中。中央政府的号召还是非常强有力的，所以新中国成立之初调集了全国各地的人来支持中国的工业建设。因此这个工厂里的人来自五湖四海，从广东、福建到四川甚至云南，从东北到西北，长三角的就更不用说了。多元化的生活方式在这个社区文化建设上形成了很强大的生产力，尤其在解放人的想象力和才艺表达的创造力方面。因为大中国幅员辽阔，文化差异巨大，来自不同地方的文化都不一样，南腔北调，饮食方面也是多元的。我们社区文化的建制完整，从幼儿园到小学、初中、高中再到各车间都有自组的文艺方面的宣传队，且非常活跃，人才辈出。今天盘点下来，第一线的歌唱家中我们社区出了三个，都在我们居住的那一小块环境里，阎维文老师和成方

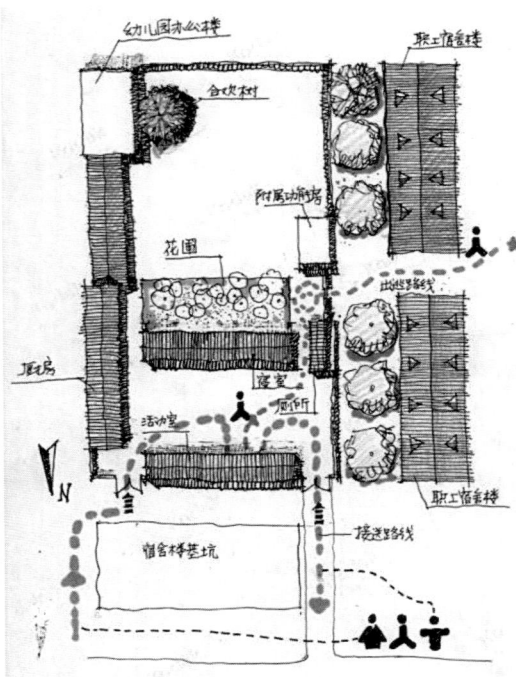

《逃跑路线图》，绘制者：苏丹

油画《春天的阳光》，作者：宋永红

圆老师这两位大明星离我居住地也就是 50 米左右，还有现在在维也纳唱歌剧的女高音郭森（据说是中国最学术的女高音），她父亲原来就在工人俱乐部里唱歌，我妈妈一直说她爸唱得很好，后来才知道是从战友歌舞团退役进厂当工人的。所以社区里的文化生活很丰富，几乎天天有演出，人们乐此不疲地歌颂伟大祖国，忆苦思甜"拉仇恨"，烽烟滚滚赞英雄。这部分讲的是成长过程中的社会关系，由家庭到社区，从个人到集体。在学校拉帮结伙打群架的同时，学雷锋做好事也蔚然成风；在家庭里每天跟我哥哥竞争，兄弟俩互相斗智斗勇。后来我曾经写过一篇文章《我的兄弟》，点击量颇高，令我欣慰的是我的哥哥看了这篇文章并没有不高兴。有一次一场讲座结束后，突然一个观众跑上来说，你是不是写《我的兄弟》的作者，要跟我合影，因为他的家庭也存在兄弟之间这种竞争。计划生育把家庭中的社会性进行了彻底的处理，但是家庭里兄弟多的时候就是模拟社会，其实对我们融入社会是有巨大帮助的。

我的一个同学叫李宁，她当时跟我是幼儿园同班同学，现在还在幼儿园当老师，所以这个社区里有一群这样的人几十年以来一直在这个社区工作、生活。现在已经过去了五六十年。那些大屋顶的楼是 1953 年在苏联人帮助下建造的，一直到今天很多人都依然生活在那里，不愿意离开。这里早已形成了一个熟人社会，形成了一个物质生活和精神依赖的共同体。共同体在不同的时代追随的价值观念也有变化，比如说在七八十年代的时候大家非常骄傲，为自己社区的工业化程度和现代性的文艺生活感到自豪，楼房里的自来水、冲水马桶、电影院把周边的乡村社区在物质文明的建设上远远甩出了好几条街。同时这里是城市中的小社会，文化生产自给自足，不仅文艺演出人才济济，有最强大的篮球队和足球队，篮球队用替补队员都能把山西省队打败，这座城市和全省的很多田径项目的纪录都由这里的人创造。但是到了九十年代下岗风潮来袭，这里也不能幸免，困难开始袭扰许多家庭。这些困扰又促进形成了一个混沌的共同体，人们互相帮助，形成了一个低消费的生活圈子。西马路菜市场菜的价格就比别的地方便宜，在这个地方靠微薄的退休金也能生活。但也出现了垄断菜市场的恶霸，而且那厮是比我高一个年级的儿时伙伴，据说最后成了一个令菜农们谈之色变的恶棍，每天农民进的菜都要经由他的许可，这个人我没写，因为他当菜霸是我离开这个社区以后的事。

矿机 2-1 住宅楼
摄影：沉睡

● 饥饿游戏

书中还有很多有趣的旧事，比如描写小时候的饥饿，每个孩子反抗饥饿的方式就是盗窃家长的东西，这种饥饿也导致了我一次又一次屡教不改地犯错，闯祸。有一次我带着个比我小一岁的孩子想离开这个社区，跑到五台山当和尚。这是为什么呢？因为"文革"后期饥饿的问题仍然没有解决，孩子们对供销社商店中的食品都有着无限的向往。但如何能弄到解馋的钱呢？逐渐的，孩子们想到了一些办法，那时候粮票能换钱，家里管粮票比较松，所以我就拿家里多余的粮票去找赶马车的车夫兑换现金。当时城乡的经济流通得益于那些赶马车的人，他们是贩卖者，不停地实现城乡经济微观层面的转换，所以马车夫一定是农村过得最富、最令人羡慕的人（电影《青松岭》中的阶级敌人钱广就是一个典型性社会角色）。后来这种事情被家长发现了，一场大难即将来临。虽然自己经常因为犯错误被打，但被打之前的等待是漫长的，是最痛苦的。最后一狠心，就带着跟我一起犯错误的小孩，我说："咱俩跑吧，趁着天要黑下来之前。"于是这两个人就消失了，而且计划要怎么去五台山，怎么坐车都想好了。

当时幼小的我听说遥远的五台山有一种职业叫"和尚"，据说是可以不结婚的，也没有学习任务，生活得自由自在。当时就想到那处想象中的世外桃源。逃跑的过程中惊动了整个社区，家长们发现孩子没了，发动整个社区所有人找我俩。熟人社会还是好，二三年级的两个小不点，在黑暗中很容易认，大人们在社区的各个出入口都设了关卡，我们看到路口都已经封起来了，当晚跑不到车站了，决定当晚先休息，等到第二天早上再跑。于是就在一个水泥管道里睡着了，两个顽童垫着草睡得正香呢，梦中虚无缥缈的五台山越来越近，猛听到一声"在这儿！"从美梦中被惊醒，随后几道雪亮的手电筒光照在身上，转眼就被牢牢地摁在那儿。最后被一群成人给抓回了楼群。第三次逃亡就这样结束了。这是工业社会所带来的压迫感，让我一直想象着有那样一个独立的社会还存在，它可能是介乎于乡村和城市之间的桃花源。

● 升学愿景

到了初中阶段，正值改革开放的开始。1977年高考恢复，1978年我上初一，整个社会发生了翻天覆地的变化，当工人已然不是未来唯一的选择，很多年轻人开始拼了命准备高考。当时我们子弟中学考上了两个大学生，后来这两个大学生就变成了这个学校的永久纪录，几十年间再也没被改写。那唯一的一次光芒万丈还是因为"文革"的"遗泽"，之前有一个著名的翻译家作为右派被发配到我们中学，这个人姓谢，长得很儒雅，戴金丝边的眼镜，经常穿着格子西装，"文革"时期这副扮相特别扎眼。我小时候觉得这家伙肯定是个坏蛋，跟我们看到电影里的敌人阶级穿的一样啊。学校一搞卫生大扫除，他就拿个手绢捂着鼻子匆匆而过，我印象太深刻了。其实这个人很有才，他是很著名的翻译家，他带出两个学生第一年恢复高考就考上了还不错的大学，两人之中的一个现居加拿大在做翻译工作。谢老师最宝贵的年华都留在了我们那个乏善可陈的工厂子弟中学，除了培养出这两个大学生外，几乎一事无成。

几乎与此同时，中国树立了一个青少年在新时代的学习榜样"神童"宁铂。他小小年纪就上知天文下知地理，他的故事神乎其神地在中国大地上流传着。后来大家都意识到还是要考大学，通过大学能够进入社会更主流的通道里，高考是社会阶层升迁的一个很重要的方式，高考会让人生焕然一新。所以一股新的时代精神蔚然成风，那个时期每天教室里贴的都是励志的标语，可能六七十年代的人都有印象，马克思的金句、牛顿的觉悟、爱因斯坦的豪言壮语开始出现在教室里，最广泛流传的是中国领导人的两句话："学习学习再学习，团结团结再团结"，八十年代是"科学有险阻，苦战能过关"。而我那个时期尚没有

从"文革"的那种互相捉弄的"快乐"生活里出来，所以学习状况很不好，学习变成了一件很痛苦的事情，每天家长被老师告状。倒霉的是，班主任跟我住同一层楼，就住我家隔壁，一见面就跟父母说："你这孩子不听话，今天又闯了祸了！"然后家长恼羞成怒对我轻则一顿训诫，重则一顿暴打，几乎每天面临这样的问题。直到初中三年级自己才从这种环境和状态里挣脱出来，因为我也想改变自己的人生，想通过高考走出这个社区，这座工业城市。经过一番努力，我终于完成了中学学业的逆袭，高考结束后我踏上了北上的列车，出了山海关。

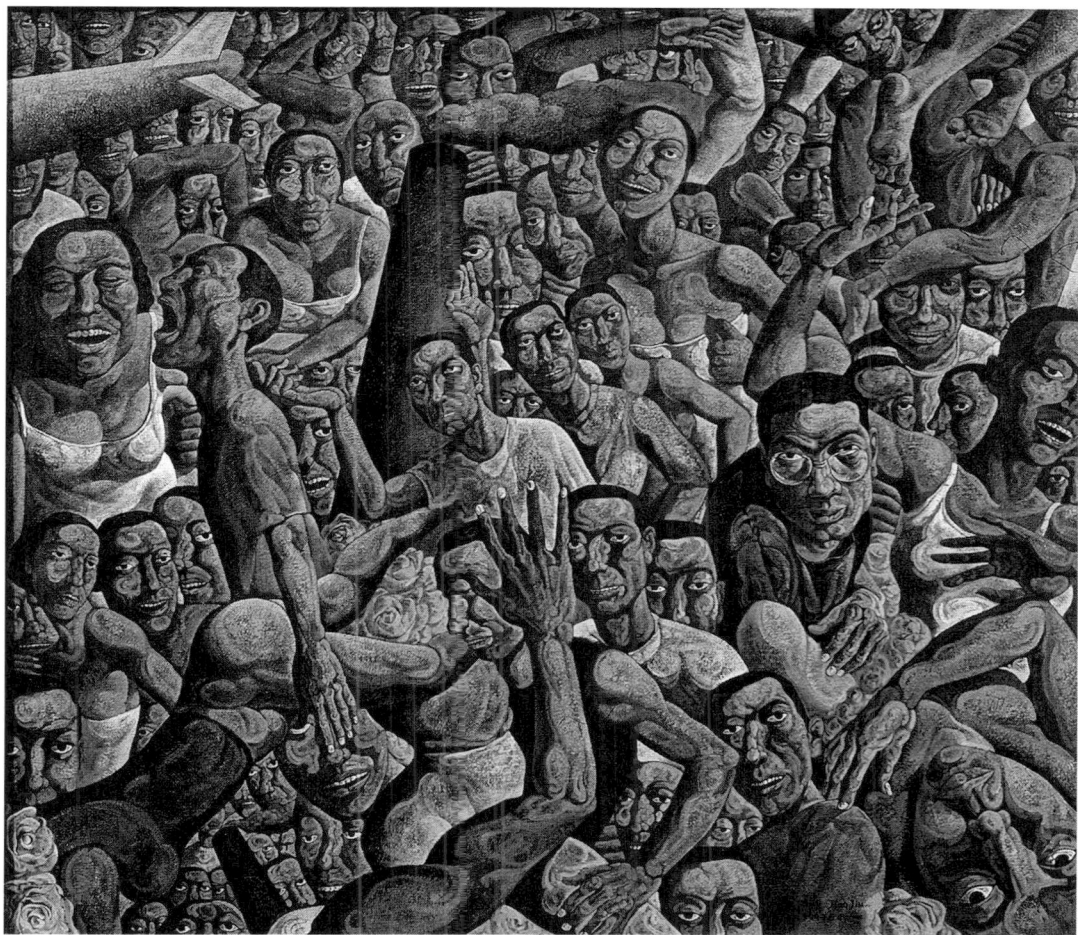

油画《明日海阔天空》，作者：邓箭今

● 职人世相

有很多媒体人和学者、艺术家朋友们给我这本书写了推荐，比如杨澜老师、文学家朱大可先生、导演贾樟柯，他们认为这本书写得非常有价值，是一部中国社会现代化的个人口述史。本书除了描述生动无比的社区生活、国家大事的背景之外，还有一部分内容是刻画那个时候的人，刻画他们的生活方式，刻画他们的表情，刻画他们的言语。我一直觉得除了政治以外，工业文化也深刻地在塑造着那个时代人的品格。虽然他们的职业不同，这是工业分工形成的，但他们的脸上都有共同的表情，这也是时代的烙印。我描述了很多行业，比如技术员、工匠、教师、运动员、卖烧土的等几十种人，还有劳模。现在很多职业都消失了，比如书中提到的"卖烧土"的，他们所贩卖的烧土是一种只有山西才有的黏土，带有白色的筋土，把它和煤掺到一块，能延缓煤的燃烧速度。再比如，那时候的游商都是不遵守国家统购统销政令，利用自留地收获的农产品进城贩卖的农民。这些"不法的投机分子"到工业区来贩卖农作物的时候，都面临着被逮捕和揭发的可能性，因此他们卖货的时候小心翼翼地赔着笑脸，但还是经常被抓起来关在小学的教室里……

"文革"末期，社会上出现了很多民兵这样的准军事组织，这和当时的政治格局有关。民兵是"四人帮"手里一支重要的武装力量，当时操场上基本都不搞体育活动了，每天训练刺杀和爆破等项目。后来，我们的城市终于爆发了一次民兵和警察的冲突，双方动用了步枪、刺刀，警察们吃了亏，于是当时太原的警察罢工并到南京请愿。在相当长的一段时间里，民兵气势汹汹，变成了一个介乎于合法和非法组织之间的协助稳定治安的力量。他们每天晚上会以治安的名义装模作样在最危险的路段设伏，其实主要是在抓青年男女私会。我小时候出于好奇，有时候就跟着民兵在野地里趴一会儿，他们趴在土堆后面假模假式地严阵以待，差不多20分钟就撤走了。还有时候他们训练匍匐中埋雷并爆破雷管，感觉那些蹑手蹑脚的民兵做的可能还不如我，小时候我可是爆破能手，从小就会到军工厂偷来各种各样的东西，再用木炭和硫黄等掺合在一起做炸药、烟花、爆竹……

印象中最深刻的冲突是社区里的孩子们的一次纠纷演化成了家族间的斗殴，我的哥哥和同单元兄弟二人与另一单元的白姓人家打斗，结果伤了那家一个孩子的眼睛。于是那家人到民兵小分队处告状，让民兵们处置这几个少年。当时我正在家里烙饼，一组民兵背着枪进来以后，当着我的面啪一个立正，然后做了一个很标准的姿势，义正词严地把我哥哥带走，拘留了几日。那时这些武装到牙齿的民兵在我心目中也形成了一个特殊的印象。当然还有一些边缘人物，比如流氓、扒手、赌徒、小木匠，等等，其实这些边缘人物也挺重要的，好的作品里，这些人是不可或缺的，历史因他们的存在而变得生动具体，仿佛就在昨天。

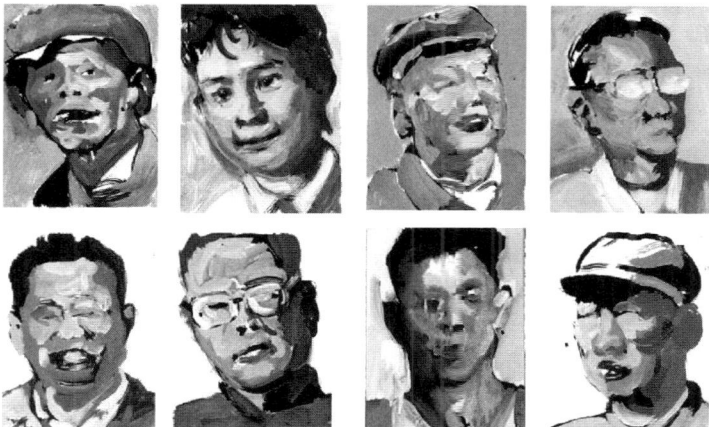

素描《老脸》系列之二，作者：王宁，上　游商、售货员、采购员、放映员；下：文艺工作者、武术大师、运动员．民兵

三、《闹城》空间：建筑积淀与设计美学

刚才我对工业化的思考主要是从一个社区格局来给大家进行描述的，1949 年之后的工业化进程得到了社会主义阵营中老大哥苏联的鼎力支持，不仅有厂房、机械设备、技术培训，还有城市规划和建筑设计。那个时候．在我们的宿舍区里，苏联人帮着盖的就是那种灰砖、大房顶的木构架建筑。隔墙的构造方式使用了 20 世纪 30 年代的木骼栅，抹灰色轻质做法（这是现代主义大师芬兰的阿尔托创造的构造）。这种墙体虽然分隔出了户型，但基本上不隔声．所以每一家都没有什么隐私，一到晚上夫妻吵架听得清清楚楚，要不就是教训孩子时的声声怒斥，每个窗口释放的都是在晃动的暴力剪影。

还有就是我们当时的综合性剧场。建造虽然很粗糙，但形式上中西合璧的意图毫不含糊。它容量三大，像是一个圣殿。现在那高高的台阶上整天排列的都是一张张老人沉默的脸，他们的青春都是在这个地方度过的，眼下都在门口恋恋不舍的。一些年轻人嘲笑他们，称他们"等死队"，他们的生命体和这个空间已经难舍难分了。虽然空间在没落，但在他们心

矿机宿舍家庭缩影，作者：苏丹

矿机工人俱乐部礼堂
摄影：沉睡

中仍有无限的荣光，还是象往常一样释放着光彩。四十多年前的这里，每一场电影和文艺表演都爆满，一票难求。淘气的孩子们为了能混进这个工业娱乐天堂，不断祭出茅招，不惜做假票、钻洞潜入等。逃票的人总受到惩罚，我曾经也被抓过一次，然后被关到一个房子里审了半天，他们问我："你父亲是谁？你这样怎么做社会主义接班人？"其实当时在俱乐部维持治安的这些人全是当地有名的恶棍，但是那人还教育我，怎么做社会主义接班人？这很荒诞。

在那个严肃过度的环境下，当个体压力很大的时候，荒诞让人能摆脱这个沉重且虚空的现实生活，获得一些喘息。这个综合性的剧场实际上它也是个矛盾体，因为它首先是工业化的建造（跟老戏楼不太一样）；现在还是 20 世纪 60 年代的老样子，从来没有重新装修过。模块化的座椅是用那种单曲面多层板，这在当时堪称最现代的装备，也体现了一种工业美学，今天却已经没落成这样了。在我的记忆中，剧场的门厅高大明亮，和想象中的人民大会堂一样壮观，但今天，我发现它已经变得如此局促而憋屈了。在城市化过程中，我们不断地创造出更宏大、更明亮的空间，但是这个老剧场在社区很多人的心目中，依然是辉煌的，充满魅力的。

2019 年我回社区的时候，去看了看那些当年苏联人盖的房子。它们都处于满面尘垢的状态中，好在我出生的那个地方还在，这在我们这个快速城市化的时代实属幸运。每扇窗户里都有故事，我也都能想起来。比如说曾经有一家人，兄弟好几个，其中一个后来在我哥哥的企业里帮过一段时间的忙，我哥哥评价说：这是大企业出来的人，经历过系统训练，很好用。实际上当个工人没那么简单，要经过一定的技能训练才能走上工作岗位，他跟后来的进城务工人员转变而来的合同制

进山中学校门
图片来源：张晨光

工人还真不一样。这家人兄弟中最小的弟弟在幼儿园时跟我是一个班，后来因为我上小学早，他弟弟就比我晚了一级。他弟弟在幼儿园的时候，有一天谎称自己感冒没去上幼儿园，他家里人想的反正是未成年孩子，跟小猫小狗一样锁到家里自己待一天就行。结果他独自在家的时候突发奇想，把家里养的麻雀拿出来泼了点汽油，想烧麻雀吃。这下一点火，一场大火就烧了起来。这孩子顿时手忙脚乱，越扑腾火势越旺，火越烧越大，由于外门都是锁着的，他无法逃生，且屋内烟雾弥漫，他用嘴紧贴着阳台上的门对着阳台喘气，火也已经烧到身后了。后来消防队员破门而入把火扑灭，但这孩子后脑勺被烧坏了，就留了两块秃斑不长头发，最后得名外号"两亩地"。

在那个物质贫乏的时期，人们在努力寻找快乐，通过互相取笑、调侃，或者互设小陷阱，彼此在嘲笑中获得快感。这一点也许跟监狱里差不多，所有的快乐都是靠这些获得的。当然这是工业本身的一种特质，其实福柯所讲的空间跟社会的关系在我的描述里都得到了照应，当然我也是受福柯的启发才这么写的。

在熟人社会里，也有一些大人物叱咤风云，几十年都立于不败之地。比如社区里有绰号"臭疤蛋儿"一个戴帽子的人，快70多岁了依然是社区混混中的王者。记忆中有一次公安人员突袭我家附近，当时我们一伙顽童正在院子里玩，隔壁楼门突然冲出来十几个便衣，中间的他被反剪着两条胳膊，家属在后面哭嚎着、撕扯着，便衣们呵斥着，然后把他五花大绑押进一辆吉普车扬长而去。公审大会和在卡车上挂着牌子游街的时代也常看到他在其中，他到现在还生活在那里，依然保持着"威望"。我回去的时候，一进那社区，大家很快就知道我回来了。很神奇的是，这个庞大的社区像个有机整体，神经遍布全身，对外来的信息敏感，我进入社区大门不出十分钟，离这里一千米以外的人也全都知道了。我才溜达了几步，这个小时候我所敬畏的大哥级人物就骑着一个小电动车过来跟我热烈握手，其实我看到他挺高兴的。后来生活改变了，我从社区挣扎出来就进了阎锡山当年创办的一个历史名校学习，随后一切就步入了正轨，开始按照我计划的梦想逃离。我要上大学，我向往着一种新的生活模式，最后，这个梦想也实现了。

书中好多草图都是我按照记忆描绘的，有一些是专业性的平面图，用以表现空间结构关系。社区空间里的每个区域都由不同功能的场地或建筑予以划分，每个人都有自己的归属。某种意义上来说，物理的空间跟社会是吻合的。但是社会学家有时候描述这个就不那么精准，因为这方面需要较强的甄别能力，需要建筑学知识的支撑。我会精准地描述出整体布局和社会理想的关系，还会精细到为什么医院在那个地方，为什么太平间会放到北部，为什么幼儿园会放到最东侧等这些细节。我觉得一个像广场、操场一样的场所是有多重叙事可能的地方，无数的东西都叠加在上面，民兵训练、公审大会、团体操、运动会……作弊严重

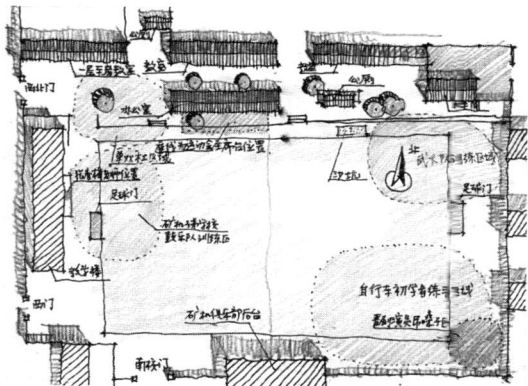

《矿机子弟学校操场平面复原图》，绘制者：苏丹

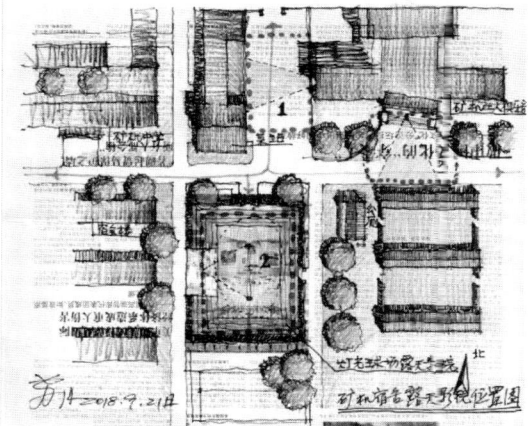

《矿机宿舍露天影院位置图》，绘制者：苏丹

时甚至为了方便监考而命令学生全部坐在操场上考试，一人一个凳子。这是我画的一个叫西马路的地方，是两个厂区的界线，这个界线实际上是两个敌对社区的中立地带，也是提供物质供给的商业街。在对资本主义的清剿最彻底的时候依然有商业，这是生存的要求，最后谁也得网开一面。在这条街上就汇集了资本主义尾巴的残余势力，郊区的农民们把自留地上的物产偷偷带来此地销售。工人阶级、军代表、"臭老九"们都对此表示欢迎，大家睁一只眼闭一只眼在和农民兄弟心照不宣地讨价还价。同时社区里流氓和小偷也蜂拥而至，扒起了农民们的主意，一时间盗抢猖獗，流血事件时有发生。除了小偷小摸，江洋大盗也偶尔光临，那个不起眼的银行储蓄所经常发生盗窃案，每逢案发公安人员就把西马路这个地方围起来，一时间戴着手套的便衣，举着相机的痕检专家进进出出。有意思的是西马路的末端居然有个废品收购站，以收购生活废品的名义大肆收购来路不明的工业用品，其中以铜芯电线最受青睐。这些基本上是孩子们从工厂偷回来的东西，到这个地方就卖了换成钱，然后在商业街买自己想要的美食。

中国的工业化，其实主要目的是强国；为了奠定工业化的基础设施，重工业非常发达，但是中国的轻工业实际上被严重忽视的。太原就是一个重工业军工企业云集的地方，在我的记忆中几乎没有任何历史名城的踪影。满眼都是烟囱和体量巨大的车间。人们在日常生活中朴素、艰苦，追求着那些耐用却不怎么美观的日用工业品，如凤凰、永久、飞鸽牌自行车，上海牌手表，红灯牌收音机。所以我觉得，中国工业化的过程中不缺钙，它缺的是柔软的微量元素。我们在生活中到处都是统一化的影子，从着装到家具，从脸盆到厨具。而且中国的早期工业化中的美学没有完全独立，全部都是农耕文化样式在其上直接地拼贴，于是陈旧的装饰手法在中国工业化的过程中就有了大张旗鼓的用场。我认为"装饰"这个词在西方早就退出历史舞台了，但是在中国却一直延续到今天，一些人甚至还觉得装饰是最正确的一条路。这是因为我们没有经历过更早期的探索，像未来主义、包豪斯这样的艺术运动通过思想的激辩和如火如荼的实践去探讨工业时代下工业美学究竟应该用什么样的一种方法、思维体系、生产方式去产生。中国设计的本质是直接作用于过去的生活。曾经养育

钢铁厂
图片来源：曾力

256

我的那个工业社区从不缺少烟囱和高大的厂房，还有运渣土的大卡车和管道，但是缺少柔软的东西，比如绘画、诗歌、美食和雅致的生活用品。我们能够看到，西方在工业化的过程中诞生了很多跟生活直接相关的文明，每一盏灯、每一个把手里都闪耀着创造性的光芒。

所以说，如果我们反过来看欧洲工业化中的设计美学，确实是历经了最杰出的人类，伟大的艺术家、建筑师、设计师甚至诗人的创造性工作和卓越的表达，共同铸就了这个梦想。因此，在我往返欧洲十几年的过程中，我感到他们的工业城市像米兰、里昂、都灵等，虽然有一丝气息和我们的工业城市相像，但是文化氛围却相去甚远，我觉得这也算是我们历史的缺憾吧。

2020年我们计划有一个重要的展览"设计乌托邦"，5月20日要在清华大学艺术博物馆开展。一共精选了154件作品，它们跨越了1880年到1980年的重要百年，探讨从工业早期设计美学的萌芽到如今（向后现代转型）的这100年间到底发生了什么？意大利方策展人是阿基米亚（Studio Alchimia）的创始人，叫亚历桑德罗（Aessandro Guriero，1943-），老先生今年已经86岁了，我跟他共同策划了这个展览。通过这个展览，我们可以看到早期工业化的过程中，经过中世纪和文艺复兴的触动，随着生产力和科技的解放，新材料开始被大规模地应用。新的美学也呼之欲出，但在现代主义美学诞生之前，有很多人也进行了积极的探索。包括重要的设计师、艺术家、建筑师，比方说高迪、麦金托什、霍夫曼、赖特和里特维尔德（Gerrit Thomas Rietveld，1888-1964）等人。新的艺术形式也出现了，每个地区或国家都有自己的理想和探索代表人物，对未来也有自己的解释，像塔特林（Vladimir Tatlin，1885-1953）的装置，密

斯·凡·德·罗的椅子，等等，但是非常遗憾，由于疫情的反复无常，展期不得不延缓到明年。总而言之，这是一个非常重要的展览，让我们看到了西方工业发展中的人文关怀，它让工业超越了功利化，改善了人居环境。

讲到这里又不免引发了我的另一个思考，在我所生活的工业化时代，当时的欧洲又在做什么呢？有很多柔软的材料被发明创造，很多新的形式涌现了，居所、交通工具、生活道具、服装都充满了对人性的关爱。通过历史的横向对比，在我童年和少年的成长经历中，人文的温度和关爱是最缺乏的。《闹城》表面上是在描写社区中个体和集体、家庭和家庭、个人与社会之间的各种博弈，其实背景是在悄然铺陈一段历史。所以，读这本书大家可以看到三个层次，有表层的现象，有个体生命的经历，还有比较深层的问题。深层的问题是最为残酷的，这是历史在前进过程中新文明替代旧文明的方式，写满了碾压、覆盖、奴役。

其实这几年我做工程设计方面的项目越来越少，写东西越来越多了。从2013年到2017年，我在手机上大概写了200万字，2018年出版了一本微信体与

257

《1001 页：苏丹艺术与设计微言集》，今年出版了《闹城》。同时我已经把 2022 年要出的另外一本书基本上写完了。虽然这不完全是为了给自己的生命一个交代，但是它的确对我当下的生命状态产生了不小的影响。我用书写解决了情感深处一直以来纠结的问题，比如说我和奶奶的情感问题，因为这种从小由别人哺育而导致和生母之间的微妙隔阂，通过书写把这个东西解决了，就像催眠师回到当时的梦境去解决那些问题一样。

对我个人而言，更重要的东西远不在于此，这本书的价值其实在于它是一个人口述历史，比较客观地回顾了中国所经历的工业化和城市化的一个阶段。所以这部书叫《闹城》，因为"闹"在山西的方言里是一个多义字，几乎可以代表一切动词。"闹城"有进行城市化、工业化的喻义，也有喧闹、折腾等很多意思。当它触及不同的描述对象后，则会让人联想到不同的行为。

那么，这本书的写作究竟有什么价值呢？作为历史研究来讲，对于那个时期中国的工业化进程，除了个别做专业历史研究的学者外，比如工业发展史、建筑史、美术史等，作为一种文化视角的整体性研究是缺乏的，文学方面亦很少触及。因此，这本书会在大众的传播中产生一些影响。普通大众不会进行诸如工业到底是什么，中国工业化到底带来了什么东西，我们还存在哪些匮乏等这样深刻的追问，但生动的叙事却可以给我们呈现一个带有问题性的历史画面。而这些恰恰是需要我们今后去解决的。

我计划在未来两三年内把这本书翻译成意大利文，我和意大利的一些出版方、诸多文化学者包括现任的意大利大使，都谈过这个事，他们对此也特别欢迎。1972 年，伟大的导演安东尼奥尼（Michelangelo Antonioni, 1912-2007）来到中国，他用摄像镜头对当时的中国社会进行了扫描，那些拍摄非常客观地记录了当时社会生活的风貌。其实中国那时候特别想表达自己的工业化的决心，以及执政党强大的社会动员力和组织能力。也希望能通过西方记者的视角向世界展现中国人民的劳动热情。所以 1958 年曾请来法国的布列松（Henri Cartier-Bresson, 1908-2004），他所拍摄的就全是劳动场景，比如修水库、开山辟路这类题材的作品。安东尼奥尼也用很平实的角度进行了拍摄：工厂里人在工作，家庭生活中男人在切菜，幼儿园中孩童在玩游戏，操场上民兵在训练……当时的宣传部门让他去河南的红旗渠，结果他拍的却是当地乡村的场景，十分安静，十分寂寞……后来中国有关方面的负责人对此很不满意，认为他是一个怀着恶意来诋毁中国的西方人。那时我还在上小学，就听说高年级的学生在老师的带领下愤怒声讨安东尼奥尼。但是后来，到了九十年代，我看到了这个片子，就觉得特别好，且越看越觉得珍贵无比。进入 21 世纪后，有一次意大利使馆国庆日，我去参加活动，在他们的文化中心看电影，放的就是安东尼奥尼拍摄的《中国》这部作品。

这种客观的记录太可贵了，在今天看来，对历史事实不偏不倚的记录和陈述是最重要的，它给未来的研究者提供了很好的素材。

所以我认为，《闹城》绝不仅仅是一本文学性的长篇叙事散文，它还有社会学研究的意义，而这本书最重要的价值可能就在于它的史学价值，同时我也借此提出了深刻的问题——在文明更迭的过程中，应该如何建构并遵循新的伦理？乡村文化对城市文明的建构曾有这么大的帮助，忍辱负重，但是最终农耕文明的"死相"却是如此难看。这些都是需要去考虑的。概括而言，今天的讲座，主要是围绕着我的书《闹城》，对于工业文明所带来的问题而展开的我的一些个人思考。

第十讲

八千里路云和月
——从米兰世博会中国馆的设计谈起

时间：2015 年 9 月 25 日

地点：清华大学美术学院

课程：『研究生学术与职业素养』系列

10

概要

参与世博会是一种国家行为，每个国家的国家馆都在表现诸多内容，一要体现民族精神，二要具备最先进的理念和技术创新，三要体现新文化表达的可能性。在不同历史时期，一个国家随着国家形态的变化，国际地位的变化，理应改变其对话方式。本讲生动还原了苏丹教授在 2013 年至 2015 年期间带领清华大学美术学院设计团队走过米兰世博会中国馆的设计全程。整个世博历程恰似"八千里路云和月"，其间涵盖了面向自然的感悟，设计方式的超越，以及跨文化合作的经历。

引言：

今天跟大家谈的话题，围绕着我个人一段艰苦而难忘的职业经历，它跨越了从 2013 年到 2015 年间大约两年半的时间。事情演进的主线是 2015 年米兰世博会中国国家馆艰难的建设过程，通过这个事件发展脉络的跌宕起伏，我们既可以看到世界文化、经济格局正在发生的变化，尤其是中国的快速崛起，以及在这个激动人心的过程中，我们每一个人的努力对这个进程的积极影响，进而对整个社会产生的深远影响。

我的演讲题目，套用了岳飞《满江红》诗中的一句话"八千里路云和月"，这其中很有故事，荣耀夹杂着辛酸。首先，这个主题与国家形象塑造的具体历程有关。另外，"八千里路"又是一个漫长的过程，它既是空间的，又是时间的。中国国家馆的建设从时间上来讲，历经了从方案投标到深化设计，再到现场实施的阶段，时间跨度长达两年半之久。从历程的空间维度来讲，是亚洲到欧洲的跨越。北京到米兰接近 9000 公里，也就是 8000 多公里，用这么一句话比较能准确地能概括出这两年多的时间里我个人和我们团队的经历。

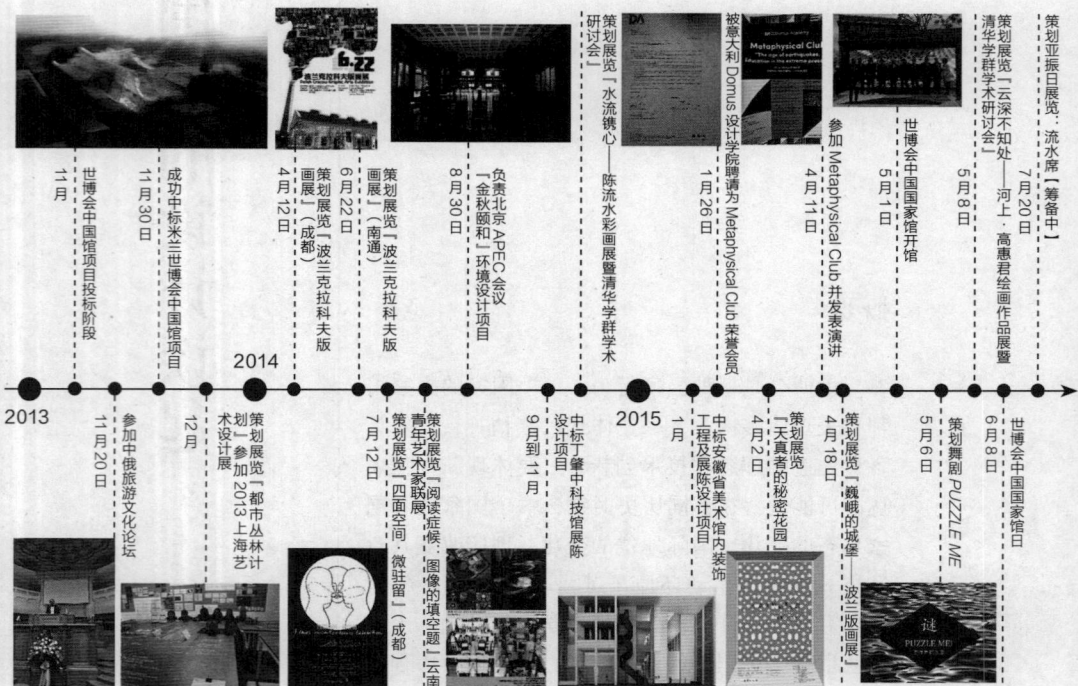

米兰世博会中国馆筹备时间线
图片来源：苏丹工作室

一、关于"世博会"

1 属性与作用

首先，我想做一些基础性的铺垫，跟大家炎一下什么是"世博会"，为什么世博会会引起大家如此的关注。世博会是世界博览会的简称，它是由各国国家政府主办的。目前全世界影响最大的三项重要活动，一是奥运会，二是世界杯，三是世博会。奥运会和世界杯跟人类身体的极限性表现有关，从人类学的角度来讲，我们一直追求更快、更高、更强，这当是我们对自身本体的特殊认知渠道，意义非常重大。但世博会完全是另外一个方向，它和衡量人类智慧以及掌握技术的能力有关，根本作用是在推进文明的进程。世博会是全世界各个国家在这个平台上展示自己伟大创造的盛会，它与科技、艺术有关系。科技是一种生产力，艺术是一种新的语言。到目前为止，世博会已经举办了 160 多年，它是自工业文明开始以来，一直延续不断的活动。这个活动对人类文明的进程由农耕时期进入工业时期，由农业社会进入现代社会，又从现代社会展望未来，展望一个即将进入现代主义之后的社会至关重要。世博会的历史证明了它对整个世界的发展进程极为重要，所以当时法国一度想把这个活动永久性地留在巴黎，因为当时整个欧洲认为，世博会的影响足以帮助一个国家确立它在世界上的地位。

世博会有什么作用呢？第一，它是一个科技的盛会。人类当下最重要、最伟大的发明和创造几乎都要在这个平台上进行展示和推广。第二，它是一个商贸的盛会。人类把发明、创造转化成社会的福利、财富以及解决问题的能力，要通过这样一个宽广的平台来进行接洽、交易。第三，它是一个艺术的盛会。它创造了新的形式，用新的形式来阐释未来人类的情感表达。第四，它本身是

世博会的四大特征
图片来源：苏丹工作室

一个精彩纷呈的重大活动。它历时半年时间，届时整个园区乃至整个城市将会沸腾，世界各地的人们都会涌到这里来，分享这活力四射的创新盛世，进而刺激该城市的发展，并留下丰富的文化遗产。

2　建筑与文化

我们可以看到，从创办至今，世博会的历史也给人类留下很多重要的印证，也就是那些伟大的建造。建筑不仅是一个载体，承载着世博会内容，更多时候它本身是一种集观念和技术于一体的表达。这时它就成为一个纪念碑，富有创造力的建筑堪称一座座不朽的丰碑。1851年，第一届世博会在英国伦敦举办。我们知道英国是工业文明的发祥地，工业文明的标志是蒸汽机的发明，第一届世博会，伦敦就将一个崭新的建筑奉献给世界，令人耳目一新。这是一个完全用钢和玻璃建造的建筑，它是未来的，告诉人们未来的各种可能。一个晶莹透明的宫殿为我们展示出，未来的建筑可以和自然这么通透地进行融合，阳光可以通透无阻地射入，植物可以在其间生长，野花可以在建筑中开放。1929年，另一个重要建筑在巴塞罗那亮相了，这是由伟大的建筑师密斯·凡·德·罗所设计的。该建筑标志着一种新的生产力和新的美学价值观开始呈现，它极度简洁，是抽象艺术和新建筑的融合，代表了一种新的精神；1967年在加拿大的蒙特利尔世博会上，富有激情和想象力的建筑师富勒展示了他的建造思想，通过一个特别的构造，创造了一种新的球形节点，这个节点可以让建造无限延伸，当它延伸到足够大的时候，人类的建造物可以飘浮在空中。它标志着人类开始思考另外一种生存的方式，即超越在土地上生存的传统方式，将来有可能在太空中生存。2000年在德国汉诺威揭开了世博会发展历史中新的一幕，世博会沉寂了一段时间以后又给我们提出了新的命题——"可持续发展"。在这一届世博会上，很多重要的建筑都开始探索绿色与生态。获得了普利兹克奖的日本建筑师坂茂（Shigeru Ban, 1957–）用纸做的建筑，既反映了东方的美学，同时体现了日本独特的建筑类型，在那个地震多发的国家，他希望用最轻的东西来进行建造。

同时，在文化方面世博会也功不可没，它通过建造应用和推广世界新的技术成就并探讨美学的发展，从而引起了广泛的文化争论。1889年，巴黎世博会的埃菲尔铁塔引起了巨大的争议，当时很多文学家、政治家、艺术家反对该建筑，但最终该建筑证明了一种新的美学观正在诞生，可谓势不可挡。1958年在比利时布鲁塞尔，人们建造了一个原子塔，开始讨论如何和平利用核能。过去，核能是作为武器用于人类互相杀戮而创造发明的，但1958年开始讨论核能如何为人类的幸福谋取福利，这一届的主题通过世博展开了一个新的篇章。下面让我们来回顾一下160多年以来世博会上内容的精彩纷呈，不难发现，人类最优秀、最重要的发明创造都是通过世博会这个平台来展示的。1851年，首届博览会出现了左轮手枪、自动链式精纺机以及大功率蒸汽机；1970年，美国展示了一块月亮上的石头，因为那时美国已经完成登月，开始向全世界炫耀他们科技能力。总之，160多年以来，世博会始终在回答人类文明中面临的重大课题，直面人类社会不同历史发展阶段的矛盾与困境。人类取得进步是因为问题存在，然后我们开始通过思考，身体力行去寻找解决问题的方法，这是进步的根本动力。通过回顾历届世博会的发展脉络，我们开始总结经验，这是创新的基础。

3　中国与世博

我认为我们的国家今非昔比，已然是一个崛起中的强国。在米兰世博会上，我希望在充分展示自身科技成就的同时，也展示新时期国家的文化生态以及海纳百川的雄心。世博会以国家的名义进行组织，国家馆建筑的形象和某种承载的内容客观反映着每个国家当下的状况。在我看来，这些内容大致包括三点：第一，要表现国家的精神气质，多以民族性的符号特征来表现；第二，要有先进的理念和技术创新；第三，要展示一种新的文化态度，创造一种新的艺术语言。中国从 1862 年开始参加世博会，一直扮演着保守的角色。清代末期仍处于封闭自大的状态之中，当壁垒突然被西方攻陷以后，仁人志士开始思考自身为什么落后并开始介入国际交流。从清政府到民国政府、中华人民共和国，不同阶段参与世博的各种方式上来看，我们一直摆脱不了受制于使用一个非常明显的中国符号来表达自身的思维局限，固执地使用中国的古建形式来表达中华民族的特征。这种思维模式一直持续到 2010 年，2010 年世博会终于在中国本土进行，当时中国政府在上海世博会投入了巨大的人力、物力，建造了一个规模史无前例的国家馆。这个国家馆单体建筑大概投了 100 个亿，它的建筑设计是由华南理工大学的何镜堂院士领衔，展陈设计则是由中央美院和中国美术学院来共同设计完成的。这次中国馆的设计试图突破以往的陈旧套路，呈现出新时期全新的中国国家形象。国家馆建完以后，在设计界也经受了很多诟病：首先，一些人质疑在新时代是否还需要如此斥巨资不计成本地费力建造一个代表国家形象的建筑；其次，专业领域的一些人士指出这个国家馆主体与 1992 年安藤忠雄在塞维利亚做的世博会日本馆相似，亦涉嫌抄袭。此外，有人认为该建筑带有民粹主义和民族主义的浓重色彩。

二、"中国馆"之旅

1 米兰机缘："八千里路"

接下来，我开始分享本次米兰世博会中国馆的建造经历。从北京飞米兰的距离，从东向西6个小时的时差，夏天7小时时差。我罗列了一下在2013—2015年的时间段内，我不停地围绕着这根横贯亚欧的空间轴线，在北京和米兰做的各种各样的活动。实际上这根轴线上丰富多彩的人和事，是我的人生在一个特殊阶段的工作和生存状态的镜像，这种状态在2015年间达到了高峰，一年之内我在米兰和北京之间飞了10趟。到该年6月8日之前，我基本上都是半个月在北京工作，半个月在米兰工作。在米兰处理完工地上的事情以后，我就回到北京处理学校的事，处理完再飞回米兰，基本上就是这样来来回回折腾，当时压力非常大。往前追溯，实际上我是从2006年开始开启意大利文化艺术交流之旅的。2006年我带着学生参加米兰家具卫星沙龙展，当时主委会邀请我组队参加全球高校的板块，希望我们的作品带有比较明确的中国文化符号。2006—2010年，我基本上每年都要在米兰做一个小展览，那时候中国的设计师来往米兰不像今天这般频繁，当时设计周期间唯一能在米兰大街上看到的中文海报就是我们的活动宣传。

但在那个时期，我们也存在一个现实的困境。米兰的住房、酒店、展场租金都很高，比如说租一个30平方米的空间作展厅，10天左右的租金要20万元人民币，这还只是普通的外围展。后来我想，实际上资本的介入和米兰展的商业化变成了一个障碍，对于设计师的自由表达形成了一个门槛，所以2011年时我换了一个方式，开始将我们虚构的展览做在虚拟空间中。而且当时我想，既然是虚拟的，那就来点大动作吧（这一点

虚拟美术馆展览现场，2011年4月
图片来源：苏丹工作室

虚拟美术馆布展现场，2011 年 4 月
图片来源：苏丹工作室

受电影《盗梦空间》的影响），于是我选择了三个在米兰较为敏感的空间。这个虚拟美术馆即我和学生拖着的四个箱子，每个箱子里都有一个展览。这下就轻松了很多，我们一行拖着几只行李箱在米兰大街辗转，哪里热闹就去哪里，然后在街边打开箱子展示。展览的重点位置，一是设计三年展的门口，二是托尔图纳（Tortona）大街的广场附近，以及哥伦布大街即奢侈品大街。其中有一个箱子里的展览是关于森皮奥内公园（Parco Sempione）中的一块场地，假设了一个关于2015年世博会推广的展厅设计项目。2011年时也没想到之后的两年我会参与此事，并且在2015年世博会负责策划建造国家馆。结果在2013年的时候，机会真的来了，我认为冥冥之中还是有一种命运的安排，此生注定与米兰这个城市有缘。2011年8月，国务院批示同意中国参加2015年意大利米兰世博会。2011年9月，中国正式确认参加米兰世博会。当时中国贸促会的领导向意大利的驻华大使递交了确认文件，而且组织的形式是以中国国家贸促会为主体，由贸促会和农业部、外交部、财政部四个部协同工作，共同参加这次世博。2012年11月，世博会总体规划已经完成，当时中国认领了一块

4590平方米的场地，该场地规模上是在整个园区里除了意大利馆以外排在第二位的地块，位置非常好。

"滋养地球：生命的能源"（Feeding the planet, energy for life）

—— 2015年米兰世博会主题

此外还想与大家分享其间达成的一个与我们息息相关的事件。2013年4月米兰设计周期间，我在意大利的米兰新美术学院和多莫斯设计学院做了一个关于我们学院的群展"个体与群体"。同时我在多莫斯设计学院做了一场大约半个小时的小演讲。通过这一系列活动，也和这两个学院建立了友好关系。在此之前，我一直和米兰理工有所交流，同时我建议设立清华大学和米兰理工大学双学位"2+1"的项目，并于不久之后促成了现在清华大学美术学院的双硕士项目，可以三年拿两个学位，意大利米兰理工大学的学生在三年内也可以拿两个学位，一个是米兰理工的，另一个是清华美院的。2013年，我开始正式和这两个比较新的学院发展了合作关系，进一步拓展中意设计教育交流的范围。

清华大学世博设计研究中心成立，2014年2月25日
图片来源：清华大学官网

2 征备苦旅："希望田野"

同时，也是在 2013 年 4 月，中国政府确定了米兰世博会参展的主题——"希望的田野、生命的源泉"。我们都知道 20 世纪 80 年代有一首歌《希望的田野上》曾响彻中国大地，此番《希望的田野》再次奏响，却寓意着这块土地上新的故事和新的期望。2013 年的 4—11 月，官方展开了方案的征集和评审，即投标过程。开始参加投标的过程艰苦而漫长。我作为该项目的负责人，组织清华大学美术美院一共 5 个系的师生共同参加了那艰苦的角逐。在 5 月的第一次竞赛里，我们获得了第一。后来贸促会说这一轮先让大家热身，还要再做一轮更大范围的方案比选。8 月时我们又做了一轮，这段时间是一个漫长修改方案的过程。同时我还做了一些其他工作，比如说 2013 年 11 月在俄罗斯的圣彼得堡进行的中俄旅游文化论坛。从俄罗斯回来以后，我们正式确认已经赢得了竞赛。这个过程非常复杂、激烈。第一轮是 14 个单位，第二轮是 9 个单位，都是国内外比较重要的设计机构，最后我们获得了中国国家馆的设计任务。而且这次设计任务涵盖了米兰世博会国家馆全方位的内容，中标的内容包括建筑设计、展览设计、室内设计、多媒体设计、景观设计、设施设计、影像脚本、标志设计、吉祥物设计，还有 VI，等等，清华美院可谓大获全胜。像 2008 年奥运会，2010 年的上海世博会，实际上当时中央美院、中国美院等获得了更多的荣誉，但在走出国门的 2015 年的这一次，清华基本上拿下了整体性的设计任务。

于是，自 2013 年底开始，我们着手筹备进行中国馆的设计和建造。我记得当时在国家贸促会反复开各种会议，贸促会的领导要我们做好准备，据说上次世博会从开头的方案到最后确定方案的过程经过了 48 个来回。我们表示做好了准备，表明决心甚至可以做 49 回。实际上，我们深知必须经历这个历程，因为反复的次数已经被当下的各级领导们认定是量变到质变的必然环节。2014 年，由贸促会授权清华大学世博会研究中心成立，以此作为将来中国服务于世博会的中国国家形象塑造方面工作的唯一中心。同时，贸促会和清华大学签署了正式文件和委托合同，而那一天正好是我的生日。

2014 年 3 月，米兰世博会中国馆的方案开始正式向媒体发布。接下来，艰苦的工作开始了，这是非常难熬的一段历程，既考验着我们的技术能力、专业协调能力，同时又考验着我们的艺术创作水准。当时大家都没有节假日，五一长假都在工作。可以说从 2014 年到 2015 年，除了春节我基本上没有休过假，所有长假都是在往返米兰和北京的路上，要么就是在单位加班。

为什么说这次国家馆的任务是一次重大的挑战呢？因为这是中国从 1862 年参加世博会以来第一次自主建馆，过去都是租用别人已建成场馆中的一块场地。现在在国家强大了，希望通过自己的建造，完成一个独特的建筑形象来创新性地展示国家的实力和形象。这意义非同

苏丹应中华人民共和国文化部邀请，参加中俄两国文化部在俄罗斯圣彼得堡举办的"中俄旅游文化论坛"，
并发表演讲"中国当代创意产业的计划与实践"，2013 年 11 月 20 日

图片来源：苏丹

世博会中国馆项目投标阶段方案讨论，2013年4—11月
图片来源：苏丹工作室

小可，但也面临着更多的挑战。首先从时间方面而言，按照要求在2015年5月世博园开园时，园内所有建筑和展览全部要完成，但是2014年5月我们还在开会讨论方案，和贸促会、外交部、农业部的领导汇报方案。这个过程一波三折。有些话没有时间展开说，实际上甚至可以说是非常惊险。2014年6月，只剩下10个月时间了，还要画建筑施工图，进行颇具挑战性的结构计算以及电气设计、幕墙设计、室内设计、展陈设计，这些东西都在进行且环环相扣，可以说是牵一发而动全身。最终，我们向领导小组组长汪洋副总理进行整体方案汇报，汇报当天我陪大学的两位校长走进了戒备森严的中南海。汪总理听取了各部委的汇报，各部委一致赞扬清华的方案做得好，工作态度认真，但汪总理也提出了很多问题来。我们当时一算，时间很紧张，后来想尽各种办法，不计成本地修改，保证建筑的结构不做修改继续往下进行。

APEC 会议"金秋颐和"环境设计项目，2014 年 9—11 月
图片来源：苏丹工作室

世博会中国馆筹备阶段，2014 年 4 月
图片来源：苏丹工作室

在多莫斯设计学院讨论舞剧 *Puzzle Me* 方案，2015 年 1 月 14 日
摄影：苏丹

3 建造羁旅："意式进度"

中国馆便是这样阶段艰难地一点一点往前推进着。2014年9—11月又赶上APEC会议。在此期间，我又接收到了APEC主委会的委托，作为艺术顾问负责北京怀柔雁栖岛里所有艺术品的选择和陈列，用艺术品来传递、解释中国文化。同时我主持了该届APEC会议中重要的活动之一"金秋颐和"的环境设计，获得各方面的好评。2015年1月，清华大学相关领导对世博会设计组织小组提出了更多的要求，校领导认为除了作为一个设计单位推广中国国家馆的设计之外，还要利用这个平台在里边开展一些具有影响力的活动。早在2013年的巴黎，我曾偶遇中国的青年舞蹈演员姜洋，当时大家有意要合作一场现代芭蕾舞，这个计划慢慢在酝酿，此时，我觉得启动这个计划倒是比较恰当。于是决定筹划一场现代芭蕾舞剧，这个计划2015年1月开始正式实施。在多莫斯设计学院开会时，我表示想通过这场舞剧来解释中国当代文化状态。参会人员包括米兰乃至意大利最重要的舞剧制作人、艺术活动策划、威尼斯电影节家族、时尚先锋教授、顶级服装设计师和斯卡拉歌剧院顶级舞美大师等。我们在一起讨论了舞剧的名称和主题。

当时中国国家馆已经展开了建设，但是1月15日还没有做完主体结构，令人颇为紧张。因为在意大利建造跟在中国不一样，像世博会这样重要的国际活动，在中国建造所有的机构会有特许，为建造开很多绿灯。但在意大利所有的东西都要合法合规地慢慢来，那一道一道的程序十分从容、淡定和缓慢，图纸一审就是一个月。做一些调整之后再交上去审查又是一个月。进到现场以后，施工手续办起来也非常复杂。这么一个慢条斯理的国家好像从来没有特事特办一说。因此，直至2015年1月中旬，工地上还是很冷清，只有两个十五届世博会的大标志，旁边中国馆的建筑只是主体曲梁刚刚装完。我一看现场就屈指可数20个工人，心里不免阵阵发凉。总包公司是中国的，但意大利合作方是一个有历史的建造企业Bodino公司。离开幕只剩3个多月了，当时工地上几乎看不到工人，这在中国是不可想象的，我们司空见惯的场景基本上是人头攒动，万众一心建造重大工程。在这之前，我们便一直压力很大，因为国家贸促会和农业部过去都只是在做展览，从来没有过现场建造经验，跟商务部不一样，商务部还有大量援外的建筑经验。而建造的法律程序要比展览多得多，在此之前，每个月我会写纪要提醒他们注意进度，督促、提醒他们去办理各种手续。

与此同时，中国的万科馆基本上封顶了，当时它是整个世博园里最早完成的一个场馆。但是大家知道万科资力雄厚，商业模式也较为简单，不需要报备国务院。其依靠高效的商业运作邀请了做犹太人纪念馆的重量级建筑师丹尼尔·里伯斯金。它的面积只是中国国家馆的四分之一，总造价却是中国国家馆的两倍，即他们用2个亿建造1000平方米，而中国国家馆是1.1个亿建造4000平方米。我们当时面临的实际情况是资金短缺、工期紧张、经验不足，以及国际法律法规

苏丹于米兰世博会中国馆施工现场检查施工细节，2015年1月15日

图片来源：苏丹

考察制造商Bodino，2015年1月16日

图片来源：苏丹

之间的障碍。俗话说，巧妇难为无米之炊，你既要很好地表达出国家的新形象，又面临着诸多困难，同时进度迟缓。如果建造不完，中国将在全世界面前出丑。当时万科馆建完以后，意大利报纸写道："中国人的建造速度很快，完成了世博会园区里的第一个馆。"但他们无法理解我们的焦虑。

当时我在都灵总包公司的仓库里看到从中国空运过来的构架，因为时间紧张，有些构架都来不及海运，而是直接空运，因此成本加大了很多。但由于工程管理经验的不足，做屋顶的竹板构件也出了很多管理纰漏，原先写在其上的编号全乱了。大家知道中国馆的屋顶是这次世博园所有的建筑里面最复杂的一个屋顶，它的设计方法是用参数化设置来做的，一共有1054块屋面竹板，每一块板的重量是60千克，但基本上每块的尺寸和形状都不一样，共有254种规格，编号一错则会直接影响施工和安装。当时的加工方没有经验，在喷漆的时候，把印在其上的编号给遮上了，后来没办法，又对着图纸重新编号。意大利的建筑工业化有较长的历史，所以高度成熟，因此建造在现场看不到太多，建筑构件几乎全都是在周围的工厂里制作的，然后再去

275

现场安装，所以一旦进入安装阶段也是很快的。
当然，Bodino 公司在讨论建筑的细节时，也对
清华团队的工作给予了高度的肯定。3 月，工地
上的人和机器明显增加了。其中有一点我觉得很
有意思，在米兰你会看到一个建筑工地上，机器
的种类特别多，有些是很小型的机器。在工业化
的国家，制造不是一个泥瓦匠和木工的概念，而
是机器建造或工业制造的概念。到 3 月的时候，
主体结构安装完毕，木梁也开始安装，屋顶的面
墙也开始做了，选择的是非常轻的新型材料。因
为我们的屋顶象征着麦浪滚滚，是一个波浪形的
建造，所以起伏很大，安装很难。屋顶是一个
技术难度很大的工作，当时用的工人都是德国
人，而且全部是登山运动员，每一个人的体重大
概都在 100 千克，非常强悍。每一块屋面 60 千
克，三个人要上去操控它，安装三个支点，是一
种身体与劳动的对抗。这个时候，工地上基本有
50 多个人在干活了，但还没有达到我们期望的
那种状态。

这时，我们开始把工作的重点转移到展览方面。
实际上展览和展品也已经开始制作了，帮着做展
台、做油漆的意大利工厂、公司都是家族企业，
有些是上百年的公司。专门做漆的公司里会有资
深的化学工程师来配合他们研制各种出不同效果
的漆，其中体现了很多创造性。3 月 16 日，我
应邀到都灵大学做了一场演讲，以此推广中国馆。
这次讲座是公开性的，面向整个都灵的市民，题
目为《大屋顶—— 一种中国文化特殊的表达方
式》。讲座是在亚洲博物馆里面进行的，都灵的
市民在讲座之后，质疑世博会中国馆这次能否建
完，我说："这次施工的主体是意大利工人，意
大利人做事不紧不慢，不像中国人，中国人到了
这个时候，不顾一切也会把这个事情做完。而意
大利人该抽烟的抽烟，该喝咖啡的喝咖啡，不影
响他的正常生活，也不加班，周六日工地上肯定

米兰世博会中国馆施工现场，2015 年 3 月 12 日
摄影：苏丹

276

舞剧 *Puzzle Me* 排练现场，2015 年 3 月 24 日
摄影：苏丹

没人"，但是一位在场的都灵市民马上反驳说："我们不能牺牲掉自己的生活方式。"

3 月底时，我继续推进舞剧。这一次从全世界招募了 11 位演员，这 11 位演员来自美国、英国、法国、西班牙、意大利、乌克兰、阿根廷、巴西、菲律宾等多个国家最重要芭蕾舞团的首席，之后他们便聚到米兰一起在米兰国家大剧院里面进行排演，服装设计和舞美设计亦同时进行；4 月，离世博会开幕不到一个月时，看得出意大利官方是真急了，但国民却一点都不急。复活节前我从国内再次赶回米兰，下飞机后我直接得到了贸促会方面的消息：要求工人复活节期间必须加班。我半信半疑地去工地看了看，结果看到工地上一个人都没有，工人们、工程师们、监理们全在休复活节假期。即使就剩一个月的工期了，工地里的室内装修工程还是没有完成，展览就更不用说了，大家还在慢悠悠地休假。无奈之下我只好利用复活节假期飞到莱切，去当地美术学院考察他们文物和艺术品修复专业，以免浪费时间。

苏丹（下排左一）、姜洋（下排左三）、苗苒（下排右一）与舞剧 *Puzzle Me* 舞蹈演员于排练现场，2015 年 3 月 24 日
图片来源：苏丹

4 收尾逆旅："风潇雨晦"

我清楚地记得复活节假期一结束，即 4 月 7 日一大早，我便回到了工地。但是这时工地上一片混乱。业主单位组织各方开现场会，一个集装箱改建的工棚里面坐了 20 多人，凳子都摆不下了，为什么？因为中国国家馆出事了。

3 月主体结构做完开始做面墙，4 月的时候开始做竹板安装，竹板是面墙之上的一个便于遮阳，而且形式特殊的设计。竹板做到一半的时候，进入雨季，开始下雨，结果令我一直担忧的屋顶开始漏水，外边下大雨，里边下小雨，中国馆当时的情况是共有 50 多个漏点在漏水，着实让人着急。但这并非建筑构造的问题，而是意大利的总包方擅自变更了屋顶面层的材料，变更时签署了保证不漏水的文件，所以一旦漏水他们负全责。但即使是这样，这时首要的工作也不是推卸责任，而是要想尽办法解决屋顶漏水，否则国家馆将因为漏水在全世界面前尽失颜面。

工作人员紧急讨论解决屋面渗水方案，2015 年 4 月 7 日
摄影：苏丹

我们的当务之急第一是抢时间，第二是保质量。4 月 7 日，意大利的总包方，中国的总包方、分包方（意大利的材料商）、监理方、贸促会、设计方都挤在这个狭小的空间开会讨论漏水原因。其实当时这个方案刚做完的时候，我提醒过负责建筑设计的老师，让他注意漏水的问题。因为屋面很大，天沟长达 70 米，如果没有内排水，它漏水的可能性就很大。但当时大家也没把它作为一个很重要的问题去关注，结果工程快结束的时候真的漏水了。当时大家一筹莫展，各种土方法都上了，包括中国有经验的工头也从天津飞过来出各种主意。后来我说："这时候不要提出具体意见，只提要求就行，因为施工方是意大利人，我们应该坚持要求他们最终交付时不漏水，让他们用自己的方式来解决。如果他们实在解决不了，

Arts & Foods: Rituals Since 1851 展览由杰尔马诺·切兰特（Germano Celant）策划，2015 年 4 月 9 日—11 月 1 日在米兰三年展上展出

摄影：苏丹

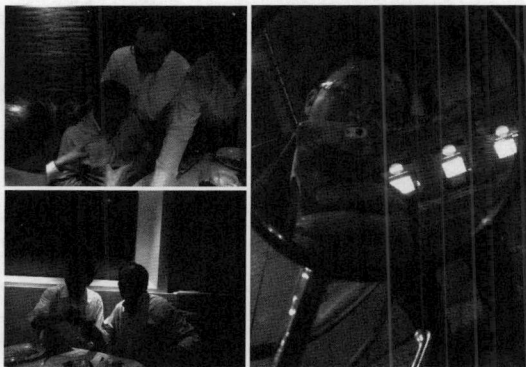

米兰悦宾酒家，2015 年 4 月 9 日
摄影：苏丹

再用我们的办法。"这一是因为主体责任的问题，二是因为中国的经验未必适合意大利。最后大家用尽了各种方法，把都快铺完的建筑屋顶全部拆掉重新做防水。但做完以后 50 个漏点减少到了 20 个漏点，还是不行，又再重新试，大晴天里工人们拿水龙头浇水后找着漏点再进行处理。

到了 4 月 8 日，米兰世博会的好多开幕活动已经陆陆续续开始了，其中有一个艺术展览名为 Art & Foods，这是普拉达基金会和三年展设计博物馆合作的一个项目，应该说这个展览是这一年整个米兰艺术和设计界最精彩的一个艺术展。

与此同时，当开幕氛围越来越浓烈的时候，我们也越来越担心中国馆的进度问题。4 月 9 日，在米兰一个很有口碑的中餐馆悦宾酒家，中国贸促会的领导摆了一场鸿门宴，让建设方、总包方、分包方、材料商、监理方、设计方都聚在一起。他一共摆了三桌酒席，而每一桌一半是中国人，另一半是意大利人。因为工地现场又遇到了始料未及的问题，意大利现行的法律法规不让中国人进到场地干活，大批中国工人进到工地之后却发现中国工人稍微一动意方总包就马上有人出来制止。如果不听劝阻继续干活，警察、移民局甚至会去宾馆查，因为没有得到工作许可就在这里干活，相当于抢他们的饭碗，这有其相关法律保护。更有意思的是，当时中国馆里边有一个剧场，中国来了一批工人做这个剧场，签证都办完了过来之后却不让动工。于是中国人耍小聪明，等晚上意大利工人下班回去休息了，进去一帮中国人学雷锋一样帮着意大利人把活全干完了。结果第二天，意大利人一来就全部拆掉了，说是不符合技术规范，等于又白费了一遍劲，反而耽误了时间。因此，当时贸促会希望通过这一场鸿门宴来解决问题，通过中国的酒文化来沟通双方感情，以便之后让大家能适度灵活地把握政策，相互配合。

两三轮酒下去以后，这些老外红头涨脸开始跟我们称兄道弟、勾肩搭背，甚是开心。中国的酒文化"腐蚀性"的确挺厉害，一下子能把双方关系拉得很近。乘着大家热情高涨的势头，贸促会的领导扯着嗓子问道："我们 4 月 27 日能不能完工？"意大利人异口同声地说："没问题！"后面总包方再一次提议道："我们 25 日争取完工！怎么样？"又喝了两杯酒后大家众志成城地表态："20 日完成！"……其实都在说大话，第二天早上去工地以后发现昨晚吹牛的人都不见了人影，一问才知道全躺在家里起不来，可见中国白酒的杀伤力的确很强。

讲到这里我再分享一段四月的小插曲，4 月 11 日，"形而上俱乐部"开展了本年度第一次活动，主题是讨论未来教育的相关问题，来自全球的学者聚集在多莫斯设计学院奉献着自己的思想。该俱乐部第一次面向社会和媒体，这次学术活动的方式从阅读开始，涵盖了自工业革命开始影响世界设计历史的一些读物，其中也有我出版的一本书。那天我做了一场一个半小时的报告，谈未来设计中的环境意识。在意大利开讲座能有这么多人也不容易，这里和中国学术活动中存在的客套完全不一样，同时他们也比较挑剔，听得不高兴就可以随意走掉。4 月 17 日，我又赶到佛罗伦萨拜访了两位重要人物。一位是佛罗伦萨城市艺术总监赛吉奥。中午又拜见了艺术理论界泰斗级的人物路易吉·达兹（Pier Luigi Tazzi），这两位都是欧洲最重要的策展人和评论家。我们约在佛罗伦萨的一个广场，赛吉奥姗姗来迟，之后介绍人跟他讲："这是中国国家馆的设计负责人"，他听完以后马上肃然起敬，他说："我们非常期待这个馆，也非常喜欢这个馆。"这给我增加了一些信心，这体现出我们的设计语言是非常国际化的，已经有了非常好的舆论基础。

苏丹于"形而上俱乐部"做主题报告，2015 年 4 月 11 日
图片来源：苏丹

策展人赛吉奥（中），佛罗伦萨，2015 年 4 月 17 日
图片来源：苏丹

评论家路易吉·达兹（中），佛罗伦萨，2015 年 4 月 17 日
图片来源：苏丹

开馆前夕，接受电视台以及新华社米兰首席记者宋建的专访，
2015 年 4 月 30 日
图片来源：苏丹

至 4 月 30 日，中国国家馆经过最后一段"奋不顾身"的努力，已经万事俱备，马上要开馆了。意大利国家电视台在米兰世博之门对我做了一个现场的访问，同时节目中还有观众互动。因为当天全米兰的出租车司机大罢工，我 10 点钟还要赶到多莫斯设计学院接受关于舞剧的采访，所以在这个地方我回答了几个问题就走了。挺巧挺有意思的一点是，我左侧站了一位中年人，采访完我以后，刚好就采访他，他说："我反对世博！"这真是一点面子都不给啊。其实，在米兰一直有反对世博的声音，甚至出现了敌对的阵营和网站。这种反对声音到 5 月 1 日时达到了高潮，当天下午城市部分地区开始陷入骚乱。当时有示威者爬上世博之门贴标语、燃放烟火、涂鸦、打砸抢、焚烧轮胎等。其实在世博之前，伴随着世博申办下来，意大利一直有反对呼声。他们说意大利的世博组织和黑手党勾结，同时对于这次世博的赞助商，比如可口可乐和麦当劳等品牌的加入也提出了质疑："这一届的世博主题是粮食和食品，我们为什么请一个食品最不健康的公司来赞助该活动呢？"此外，城中还出现了很多涂鸦和反对世博的宣传标语，甚至一些比较极端的群体还有专门的网页，以便在每次游行的时候召集队员，制定游行的口号和线路。

5 开馆大吉："雨过天晴"

终于到了 5 月 1 日，世博园开园，中国国家馆开馆，凝结着我们两年多来心血的建筑终于亮相。我们的屋顶真的非常漂亮，像金色的麦浪一样翻滚，全欧洲，乃至全世界的媒体都对中国馆进行了报道。他们认为中国用了一种新的文化态度来表达自己，前所未有。这个建筑做得很轻、很民族、很现代，设计的方法不再是过去传统的方法，而是与时俱进地使用了参数化的设计，结构设计也使用了参数化计算方法，因此，它生成的空间很生动，赢得了诸多媒体赞誉。开幕式很简短，但是说实话我当时也很揪心，因为那天是阴天，我一直在担心屋顶漏雨，当主持人说"现在我宣布中国国家馆开幕！"现场一片掌声，然后大家在大使、贸促会领导和米兰市长的率领之下，步入了中国国家馆，与此同时天就开始下雨，我站在外边心里一阵紧张，暗自祈祷那经过反复修整的屋顶此时千万不要漏雨。后来听说当时仍然有两个点在漏，但实在找不着漏点。最后总包方提前做了准备，用临时安装的水槽把水接着以后引到隐蔽的地方了。所以当时大家谁也没注意到漏雨，如果首批参观者真要是看到漏雨的窘况，媒体再拿这一点大做文章，那可就麻烦了。

同时，当天米兰遭遇了大规模骚乱，反对世博的游行示威逐渐失控，最后在几个街区开始点火、打砸抢，甚至动了枪。当时的骚乱地点离我们下午开会的地方大概就 300 米的距离，我当天晚上才知道了米兰发生了多年以来最严重的骚乱。那时候国内的不少朋友还来电问候我："米兰是不是安全？"我淡定地说："挺安全的，你来吧，没事。"

在那五天之后的 5 月 6 日，我们的舞剧开始在米兰三年展设计博物馆剧场隆重上演，参加完首演之后我立刻飞回北京，因为 5 月 7 日我策划的另

世博园开园，中国国家馆开馆，2015 年 5 月 1 日
图片来源：苏丹工作室

舞剧 *Puzzle Me* 表现人由生至死，个体成长，
意识觉悟的过程，2015 年 5 月 6 日
图片来源：苏丹工作室

一个展览将在北京进行。这个舞剧的主题是关于艺术和自我的解放。在这场表演里面，我有意识地安插了一些设计的元素，在一个最高水准的芭蕾舞剧里，请到两位服装设计师，一位是意大利的雷蒂·格隆巴（Leidi Colomida），一位是中国的时装设计新秀苗苒。此外，我的好友冯满天也参与了这部舞剧的作曲和演奏。

《谜》这场舞剧很完美，因为我们的创作没有受到其他因素的过多干扰。从编舞到舞者，从作曲到演奏，从服装到舞美，甚至是制作，都是最优秀的，无愧于一个超级团队的称谓。5 月 6 日晚首演结束后，在观众长达十余分钟热烈的掌声中我们完成了谢幕。稍微有些遗憾的是，没有邀请到中国的芭蕾舞者。舞剧共计 60 分钟的表演，连贯且高潮迭起，精彩纷呈，它由非常独特的音乐贯穿，随着舞者精湛的表演，令观众非常痴迷。舞剧的内容概括和抽象性地表现了人从生到死的过程，并展现了个体成长和个人意识觉悟曲折的过程。当时欧洲各媒体对这场舞剧的介绍，整体评价非常高。

这其中有一些很有意思的插曲和细节，我跟大家简单分享一下。2013 年，我和中阮演奏家冯满天在去圣彼得堡的飞机上相识，并很快成为好朋友。他认为我懂他的音乐，我也会在各种场合推广他的表演。这次我请在国际上十分成功的一个华人设计师石大宇为他做了一把演奏时坐的椅子，之前我去石大宇的清庭设计中心讲这个想法，并把冯满天介绍给他认识。我希望华人最优秀的设计师为最优秀的华人民乐演奏家用竹子制作一把可以折叠的椅子，让它和演奏家的身体完美贴合。这样，在这位中国的演奏家进行全世界巡演的时候，就能一直带着这把专用的椅子。每次演出的时候，弦还未响，椅子便已亮相，中国文化的味道通过当代设计便开始散发出来。为此，石大宇和他的助手付出了很多努力，三个月后世界上第一把为演奏家量身定做的椅子诞生了。之后，中央电视台 12 频道《探索与发现》栏目，专门给这个椅子做了一期节目，详细讲述了这把椅子诞生的过程。当时做了两款，因为石大宇的椅子在国际上得了很多重要的奖项，包括红点奖、iF 奖等，几乎得遍了。他的每一款椅子都有一个名称，这两款椅子的名称是我给它们命名的，一款叫"椅·满风"，另一款叫"椅·满空"。此两款座椅都是用竹子制作的，没有用一颗钉子。后来，我又请江苏南通的一个制作传统家具的厂家花 30 万元把这两把椅子的制作权买断了。

"椅·满风"设计调整过程
图片来源：石大宇

苏丹与石大宇
图片来源：苏丹

中阮演奏家冯满天坐"椅·满风"于舞
剧 *Puzzle Me* 演奏现场
图片来源：苏云工作室

● 中国馆日是个回马枪

现在再说回中国馆这边，虽说 5 月 1 日已经开园开馆了，但是 5月 9 日又通知我到国家贸促会去参加一个紧急会议。因为当时抢工和资金的原因，实际上就再也没有精力去专攻展览，最后的阶段现场工人们也都不太配合。所以建筑虽然完成了，但是里面的展览问题依然很多。

在贸促会召开的那个会上，大领导对现存问题提出了严厉的批评，但贸促会的领导先自我反省说："主要的责任确实在我们，没有做好工作。"后来他话锋一转又说："当然，这里边也有其他客观的原因，我们也不了解现场的具体情况，也没有国际经验，经费也比较紧张。还有清华大学建筑做得不错，但是展览设计没有经验……"一番话说完以后就问："大家还有没有意见？没有就散会，回去赶紧准备下一步工作。"领导最后的讲话就是下了定论，而这个定论则有打板子的嫌疑。但是我想，这个关头我们千万懦弱不得，事关大学荣誉，也事关公正、客观和公平。于是众目睽睽之下，我举手说："不行，我有意见。"既然涉及大学的荣誉问题，我也没那么多顾忌了，表达了几点建议。我说："在塑造国家形象方面，清华大学一直是国家的中流砥柱，承担本次重任的我们学院 1956 年建院，周恩来总理主持设立这个学院的目的就是为了塑造国家形象。第一，面对任何挑战，我们可以去应对；第二，在我们学院的历史上，从来没有设立建筑设计的专业，我们一直是以做展览为强项的。新中国成立以来最重要的一些展览工作都是我们学院做的，都是满堂喝彩，怎么这一回没有做好呢？"我讲这话的目的就是为了告诉他，这次是你们的问题，你

国家馆日结束后与汪建松庆祝，2015 年 6 月 8 日
图片来源：苏丹

们要理性决策，尊重客观事实。当我说完之后，领导略显尴尬，悻悻地说："有问题下来再沟通吧。"

但是我认为当时我这话说得非常及时，又有理有据。推卸责任的时候，不能就这么不负责任地推出一个付出这么多心血的设计机构，把所有的问题推到我们身上，反正我是不能接受的。这次发言虽然避免了充当推卸责任的受害角色，但是事关国家荣誉，我们必须要认真为中国国家馆日重新准备，而且这次我又大规模调整了工作的班子。

到了6月8日中国国家馆日，作为分管这项工作的汪洋副总理出席了这次活动。汪总理很幽默，在"中国馆日"的开幕大会上，他和意大利人调侃道："你们知道今天是什么日子？今天是中国高考结束的日子，高考对于中国人来讲是非常重要的，高考结束以后，中国的家长会犒劳自己的孩子，让孩子来意大利看这些展览、来旅游，你们要做好准备，中国人没别的，就是人多……"台下一片喝彩。中国馆日上午的活动一结束，我如释重负，就和我们一位负责现场的汪建松老师跑去德国馆去喝啤酒，每人都喝了两大扎啤酒。我发微信朋友圈中写道："突然感觉没事了，真好！"信息发出片刻即赢得很多人点赞，把我的手机都快点爆了。

此外，其实还有后续的最后一项工作，就是围绕着世博食品的主题，我在米兰大广场（Duomo's Square）的意大利商会，策划了一个"流水席"当代艺术展，这个展是通过介绍中国很传奇的人物——美食家黄珂，来告诉世界中国饮食的魅力和饭局文化，在我们的国家吃饭不仅仅是吃饭，还是一种社会往来和文化活动。

三、设计方案与理念揭秘

下面回归设计方案和理念的介绍中，我来给大家简单浏览一下中国馆的整个方案。这次的展览共有七个分主题，与农业、饮食、生活方式、科学技术手段等有关系，世博园区总规划师是米兰副市长，著名建筑师博埃里（Boeri），中国馆的场地是位于中轴线的北侧最重要的中心地带，是一个呈刀把形状的地块。中国馆的主题是"希望的田野，生命的源泉"。我们的展览分几个语言系统来阐释这个主题，有建筑、室内、景观方面的展示，同时还有VI系统、影视系统、展示系统来综合诠释"希望的田野"这个主题。具体内容的选择和表现经过国家有关方面的层层审查，可谓概念繁多，面面俱到，但也稍显累赘，一直以来每逢国际重要活动亮相，我们总想把五千年的文化表现透彻。这样有的时候很累，尤其是在世博会的中国国家馆，就4000平方米这么大的空间里表现这么多主题，难免会形成难以调和的矛盾，大都蜻蜓点水无法深入。这里边既要表现袁隆平，还要表现我们最早的种植文化，像哈尼族的水梯、广西的花山崖画等，甚至是养蚕和烤鸭。

我们的大主题是"希望的田野，生命的源泉"，靠一个建筑来表现天、人、地的关系：天是大屋顶，因为在过去中国的屋顶文化里面，屋顶代表着宇宙；地要用一片光纤装置隐喻麦田绵延翻卷和屋面相接；人在特定的天和地之间，是一代又一代先人创造的文明。所以有"天、地、人"这么一个主题。该项目展示最后通过一场小电影来结束，脚本内容是一个老太太和她三个孩子春节团聚的故事。其中，老大是一个搞农业科技的科学家，老二是一个演奏家，老三是一个厨师，具体场景是描述过年的时候，三个孩子天南海北回到家里享用极具中国特色的年夜饭的过程。

> "中国馆的外观设计与内在内容完美结合。麦浪是顶，保护着下边的土地，接纳每一个参观的游客，为我们昭示着天、地、人之间必要的平衡与和谐……"
>
> —— 贾南德里亚·贝雷卡（Gianandrea Barreca），著名建筑师

就我看来，中国馆这次最大的亮点还是建筑设计，所以后来很多媒体在做采访的时候让我给这次中国馆的各部分内容打分，我一直都给建筑打90分。从7月至10月，媒体开始关注一些中国馆的负面消息，包括展览的主题太多，建造的质量出现问题等。那个阶段，我们一直顶着很大的压力。后来香港一个大传媒集团的记者专门跑到北京对我做了一次专访。我们聊了一个半小时，之后她终于理解了好多看起来莫名其妙的事情。最后我宽慰她说："你放心，世博一结束，我们这个作品一定会载入史册的。"因为历史记住的东西是经典性的，不会记住草本的东西。建筑就像一个大树一样，展览的花絮就像野花野草一样，只要一结束，人们不会记住草，而是记住乔木的形状和其类别的基因。

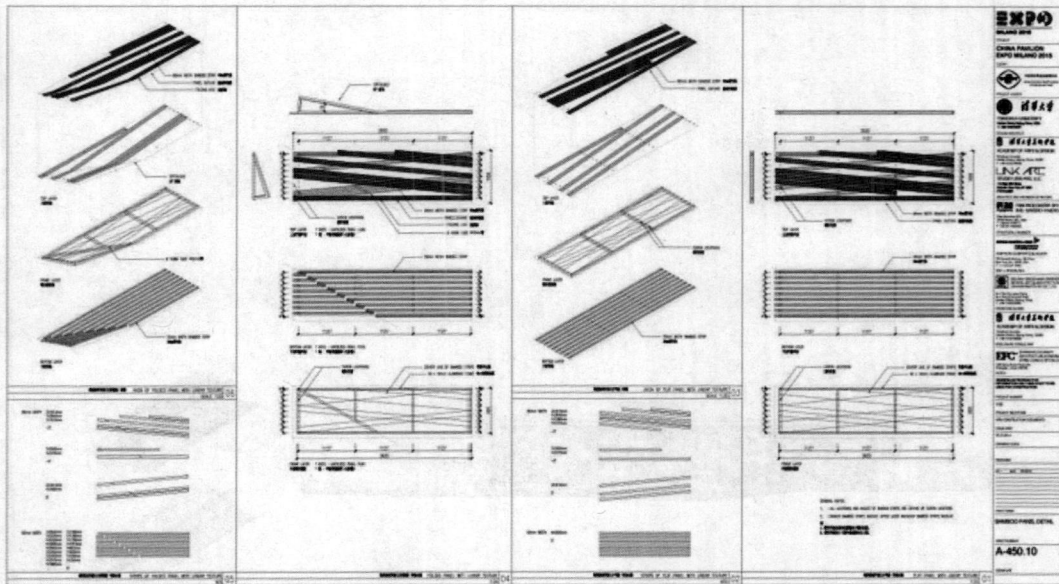

竹材嵌板节点
图片来源：米兰世博会中国馆设计团队

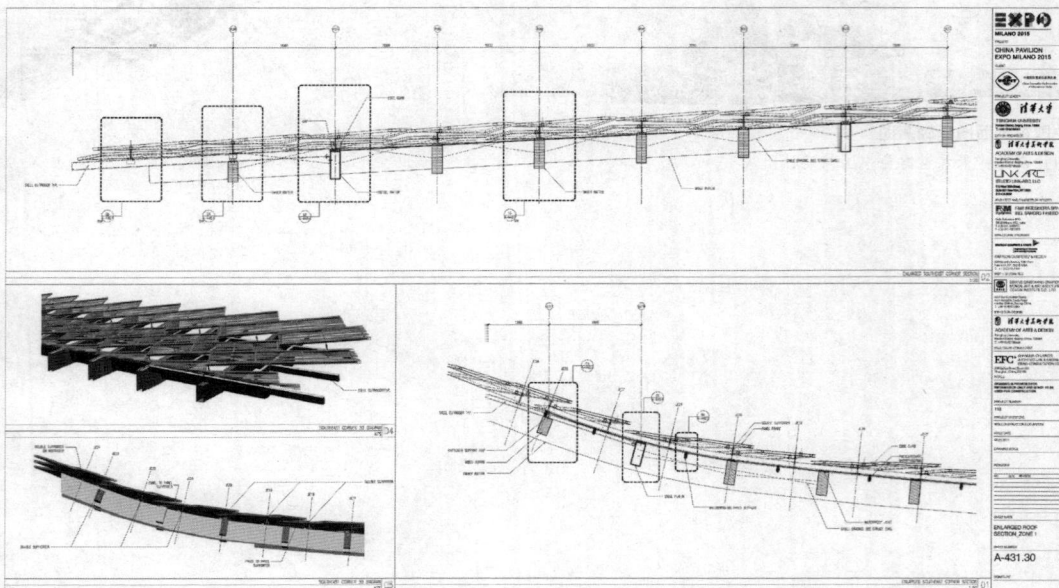

屋顶节点
图片来源：米兰世博会中国馆设计团队

中国馆剖面图，轴测图
图片来源：米兰世博会中国馆设计团队

因此，对于中国馆的建筑，我当时给了90分到95分，中国馆的建筑在设计以及完成度方面都可圈可点，而重点在于创新，理念创新、结构创新、方法创新和技术创新并举。出于各方面的原因，室内设计我给了80分，展览65到70分，不是说展览不给力，而是因为当时面对困局，我们只能丢车保帅。回过头来看，这个策略是相当英明的。

当时的屋顶制作使用钢木结合模仿了大屋顶，同时考虑到可持续发展和地方工艺，用了竹编和铝框架做了一个壳来遮阳，成为一个可灵活拆卸、循环利用的屋顶，这些也都符合世博的主张。另一个优点是竹片能够挡着日照，幕墙周围通透，可以达到自然透风的效果。所以中国馆虽然没有空调，整个夏天也不会感到太热。我们能够看到屋顶的平面密密麻麻像铠甲一样，很有质感，排布方式所形成的韵律也极为生动。当今的设计方法跟过去的方法完全不一样，过去是抽象、归类、概括，未来的建筑则可能建立在处理复杂数据的能力之上，因为有计算机和软件来代替人类进行计算，组成建筑的元件每一块造型都可以不一样。

> "建筑设计非常精妙！馆内内容丰富。
> 十月需要以一个展示中国伟大的活动来闭幕。"
> —— 保罗·潘那利（Paolo Panerai），
> 意大利 Class Editori 媒体集团主席

还有一点我想强调的是，中国馆这个建筑虽然不大，但它的功能挺齐全，涵盖了展厅、餐厅、庭院、各种功能房、配电室、电梯、接待、剧场等。大家可以看一下图纸的会签条，就知道有多少个单位参与其中，就可以知道这么一个小的建筑需要这么多单位协同来完成。此外，屋顶的结构设计去年在美国也获得了一个大奖。整个建筑的剖面非常复杂，复杂的屋顶在起伏变化和交错之间

会形成天沟，这里便引发了漏水的隐患。不过，该建筑最精彩、最复杂，也是付出劳动最多的就是这个庞大的屋顶，为了这个复杂和生动的形式，我们付出了巨大的牺牲和代价、心血与操劳。

我们本次的设计团队在建筑设计中使用了参数化的设计方法，各部分设计共同处于一个平台之上，协同作战。其中涉及很多软件的应用，在清华美院的教学里面，这种课放在一年级，它已经成为像过去工程制图一样的最基本内容。再过十年，可能像我这样的人再去找工作都找不着了，因为今天的设计语言和设计工具都发生了翻天覆地的变化，很多我都不熟悉甚至根本不会，它是一套崭新的体系，也必将创造一个新的世界。

我再简单说一下本次中国馆的景观设计，以便还要为2019年的世园会进行一下推广。本来是麦浪滚滚，后来又加上了北京的因素，做了胡同和宫墙。在中国馆景观流线的末端，我们还是习惯使用讲故事的方式来进行国家叙事，当然这是一种非常古老的传统，对国人而言还是很见效的。因此，最后呈现一部动画大片几乎是多少年以来的一个固定套路。剧场

中国国家馆，"麦浪"
图片来源：苏丹工作室

的概念则是为了让观众产生坐在田埂上看露天电影的错觉。此外还有 VI 设计，是我们一个年轻老师做的，按照"天、地、人"的理念，几个彩色互相组合叠加，麦浪、屋顶、山水交织在一起，形成了一个富有浪漫气息的图形。关于吉祥物——和和、梦梦，这个我也想简单说两句，它们一个是稻谷的变形，另一个是麦粒的隐喻。当时吉祥物征集名字的时候让我们也一同参与，我写了一个叫苗苗、壮壮交上去了，最后定下来的还是和和、梦梦。这很有意思，其实也不难理解。

对于中国馆，当时很多专家给出了较高的评价，比如中国建筑设计研究院的崔愷院士、策展人和评论家方振宁先生、北京建筑设计研究院总建筑师米俊仁、中元国际总建筑师王长刚等。评论家方振宁评价说："这是多少年来最漂亮的中国国家馆，屋顶结构比较特别，中国传统的木结构为榫卯，这次采用了参数化设计，在中国当代建筑里，这样的复杂技术是没有过的。"还有一个特点必须提及，中国馆是本届世博会上唯一由大学完成的国家馆，这其实挺了不起的。过去的人不了解，总以为大学是最先进的，在做设计的圈子里，内行都知道最先进的不是大学，而是职业设计机构。所以，在这个世博园里，其他的馆都是职业的设计事务所做的，只有中国馆是由一个大学来做，这是 140 多个国家里唯一的一个，让人感到不可思议。

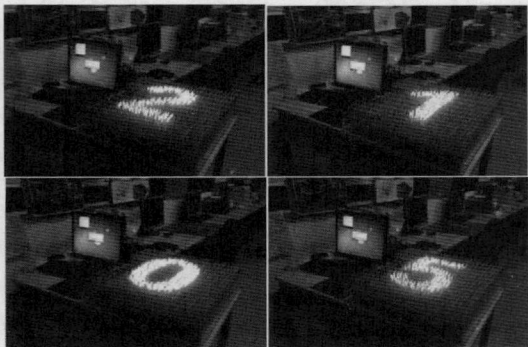

小模型实验阶段，32×32=1024 点阵（像素）
图片来源：米兰世博会中国馆设计团队

　　"几千年的中国文化总能在保留传统的同时开
　　拓创新，设计精密、功能性强的中国馆之美，
　　传统和自然结合，为我们展示了一个值得期待
　　并为之奋斗的未来。"
　　　　　　　　—— 伊塔洛·罗塔（Italo Rota），
　　　　　　　　　　著名建筑师，米兰新美术学院兼
　　　　　　　　　　多莫斯设计学院科技创意总监

此外就是各种媒体网络，包括新华网、CCTV对此做的报道。最终，中国国家馆获得了两项大奖，一是米兰世博会大模块最重要的奖项的三等奖，获得金奖的是法国馆，获得银奖的是巴林馆。平心而论，获金奖和银奖的两个项目设计得确实是好，其完成度之高远在我们之上。所以我们得了铜奖，真的已经很不错，很不容易了。同时，我们还得了由媒体评出的技术循环利用奖的金奖。

四、结语

最后我简要总结一下个人的感受。在那两年半的时间里，尤其是最后在米兰的半年，对我而言，可谓是险象环生，忍辱负重。但最终苦尽甘来，得到了令人欣慰的嘉奖，也有很多切身体会和很多深刻的认知。第一，我认为这种建造项目是一个复杂的工程，是特定社会条件下，用综合的工艺和技术来建造完成的一个非平庸性的建筑。它体现了一种新的思维，并且富于创新，在手段和思维两方面都有创新。第二，在异国他乡面对不同的文化环境进行建造的时候，所承受的压力和面对的挑战很多，必须得有开阔的胸襟，和不同的机构进行合作。第三，就是经历。这个经历对我个人来讲非常珍贵，可谓一生中最珍贵的一段工作经历，尽管历尽千难万险，但是我认为这不是每个人都有机会经历的考验。

复合工程
——限定的条件、复杂的制造、结构创新、新思维、新语境

社会实践
——国家、社会、民间、团队、国际机构

文化游历
——感受多元的文化，见证不同文化相互融合

人生经历
——惊心动魄般灿烂的人生

世博会对中国文化而言就是一艘大船，这艘大船承担着很多的责任，以及文化的片段，同时也承载了我个人的人生。

空间的意识和事实

11

时间：2019 年 9 月 8 日

地点：中国科学院大学艺术中心
（雁栖湖校区中舟科教中心）

论坛：中国科学院大学「艺术与科
学之问」学术论坛

概要

空间是延展的，也是收缩的；空间是复合的，也
是扭转的；空间是物理的，也是心理的；空间是
存在的形式和载体，是存在的重要参数；空间是
发现的，也是可再生的；空间在扩张和限定之间；
空间是一种存在……空间存在于人类的潜意识中，
艺术家是最敏感的人类族群。空间是一种对未来
至关重要的艺术语言。

引言：

今天在这里我将围绕空间的意识和事实展开我的阐述。首先我想说，这个问题的核心是空间概念在意识中的建立，也是对空间事实的认知。这是一个颇具现实意义的主题，因为就当下科技与艺术融合的方向探索来说，空间是一个无法回避的话题，而就艺术和设计的发展特征及趋势而言，空间的意识更显得极为重要。

如今在世界范围内最活跃的艺术家、建筑师以及科学家，普遍具有一种空间观念，进而深入地影响了他们的创作和科研行为，形成一种深刻的、难以名状的、富于力量感的表达方式，对观察者和在场者产生了强烈的冲击；而作为一种科学研究的视角，这种空间意识对科研的驱动是可持续的，因为空间具有永恒性和神秘性，空间层级的超越会导致环境条件的根本变化，进而改变研究者的视界。但是空间的概念在很大程度上也在趋于泛化和庸俗化，这一点着实令人担忧。

在我们的教材中，在知识的传播过程中，空间既是普遍存在的，又被人逐渐在意识中驱除。由此，我们开始背离了对这个概念的原理性追问，缺少了这种追问的"空间"便流于表面，成为一个流行词汇，似乎谁都在谈及空间，无空间不时尚，无空间不先锋。但是从根本上来看，这种空间意识的僵化不可能形成一种对创造的持续影响，甚至于它的形态都完全固化了，成为一种造型的类别。

我今天在这个神圣的场合与诸位分享我个人的看法，是因为我自认为已经从这个浅薄的认知中走出了半个身子，这得益于我多年来不间断地行走、观展并进行设计实践。在这个过程中，我有幸结识了一些杰出的艺术家和科学家，我发现其创作行动和作品成果背后都隐藏着一种强大的空间意识，同时他们的发现也带给我莫大的启发。我认为有必要对空间的存在本身进行再一次论证，以强化我们这种意识。

由此，在对空间反复认知的过程中，我们将重建或者延展它的概念。空间是一个非常抽象的概念，同时我们对空间的意识既是朴实的，又是形而上的；它既是现象，又是思考的结果；空间存在着多种属性，它既是延展的，也是收缩的；空间的边界是模糊的、不稳定的。探究空间不仅是一个雄心所在，也是一种能力、一种智慧、一种灵感。空间普遍存在于一种复合状态，不单纯是一种几何学或物理性的度量关系。空间的大小是可以逆转的，现实中，小中见大相当常见，甚至大空间中包含的小空间所呈现的那种空间感受，远超过了包容它的大空间。比如中国或日本园林中由砂、石、水、木形构和明喻着的山川河流，比如黑洞洞的电影院中的那块景色变幻无穷的银幕。空间是物理的，空间的边界在一定程度上是明确的，其形状是可度量的。空间亦是心理的，空间是一种主观认识，它至少具有一种主观性。比如，在同样的物理空间中，每个人的认知是无法互相转换的。对于同一个空间、同一个感受主体而言，不同的时间、不同的心境下，感受亦差别迥异。

空间是存在的形式和载体。所有存在都具备空间的形式，都发生在一个具体的空间载体之中；空间是存在的重要参数，在所有存在的向度中，空间的大小都是一个衡量和评价的指数；空间具有某种再生的能力，空间在扩张和限定之间是一种变化的常态；空间是一种存在，空间本身是一种永恒的事实……

以上所列的若干对空间的说明，都是从不同的侧面对空间进行描述。空间既可说又不可说，我们可以尝试描述它展现出的各个侧面，但总体性的概括则很难，这也恰恰体现出空间的魅力。下面我将围绕艺术领域的"空间"展开具体阐述。

一、空间张力

首先，空间存在于人类的潜意识中，空间并不是一种在课堂上灌输的知识，或是生活中经验累积的认知，它或许存在于我们的生命感知之前，在我们的潜意识中。这个问题非常玄妙，但是不可否定有一类人或多或少对空间有一种不可言喻的感受能力、认识能力和表达的冲动。其中艺术家是最敏感的族群，艺术家很多作品都在表达空间，但又并没有使用过多的语言，只是靠他们非凡的表现能力呈现内心觉察的现象。而这些现象足以吞噬我们以往的认知，让我们感受到他们所描绘的空间之神秘莫测。由人为的图案、装置和现象所展示的空间，似乎激活了我们意识中潜在的感受。

比如大家所熟知的印度裔英国艺术家安尼施·卡普尔的几乎所有作品中，都体现了空间的鬼魅。无论是二维的，还是三维的；无论是静态的，还是动态的，都常常展现出空间的或吞噬空间的黑洞。安尼施·卡普尔表达空间的方法有很多，其中一种方法是在我们惯常的物理性平面上，在一个坚硬的墙壁或者地面上，靠一个图形，或是一种特殊材料，呈现或暗示出一个巨大的空间存在，令我们仿佛看到了另外一个世界；在铜墙铁壁之上突然出现了一个洞口，这是由空间边界的形式以及材料的特性共同形成的反差所营造出的现象。

空间的不明确和不稳定恰是形成心理变化、悬念的根本，我们的情绪会被这种感觉牵引，卷入一种因悖论而纠结的境地之中。某种意义上空间的张力就来源于直觉和经验、理性和感性的相持之中。

● 安尼施·卡普尔：吞噬与孕育

我们再来看 2007 年安尼施·卡普尔在北京常青画廊创作的一件作品——《升华》，整个画廊空间改造成为一个巨大的装置，螺旋形的通道构筑了一个具有连续变化的空间体验，最终在它的诱导下人们来到作品生发的现场。此作品是地面上升腾起的一股像龙卷风般的气流，它扭曲着腾空而起，然后从顶棚留出的一个排风口逃之夭夭。在这个作品中，空间载体本身和它所创造的气流之间，是空间的形式和物理事实配套形成的精彩组合，虚实相生，彼此转换。空间载体由物质构造而成，但其本身又是空间的形式，同时空间形式又作为物质形式的空间载体，创造了一种空间的嵌套关系，也创造了一种空间的矛盾关系，小中见大。它所表现的物质空间的压迫感和新的空间产生时的释放感同时存在于我们的感觉中，让我们能够感受到在宇宙和世间万象之中所存在的空间的奇妙性，以及空间本身产生的物理的、心理的感知作用。之前有一位朋友在我的微信推送中评论说："空间的意义不过是本体与存在离婚"，这句话颇有深度，同时他也提及空间如同弃儿的现象，因无所寄托而流浪。同样，我们看到安尼施·卡普尔在芝加哥千禧公园(Millennium Park) 旁的那个巨大雕塑，很多人赞叹工艺的精妙和视觉的独特性，而我感受到的是作品对空间的反应，以及对我们所熟悉的空间存在中的连续性空间的撕裂。

安尼施·卡普尔，《升华》，装置入口，安尼施·卡普尔中国首展，北京常青画廊，2007 年
摄影：苏丹

安尼施·卡普尔，《升华》，从地面升腾的气体，安尼施·卡普尔中国首展，北京常青画廊，2007 年
摄影：苏丹

二、空间语言

其次，我想谈谈空间的艺术语言性。空间是一种艺术语言，传统艺术侧重表达可见的形、色、材料、笔触、比例、尺度、物质构成、形象的

安尼施·卡普尔，《我的红色家乡》，蜡，油性颜料，液压发动机，铁质模块，中央美术学院美术馆展览现场

图片来源：中央美术学院美术馆

隐喻、形象的模仿等近乎本体的问题。当代的艺术家和建筑师则已经把空间作为一种重要的艺术语言，甚至是艺术的终极目标。我猜测空间作为艺术语言，在未来将得到进一步强化，很多艺术创作和设计表达所使用的语言都将是空间性的。同时，空间的艺术语言会在社会学层面、心理学层面、哲学层面、美学层面进行表达、叙事、辩证，从而引发人们不同方向的思考和对话。由此我们方能意识到，空间的语言不仅仅是当代艺术和当代设计本体语言的问题，更应在不同方面继续拓展，即构建本体与其之外的空间关联。如此一来，这种拓展所引发的对话便会在相应领域中进行，空间的语言也会在新建构的空间关系中产生，在不同学科领域将产生不同的语汇，同样一件作品所引发的思考便会聚集于不同领域。

同样是安尼施·卡普尔的案例，他曾在英国皇家艺术学院制作了一个重达 40 吨的巨大盒子（《自生》Svayambh），这件作品由凡士林和油彩混合而成。它在一个又一个典雅的拱门间缓慢地行走，行走的过程中穿越着不同的空间，并在不同的空间中得到重塑。同时，这个形体会对塑造它本身的空间模具产生对抗性。从哲学层面而言，这是一个空间与存在本体相互作用的作品。对于政治学和社会学层面而言，这个作品如果放置于德国展出，则令人联想到那些死亡的列车和"二战"时对犹太人的迫害；如果拿到印度去，则会联想至历史上血腥的被殖民过程；而若在巴黎展出，则易使人们想到法国大革命……

美国当代最活跃的艺术家马修·巴尼（Matthew Barney）在北京尤伦斯的展览"马修·巴尼：堡垒"结合了一部两小时的同名电影共同亮相。展览再现了电影中作为道具的一件件艺术作品，展厅空旷静谧，隐喻着影片中林海雪原的神秘与博大。观展过程会令人联想到电影中的情节、电

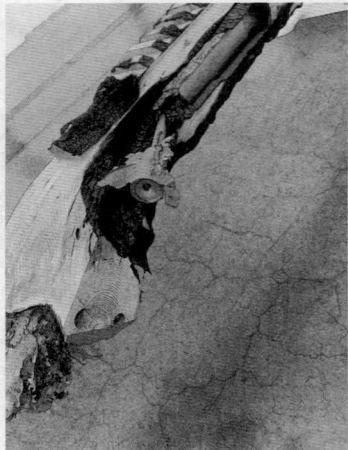

马修·巴尼，《麋鹿溪山火》，美国黑松，铸红铜、铸黄铜和铸铅，烧筑成型的聚己内酯，99.1cm×1084.6cm×266.7cm，2018 年

摄影：刘朔

马修·巴尼，《射击台上的狄阿娜》，电镀红铜版与铸红铜支架，139.7cm×114.3cm×114.3cm，2018 年

摄影：刘朔

影中的自然环境。展厅中的几件巨大雕塑是武器和伏倒树木的结合体，展品的摆放陈列打破了电影中时间决定的权威性，使空间感受晋升为展览叙事的结构主体与核心。而在许多年前的设计教学中，我曾给学生们看过他的另一部电影《悬丝》，那些梦魇一般的情景强化了学生们对空间的认知。

● 约瑟夫 · 博伊斯：共生与博弈

由此我们便可感知，一个作品会在不同的知识层面和外在的空间产生相互作用。在美学层面也是如此，美学领域所引发的讨论及其语言的模糊性与之简练程度相关，这将导致人们在解读的过程中逐渐构成并扩充作品的内涵。当今的很多伟大作品并没有使用具象的语言填满作品的叙事过程，让结果趋于唯一以至形成说教。而是通过空间关系的再次构建，促进观者和作品的角色转变，由此让人们在猜测和感受中进行解读。

20 世纪 70 年代，约瑟夫 · 博伊斯（Joseph Beuys，1921-1986）创作了伟大作品《荒原狼》。在这个作品中，博伊斯和一头荒原狼在一个房间中共处了四天，身披毛毡斗篷的博伊斯像巫师一样，在和荒原狼共处的过程中形成了一种特殊关系。这个作品既发生在一个具体的空间，同时又影射了在北美这块土地上，历史上的殖民者和原住民之间的关系，这是一种社会学关系，同时也影射了一种文明学的事实，即所谓的文明者与野蛮者之间的一个文明博弈的过程。

● 米开朗基罗 · 皮斯特莱托：镜像与反衬

接下来，我们看向意大利艺术家米开朗基罗 · 皮斯特莱托的一个作品系列。这位伟大的艺术家自 20 世纪 60 年代就开始使用绘画和镜面的结合，他希望用自己的作品来捕捉存在于空间中的人物和场景以及他创作的艺术形象，并混为一体，在他们之间形成一种对话。因此，他的作品颇富于空间魔力。"镜面"这个作品系列持续了将近 60 年的时间，在不同的时间段，在全世界各地不同的场所中，出现了大量这样的镜子。我和皮斯特莱托进行过两次深入的交流，第二次是 2016 年在他的基金会展厅，他给我介绍了创作初衷。这

皮斯特莱托，《镜面》系列，北京常青画廊，2018 年
摄影：苏丹

组作品经过了漫长的演进过程，早期是油画，画面中是他自绘的1：1正面肖像，等大的形象背景开始越来越透明甚至反光，最终使得现场人物皆融入其中。20世纪70年代初，作品中他的身体开始背对观众，创作形象中的具体部分开始趋于相对抽象，我们只能看到背面，而其正面开始和反射到镜面中的人物进行对话。这是一个空间再生的过程，正如刚才我们提到空间再生的可能性，伟大的艺术便是在其平面性的作品中还能够拓展出一个空间。因此，其作品的魅力就是让你在驻足观看的过程中，猛然地发现和醒悟。他创造了一个空间，他的画面开始和现场观众进行互动。如今我们也能看到，在全球范围内，在当代艺术领域，更多的年轻艺术家也开始进行空间方面的深层思考以及探索实践。

说到我个人，由于专业的原因，在使用"空间"这一概念方面应当说是比较早的（20世纪80年代中国建筑学的教育开始转变为以空间设计为导向），但我对空间的认知依然经过了一个漫长的过程。对我们这样最初接受建筑学教育的人而言，空间这个词汇并不陌生，20世纪80年代中期，在本科学习建筑学的过程中，我便开始意识

米开朗基罗基金会展厅
摄影：苏丹

皮斯特莱托初次向苏丹介绍《旋转的机体》，2013年
图片来源：苏丹工作室

到空间的重要性。但是在当代艺术领域，我发现这两方面的空间观念，既有相同之处，也有很大差别，这种差异性更激起了我对空间的好奇。因此在不断涉猎的过程中，我开始体会到空间形态的变化逻辑，以及空间语言结构的魅力，这些为我的创作活动带来了巨大支撑。

● 清华美术馆：虚实与替代

2010 年，我曾策展了一个名为"清华美术馆"的作品，这本是基于和欧盟某艺术基金会的一次合作。在从 2009 年至 2011 年，三年的合作时间里，每一年双方都互派三位艺术家去对方国家进行调研和创作，最终完成一个年度汇报展。其中，2010 年我组织了来自北欧的三位艺术家、中国的艺术家以及一些师生，以他们在中国创作的作品举办了一个年终汇报展。经过反复权衡与斟酌，展览的场地选在了清华大学美术学院北侧的一片巨大空地之上，而那块空地在规划之中是与清华美院教学楼同时期建造的清华美术馆的建设用地，也就是现在清华大学艺术博物馆的位置，在当时它是一个规模很大的土堆，外部用防尘绿网覆盖着。清华大学美术馆早在 2003 年就进行了国际招标，最终瑞士建筑师马里奥·博塔（Mario Botta，1943–）的设计方案中标。

在这个过程中，美术学院的教学楼很快便率先竣工，而清华美术馆则由于资金问题迟迟未能动工。时隔七年之后，突然在预计建造美术馆的场地上出现了一个巨大土堆，这个土堆恰恰来自另外一个工地，更巧的是另外那个建设项目使用了筹建清华美术馆的资金。这就相当有意思了，也就是说原本在这片空地上要建一个美术馆，而它的资金却被挪用了，变成了一堆土。美术馆应该是空的，而这堆土却是实的，这些土替换了美术馆的建造项目，临时堆放在这里。因此可以设想把这个展览放置于一个不存在的美术馆里，或者说是一个负的美术馆里，其意义值得玩味咀嚼。这是一个空间意识驱动下的空间叙事，它完全来自一个空间性的策展思路。

我认为这次展览非常有意义，它不仅仅是一种批判的功效，而是具有一种辩证性的空间意识趣味，

展览"清华美术馆"开幕式现场，师生登上土堆看展，2010 年
图片来源：苏丹工作室

展览"清华美术馆"，现场表演吹唢呐的艺人，2010 年
图片来源：苏丹工作室

展览"清华美术馆"，台湾艺术家范姜明道作品
图片来源：苏丹工作室

有一种结构美。展览当天有很多师生都涌上山坡观赏这些作品，同时也呈现了他们自己的作品。其中一位教师制作了一个用脚手架搭建的巨大装置，像举办开工仪式一样上面挂着彩带。红色的飘带在冬天的寒风中飘舞，台湾艺术家范姜明道制作了一个铁锹和美术馆轮廓合二为一的作品，这些劳动工具一样的艺术作品一把一把直插在裸露的土堆上，形成一个幻影矩阵……白天两个从农村请来的唢呐手在土山底下吹吹打打；夜里河北来的一位吹埙的民间艺人呜呜咽咽地吹奏，催人泪下。这既是一个喜庆的开始，又是一段满是哀怨的倾诉。

● 安迪·戈兹沃西：侵纳与消亡

英国艺术家安迪·戈兹沃西也是一位具有空间意识的伟大艺术家。他注重空间容器所具有的某种仪式感，青睐于这种神秘的属性。大英博物馆里陈列的埃及石棺就是如此，他认为石棺这个容器具有神秘属性，它是令生命再生的一个仪式空间，是物质转化的一个神秘容器。由此，他曾在原野上挖出一个巨大的坑，用石块砌出一个如同棺椁的容器，在其间放置一个死去的树干，这样一个空间装置在这样的场地中，愈发具有一种非常神圣的力量。

如果我们再对照1980年和1984年他在蛇形画廊的两件作品，便可以体会到其实这是一直以来艺术家关于空间探索和空间表达的不断升级。这两件作品是其表达空间意识的早期作品，一件是花园里的一个洞，另一件是时隔几年之后，他在室内展厅挖出的一个黑漆漆的洞。这两个洞和我们刚才展示的其他艺术家所表现的黑洞之间具有某种联系。从某种程度上对照而言，安迪·戈兹沃西的作品和安尼施·卡普尔的作品具有某种相似之处，即潜意识中对于神秘空间存在的感知能力。

三、空间事实

第三个部分回归到我的主题，谈一下关于空间和事实的关系。客观而言，空间比物质要更抽象一点，物质可触、可嗅、可视，但空间则需要敏感的人凭借物质的反射来推测。空间是构筑的拓扑形式，但空间的确能被人感知，人们确定它的存在并不惜代价对其进行塑造。

现代主义的建筑教育甚至就是以空间为线索而进行的造型方法培育。那么既然空间是一种事实，是否能够使用科学的方式去探究、去证实、去挖掘呢？要使用科学的仪器，在科学的视角之下，去看待我们所面对的物质、面对的世界，同时展示科学家在此方面的探索。那么在科学的方法之下，我们最终会发现空间存在这样的一个事实：我们的世界永远没有最大，永远没有最小，永远没有最实的东西，也永远没有最空的东西。

我们来看向"空间"这个表达本身，这个词的组合非常有意思，"空"指的是虚无，它是绝对的连续、永续的绵延；而"间"有隔断的意思，于是"空间"这个组词概念有着既明确又模糊，既连续又阻隔，既有限又无限的含义。一般来说，人类对于自己的思考能力不足以理解的事物，常用此类方法予以定义。所以空间不是绝对的空，而是一种相对的空，有相对边界的一种空，有限定的一种空，这就是空间的有限性。同时，空间是一个真实的存在，因为空和实是相对的，如果没有绝对的实，那就说明空是一种绝对的形态。但反过来说，在所谓的绝对的空之中，又不断能够发现物质，这就是说也没有绝对的空。

有一年我带着几位艺术家去清华大学材料学院国家重点实验室，使用能放大一百万倍的先进科学仪器观察那些习以为常的物质，比如陶瓷、纤维、

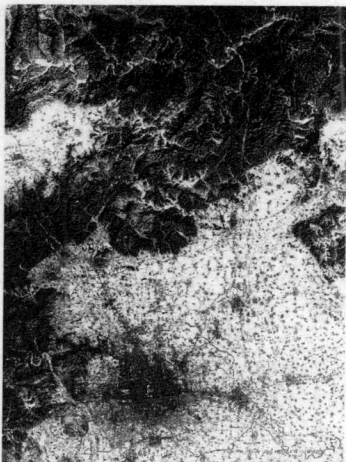

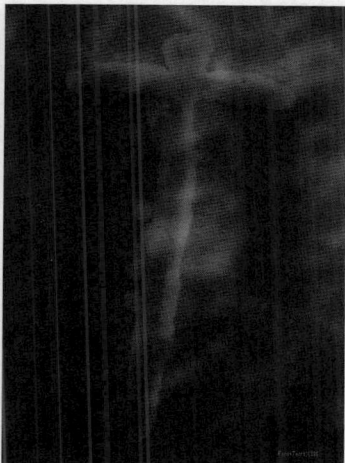

李天元,《天元空间站,李天元肖像》
图片来源:李天元

金属等。透过那些视镜,我们窥视到了一个令人惊叹的世界,你会发现即使是感觉上最坚固、最密实的材料,它的微观组织中也布满了空间。

● 李天元:嵌套与逆转

此外还有一些艺术家在一直有意无意地进行着关于空间概念的探索。比如我的同事李天元,他从 20 年前就开始利用卫星摄像仪器、自己手中的相机以及显微镜,三种不同的工具去捕捉自我本体的痕迹。在这件三个图像组合而成的作品中,其一是卫星照相机所拍摄的位置,是它个体所存在的区域;其二照相机捕捉的是一个具体的空间场景里某个距离之下的个体肉身;其三显微镜之下则是他个人的一滴眼泪。三个图像的并置似乎在提示我们在空间意识的建构中形成了一个闭环,让人对"大"与"小""宏观"与"微观"形成一连串的反诘,对人类的视觉经验形成批判。由此,我们可以推测出一种空间的嵌套的可能,包容不是一种大和小的度量与比较。卫星拍到宏大的,个人镜头拍到中观的,显微镜是微观的,这三个空间是由大到中到微观,是一个永无止境的相互嵌套过程。但事实上,我们在微观的显微

309

李天元，《空气 1-04》
图片来源：李天元

李天元，《天元空间站》，2001 年 12 月 12 日
图片来源：李天元

镜之下看到的图像似乎更加宏大，有山峦、河谷、鸿沟等，呈现出一种地理面貌，这就是上面我们提及的空间的逆转性。

之后，李天元在 2005 年左右拍了一组空气主题的作品，他将一个玻璃片悬在空中，玻璃片因为气候变化会落上不同的东西，比如冰霜、雨滴、灰尘等。在人们的观念中，空气本来是澄明的，但是艺术家用他的实验告诉我们，也有很多的物质在其间。李天元老师用玻璃做一个空间切片，使我们能够看到空间存在着很多细微的变化，无穷无尽的变化。第一次看到这个作品是 2005 年的 798 艺术节上，在李象群工作室的展厅内，我们一起做了一个展览《零工场》，我觉得这个作品是展品之中非常独特的一件，当时其他作品大多在表现具体社会生活中艺术家所看到的现象和情绪，有很多的物质、笔触、图形，而李天元的作品则在探究物理，他的作品既纯粹又震慑人心。因为他使用的是一个空间的语言，至少是把空间作为表达的一个对象。

● 丁肇中：无限与永恒

最后的一个案例分享一下我和物理学家丁肇中先生的持续三年的合作项目。这是山东省为丁先生在其故乡山东日照建造的一个科学馆，并要将丁肇中先生科学实验中的最重要的 6 个仪器置于场馆之中用于展示。2016 年经工程院院士崔愷先生举荐，我承担了该项目的室内设计和展览设计的任务。在配合策划展览和室内设计的过程中，我也对丁先生的物理发现和实践进行了一个艰苦的认知过程，他的工作和他的发现既震惊了我，也让我得到很多启发。丁先生曾经说过，宇宙中 90% 的物质是看不见的，因为看不见，所以称为"暗物质"。他将最新的科学仪器 AMS，一个重达 3.9 吨的巨大频谱仪，绑扎于 NASA 空间站之上，使其在外太空去捕捉暗物质，由此他得到了海量数据，从而证明在我们认为绝对真空的外太空中存在暗物质。

在此，我想对此展开一定程度的说明。丁肇中先生的 6 个实验包括 20 世纪 60 年代的测量电子半径的实验、光制向向量介质实验，以及 1976 年发现 J 粒子的实验（这项成果获得了 1976 年的诺贝尔物理奖），另外还有对撞机实验、L3 实验和 AMS 实验，这几个实验都得益于其工具的先进性和创造性。丁先生最擅长之处就是其制作仪器的能力，也就是通过制作更高精度的仪器，对宇宙和我们存在的空间中微小的粒子进行辨析、追踪、捕捉，从而揭开我们这个世界神秘的面纱。因此，丁先生的研究涵盖了从最小的基本粒子到整个宇宙的各种现象。对于研究我们的世界空间存在的本质，它是根本性的。2016 年我在瑞士日内瓦拜访了他的实验室 AMS 数据中心。在那里看到丁先生每天在他的数据中心观测 AMS 所接收的数据，然后进行分析处理。在丁先生的科学研究过程中，从 20 世纪 60 年代至

日照科技馆重光子研究实验模型
图片来源：苏丹工作室

今，随着他的仪器越来越先进，他捕捉的东西也越来越精微，从看得见的到看不见的，从大的到小的，从小的到更小的，然后从更小的试图追踪最小的，随着科学家创造的仪器的发展，最小的数值也在不断延伸，看不到尽头。

通过丁先生的科学研究，我们也可以发现，事实上一直以来科学家不断创新使用最先进的科学仪器去探索，并利用仪器所揭示的现象告知我们，物质世界没有绝对的实，宇宙也没有绝对真空性的空间，没有绝对的空。因此，我们可以暂且认为空间是一个永恒的存在。科学家是用证据来证实这一点的，而艺术家则是用他们先天的敏感在进行表达。

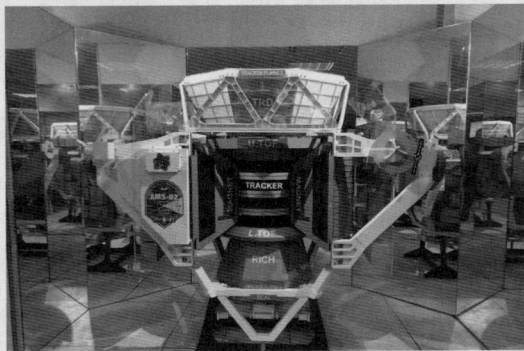

日照科技馆室内空间
图片来源：苏丹工作室

苏丹、张荐、华雍，《家中的家》，2019 年
第 22 届米兰国际三年展清华展区作品
图片来源：苏丹

● "家中之家"：通道与居所

近些年来，伴随着对空间这个问题的思考和研究的过程，我偶尔也会做一些作品来表达自己对空间概念有限的认识。除了为科学家和艺术家做展览空间以外，有时候我也会做一些作品。就像刚才我在清华美院门口策划的"大土堆"美术馆，它实际上是运用了一种空间语汇去进行社区叙事的表达；也有个别小而精致的作品，如在 2019 年第 22 届米兰三年展中，我在中国馆策划的一个展览"家中的家"，其中我制作的一个作品是关于一个人的灵魂居所形态的想象。这个用紫檀木制作的小型装置像一个面向未来的喇叭，亦像一只摆渡的舟楫，又像棺材中的一个骨灰盒……我认为，未来一个生命消逝以后，流亡的灵魂也需要一个居所。在这个居所里边，它会记录生命过程中，我们曾经拥有过的声音和物质，比如说生命作息中的呼吸、鼾声，比如说生命外在的毛发、牙齿，比如舍利子等生命的结晶，共同形成生命的记忆。它们被收纳在一个盒子里边，这个盒子又像在不断摆渡着的，茫茫苦海之中实现生命转化的一只小舟。这个作品具有一种人本主义的追问，一种人文关怀。这个木盒的设计意向是超越空间的，成为逝去者和现实中的亲人沟通的媒介，由此这个空间概念突破了以往的物理维度。

以上就是今天在此我关于空间的意识和事实的一些陈述，传达了多年以来我在空间意识思考方面的心得。在这个思考过程中，我们发现空间是一个非常严肃的问题，它既是哲学问题，又是艺术问题，同时也是社会学问题和物理学问题。在我们运用它的过程中，它既是建造，又是呈现，它是我们之于未来自我表达的一种重要语汇。

当代艺术展览的空间因素

讲座：『上美讲堂』

地点：上海美术学院

时间：2018 年 11 月 8 日

12

概要

当代是一个价值导向多元，现实呈现混沌胶着，意识形态不断变化的时代。当代艺术是对当代艺术实验性表达的概括语汇，因为正在发生，所以当下发生的事要交给未来审判、定义。但有一个发展趋势还是明显的，即当代的空间和艺术开始发生更为密切的关联，艺术创作中夹杂了更多的空间因素，同时艺术展陈的空间感染力被附以更高的期望值。空间不再是被动地去适应艺术作品，而是成为艺术展览和艺术生产的共谋者。

引言：

今天我想与大家探讨一个艺术展览中新出现的问题，其实这个课题本来是讲给专门从事艺术博物馆工作的人，但我认为，其中的两个概念对于艺术设计、空间设计以及策展工作都有帮助。此外，我将会介绍一些相关的当代艺术以及当代艺术展览个案，以便和大家共同探讨它们文中拥有的显性或隐性的空间特征。

我不知道生活工作在上海的人是否关注发生在北京的事，北京是中国最大的城市之一，但气质和上海完全不一样。在我看来，北京是政治之都，它的文化建设和表达也总是从政治站位出发的。因此，美好和骄傲感其实有时候和普通人没什么关系，但上海这座城市的时尚和体贴则是实实在在的，是每个人都能够享受到的。这两天，上海有一些重要的国事活动，可能令大家感觉到有点不适，因为交通管控会让人们觉得正常的生活秩序受到了影响。像这种活动在北京几乎每天都有，北京人的生活经常会被"大事"影响一下。虽然北京人并不会因为频繁的国事活动而充满骄傲，但在上海人的牢骚和抱怨的反衬之下，倒是显现出几分大度来了。

我们都能够感受到，当代超大型城市不能缺少重量级的文化艺术活动，这一点的确是各个城市相互竞争的一个领域，是与市民幸福指数息息相关的内容。我不知道在座的有没有关注这两天尤伦斯的活动，尤伦斯被认为是北京在当代艺术领域仅存的尊严。我认为文化艺术，尤其是实验性艺术方面，北京是生产的，而上海是流动和展示的。我看到最近这几年，越来越多重要的一线艺术家从北京来到上海，他们把工作室也设立在上海。去年，我在普拉达基金会的荣宅参加活动，看到很多过去在北京工作的艺术家如今都驻扎在上海。此外，在各种场合我经常能看到听到上海经营艺术博物馆和画廊的人士在大谈未来的一些宏大计划，令人艳羡。将来这些可能是一个城市高活跃度的领域，大家应该有所关注。因为它除了能解决一些就业问题，刺激文化艺术消费，还能够吸纳很多相关专业人员，比如策展人、展览设计师、平面设计师等，这些群体的存在会在很大程度上影响一个城市外在的气质。所以我认为，这些机构还能给一座城市带来活力，因为这些机构能够源源不断地生产新的精神。

我本人一直亲身亲历见证着北京各种艺术机构的变迁和发展。有一些过去曾一时风生水起的民营艺术机构要么没落了，要么就转移到上海了。万幸的是，尤伦斯没有走，它留在了北京，让北京保持了一点尊严，它应该算是中国最重要的艺术机构之一。尤伦斯每年会有一个年度慈善晚宴，会邀请全球当代艺术界最重要的人物莅临，我基本上每年都去参加。今年的晚宴是由我过去一个学生何为总策划的，这个学生本科、硕士阶段一直跟着我学习，后来到美国留学之后就留在美国一直做艺术。他的工作是用食品做媒介来进行别开生面的宴

UCCA Gala 2018，尤伦斯当代艺术中心
2018 年度艺术晚宴
主题：一个机构的重生
艺术家 / 艺术指导：何为
艺术概念：柳暗花明
图片来源：UCCA

左图：Performa 表演艺术双年展十周年庆典
晚宴主题：丰饶女神
艺术家 / 艺术指导：珍妮弗·卢贝尔
项目主管兼摄影：何为
图片来源：何为

右图：纽约新当代美术馆 2016 年度展览艺术项目
项目主题：调情酒杯
艺术家：何为
图片来源：何为

会，所以今年尤伦斯的晚宴是由他来操盘的，具有很高的审美价值。过去我也比较器重这个学生，为什么他今年做的活动会引起轰动呢？我认为这是因为他过去是环艺专业的，能够从空间的角度，带着环境的意识去组织策划这些具有明确空间特质的艺术活动。

比方说我现在给大家展示的画面就是 2014 年他们在纽约做的一场活动的场景，他当时给一个艺术家做助手，这个艺术家一直用食品来做媒介进行创作。他用食品做媒材，最后会把食品、服装、表演、仪式、家具、灯光等变成一种空间语言。这场宴会本身就是艺术，它是非同寻常的，给人带来一种全新的感受，会影响到你的行为和举止，影响到你的思维。这是属于现在世界范围内比较新的活动，这就是今天的艺术。

它属于当代艺术的范畴，是一种新的艺术门类，而不仅仅是一场宴会。我记得这个宴会一张门票要 1500 美金，是精英阶层的盛宴，每一道菜都是包含文化寓意和创造性形态的华丽景观。此外，新媒体视觉图像、现代舞蹈表演和服装、道具方面亦是独具匠心，一点一滴的细节都是晚宴的一部分。它的综合性所营造的氛围令人耳目

瑞士国家馆，Svizzera 240: House Tour，2018 年威尼斯建筑双年展

摄影：苏丹

一新且深受感染。今天的艺术也在变化，艺术变得越来越具有空间属性了，艺术的生成一定是在特定的时间和空间下发生的。这种美学上的发展趋势，对今天展览的方式提出了更高的要求，理应引起大家的关注。

我想列举的另一个相关案例，是 2018 年刚刚结束的威尼斯建筑双年展，其中瑞士国家馆（Svizzera 240：House Tour）获得了头奖，对此，一些国内的业内人士有些不服气，认为就那么一个规模不大、气势不足的展览竟然获此殊荣，并为高大上的中国馆甚感惋惜。但是我个人认为，两者在展览的语言上完全不在一个境界。瑞士馆完全是在使用一种空间语法对建筑学本体进行批判性表达，表达方式提升到了语言学的层面。瑞士馆表面上是以住宅的户型作为元素来阐释它的观点，虽是很小的一个展览，但设计得非常有意思。它把若干个住宅的户型以不同尺度的方式进行了难以察觉边界的融合。建筑作品有叙事的本体语言，而尺度感是建筑学里一种基本的语法。但是在瑞士国家馆的这个项目里，把几套不同尺度感、不同比例的住宅套型巧妙地融合到一起，形成了一个整体的空间。在如此混乱的尺度下，竟然能衔接得天衣无缝，它反映出一种表象和规则之间的悖论，令人深思。我认为，这是一个语言很高级的展览，也是一个很"空"的展览，但同时又具有文本意义以及批判意义。

我们再来思忖一下今年的建筑双年展主题，本届展览以"自由空间"为问题导向，这个命题本身就带有很多的冲突和悖论，因为空间是自由的死敌，所谓"自由空间"不过是指一种空间的相对状态罢了。空间这个定义本身就是一种限定，指的是在"空"之中采取隔断处理之后，而形成的一种有限性"空"的形态，因此它本质上是对自由的一种控制。在今年的展览对主题的回应方面，

西方很多重要的国家馆采用了比较极端的方式，比如说英国馆，它里面居然是空的，没有任何展览内容。它似乎是想告诉人们，自由不应该在这封闭的房子里，整个展览是用脚手架围着建筑搭建了一圈，让人们围着一个封闭的空间从下到上，再由上自下慢慢转悠。由此可见，西方的很多馆是注重观念的，观念代表着一种新的响应命题的理念，在我看来其实也是理念之间的对话。瑞士馆就做得更深入，它是通过批判的方式表达了很深刻的一个问题，因此瑞士馆获得了头奖，我认为这当之无愧。这个馆就做得非常极端，习以为常的生活空间若按照 2 : 1 的比例建造，一切都显得不同寻常。细节方面的变化更是突出，比如门把手非常大，我们感觉像到了大人国一样。在连续的空间里面，你的情绪和经验会使你的感知产生很多模糊性，产生混乱。但因为安排巧妙，细节处理得当，似乎又顺理成章，因此这个展览的实验性也是非常强的，匠心独运，所以说，这既是一个很好的展览又是一种空间艺术。

● 艺术展览空间演变

接下来，我想与大家探讨一下艺术空间类型的变化发展问题。回顾不同时期人类创造的艺术，和艺术面对的空间，总体上是不断迭代的，一代和一代在形态上都有很大差别。但大体上可以分成三种：一种是传统的艺术，一种是现代的艺术，还有一种是当代的艺术。它们分别根植于不同的哲学，立足于当时的文化语境和生产方式。在传统的艺术中，亚里士多德的模仿论决定了艺术的基本形态。所以，在那个时期所有的艺术中，我们看到有很多具象的东西，无论是装饰还是写实的雕塑也好，还有在建筑的比例关系里和人体的相互照应；到了现代主义时期，本雅明（Walter Benjamin，1892-1940）的机械复制论则与时俱进，推动和阐释了新时代工业精神对审美的决定论。新的时期正在经历一个图像的世界，让人们对真实和虚拟之间的差别产生了模糊和怀疑，不同时代的审美行为的哲学基础发生了动摇和变更，必定会引发相应的手段和结果的变化，无论是艺术形式还是空间形式。

在我看来，空间是艺术的母体，亦是艺术的载体，不同时代艺术所需要的空间也不一样，古典艺术的时期自然美学是基础的，艺术是被垄断的，艺术代表着一种权力，艺术的创作也是一种权力，当时的艺术是为贵族阶层服务的，民主性无从体现。最初，展厅是由宫殿、官邸转变而来的，建筑装饰则更为隆重，艺术品成了点缀。艺术品的展陈相对零乱。那么到了现代，我们知道，机械复制论倡导的价值观以及抽象艺术的推动创造出了空间美学。我认为现代主义空间美学是和机械复制、大工业生产密不可分的。工业生产试图鲸吞庞大且古老的建筑产业，很多东西被快速精简化了。在美学的支撑上，政治、战争、艺术实践此起彼伏、推波助澜，终于形成了以抽象艺术为代表的艺术形式。对于艺术博物馆、美术馆、画廊这样艺术展览类别的陈列建筑，变革也是巨大的。此外我还想说一点，那就是政治上的变革也影响了生活，因此艺术也开始追求公共性，开始向社会敞开。而公众的参与性增加之后，艺术博物馆的公共空间的比例增大了，里面的设施也发生了一些相应的变化，人和艺术的距离更近了，不再像过去艺术是封闭起来的，让人们去瞻仰它。

如果我们足够敏感，便可以体会到当代的空间有几个重要变化，在此我想进行一下简要阐述。首先是艺术的生产方式改变了，艺术创造的权力不再被少数人垄断而被交予大众。图像开始作为母语，当今的图像变成了每个人自主创造的手段，比如说手机变成相机，每个人都可以成为图像创造的艺术家。我们的日常生活已经完全和图像世界交织在一起了，因此人们对图像的甄别力更强了。在我看来，这就像采摘，只有遍地盛开鲜花的状况下，你才能具有更高的甄别能力。当下，每个人都在用图像表达自己，所以拍摄技术也在大幅度提高。如今，人们在微信、微博、抖音上面晒自己创作的图像和自己的感受，有时也相互批评，这无疑是一个全民审美扫盲的新阶段。因此，出于今天我们对图像的敏感以及大众对图像的情感依赖，图像的创造将变成艺术创作的主流，目前来看这个变化趋势还是挺明显的。我所能感知和预见的图像化的未来，也许就是现在随处可见的短片和微电影将变成电影的母语。现在很多人开始拍小视频，有创作激情的人也可能会把它做成短片。电影的图像观在发生剧烈的变化，其基础语言的实验并不在电影本身，而是从当代艺术做影像这批人开始的，他们是在研究新的图像元素和美学变化的趋势。

当代是一个混沌多元的、不断变化的时代，我们对这个时代所有的预言和结论可能尚为时过早，最终对于这个时期的艺术进行总结，我认为可能还是需要交给历史。而之所以称为"当代艺术"，是对当下实验性艺术的概括，而并不是指它背后对它产生了决定性影响的某种理论。因为正在不断地发生，所以当下发生的事要交给未来。但这时候总体来讲，空间和艺术开始发生了更为密切的关联，艺术创作里面带有更多空间的因素，同时人们开始对艺术展示的空间有了更多的要求。

讲到这里，我想对于"空间"概念本身进行一次较为深入的探讨。那么"空间"究竟是什么呢？它是现象么？如果是其共性是什么？它是存在么？如果是，其本质又是什么？其实这个问题相当复杂，足以使人苦思费心而不得要领。空间是一种客观存在的类型，它是紧密伴随功能、视觉审美、社会现实的一种现象。虽然我对空间的理解是从建筑学开始的，但我深知空间的概念绝对不局限于建筑空间。读本科的时候，刚好赶上现代主义建筑在中国学界推广。而在之前，我们信奉的、模仿的都是苏联那套帝国样式东西，建筑设计的思维模式是从实体入手的，比如比例、尺度、造型、节奏等，它注重的是视觉历练和形象的推敲。自20世纪80年代开始，空间概念和建筑学训练、实践、研究相联系，甚至成为其核心思想。这使得我从情感方面贴近于空间。我认为，空间首先是一个哲学的概念，同时空间又是现实中的一个永恒的现象。此外，在物理学里面也讲空间，量子物理学的研究证明了空间是无处不在的，这就告诉我们永远没有最小的东西，我们已经看到的微小粒子里面还包含更小的粒子，而且它们之间还是有间隙的，这就是空间永远可以无限发掘下云的理由。从宏观的角度而言，我们说到太阳系、银河，一个比一个大，总之宇宙的边界是无法想象的。因此，我认为空间的问题无论是在科学也好，还是在哲学也好，在建筑学也好，在美学也好，都是一个共同的话题。这也就意味着，一切存在最重要的特征，"时间"是一个，"空间"也是一个。但是从视觉和体验的角度来讲，空间还是能够去描述的。在我看来，空间就是在无限中的有限，是通过限定的方式而形成的一种相对稳定的感受和认知。

下面我将通过两个案例来说明，在不同的尺度之下，创造空间的方式也是完全不同的。一个案例是行为艺术家苍鑫的作品，这张图片是苍鑫在2003年做的一个行为艺术作品，他冬天赤身躺

苍鑫，天人合一系列——大圈，2003 年
图片来源：苏丹

成都大地艺术节，《空镜》，王宁、廖邦铭，2016 年 10 月
图片来源：王宁

在一个封冻的冰面上，在他周围是蹲着观望的一圈人，这时，一个仪式的空间便形成了。在这里，他营造仪式的语言是空间的，在空间中着装、舞蹈、音乐都是为了营造空间氛围。另外一个案例是 2016 年我在成都做的大地艺术节。当时共筹划了五个项目进行展示，整个区域是一片 8000多亩的花海，我们的作品展示核心区大概占了其中的 1200 亩。这样一来，创作就一定要关注场域里的空间要素，作品的大小要符合空间尺度关系，并和环境的场所精神形成互动。《大地之音》这组作品，就是用了太阳能的发声器（只要有阳光就会发出音乐），其中植入的音乐也是专门谱写的（作曲我邀请了音乐家张荐）。在现场，3000 多个音箱发出响声的时候声音是巨大的。另外一个作品是三位艺术家合作的《空镜》。坐在直升机上的视角能令你感受到图形的力量，它们都在反光。还有一个作品是我们雕塑系魏二强老师做的《和弦》，他使用了 2000 多把染了粉色涂料的扫帚，与一个小岛上的原有绿植组成了风景；雕塑家董书兵则是把他在甘肃做的一个作品缩小了十分之一放在了草坪上……

苏丹、张荐、王国彬，《大地之音》，成都大地艺术节，2016 年

图片来源：苏丹

董书兵，《大地之子》，成都大地艺术节，2016 年

图片来源：苏丹

艺术的意义和其创作的价值观也一直在发生变化。经过多年的行走和研究，我看到艺术展览空间的形态存在一个发展的趋势，艺术形式和建筑风格存在着天然的联系，它们都是抒情、叙事的手段。甚至于我们在更加广泛的艺术范畴进行比较后会发现，视觉艺术和建筑设计存在着更为密切的关联。艺术的形态愈发丰富多元，对应的展览空间也就必然随之发生变化。模仿论决定的艺术有模仿论决定的空间与之对应；现代空间理论指导下生成的建筑同时对应的是机械复制论。所以一直以来，理论在深刻地影响着艺术形式，那么当代艺术的展览空间又会和社会视觉文化以及艺术的生产形成新的关联。下面我们就开始逐一对它们进行分解。

先来看古典艺术展览空间，这类空间多是利用了一些现成的办公建筑或宫廷建筑甚至教堂空间，其第一个属性是收藏，第二才是适度的展示。比如说世界上第一所艺术博物馆——乌菲齐美术馆（The Uffizi Gallery），它原本是美第奇家族的一个办公楼，后被用作展品收藏的空间，后来又逐渐成为一个向外展示的公共场所。和展览空间美学相比，乌菲齐的收藏闻名于世，令人叹为观止。我在今年9月去佛罗伦萨的时候见到了前任馆长安东尼奥·纳塔利（Antonio Natali）教授，他表示直至现在，依然会从收藏中不断产生新发现，发现很多过去被美术史忽略的，对文艺复兴时期具有重要影响的艺术家。

现在我来展开一个比较有争议的话题，就是关于艺术品和空间的关系问题。本位主义造成了空间设计师（建筑师、室内设计师、景观设计师）和艺术家、策展人各执一词，互不相让。空间的语言和艺术品的语言会形成一定的竞争，城市公共空间和野外环境尚好，但对于单体艺术博物馆建筑空间来说，待艺术品陈列之后，它们在观众面前互相竞争话语。旧时代里，做空间叙事的那些壁画或者装饰，和存在于建筑内的藏品、雕塑，它们原本的类型和作用是一样的，所以很容易混淆。但是为了看上去不要太过零乱，就需要在这里面形成一种秩序，毕竟艺术要服从于空间的安排。我们可以看到，大英博物馆的建筑走廊的装饰和雕塑形成了对应关系，过厅依然遵循了这种关系。这时候艺术品的独立性就弱了，依然是附着于空间和空间装饰之下的。

另一个案例，纽约的大都会艺术博物馆台阶高大，空间装饰氛围很浓重，建筑立面上的装饰和带有装饰的窗户很多。但我们会发现艺术品在里面的陈列状况显得比较零乱，比较随意。在过去的条件下，我们依然觉得大都会艺术博物馆的氛

成都大地艺术节，2016年10月
图片来源：苏丹

331

围也是很迷人的，这是因为我们观念和视野的局限。在比较过现当代的建筑对艺术品的关照程度以后，我们对艺术品的认知和感受会是截然不同的。我认为在现代主义体系内，空间的艺术贴切程度还是在不断优化的。大都会的收藏的确非常厉害，过去我们也许会认为它的展览条件不尽如人意，于是我们看到这个庞大的建筑也在不断地改造，而内部展览空间的趋势则呈现出带有装饰的东西越来越少，更注重采光、风景和观赏艺术品之间的关系。建筑变得越来越抽象，建筑空间的美学语言变得越来越中性，这就给了收藏品和艺术品更大的表达空间。

在艺术品与空间的关系方面我还想说一个例子，是关于美国国家美术馆的发展脉络背后的理念变化。美国国家美术馆的老馆和 20 世纪 70 年代建的新馆，它们在观念和形态上表现出来截然不同的东西。老馆是新古典主义风格的建筑，空间的序列依然是对称的和线性的，但是其空间组合的方式则是串联的，就像古典音乐一样按照时间线去展开，往往既有纵向轴线，也有横向轴线以展开不同的部分。另外从老馆的外立面上我们看到了该建筑的封闭性，古典造型貌似神圣威严，

大台阶依然存在，表达了和大众的一种割裂意识。其传递的信息就是艺术品高高在上，美术馆如同殿堂一般。其内部空间的联系也非常严谨，通过连廊把人们导向不同的展厅，展厅里具象的装饰已经去掉了，但是隆重的线条还在。然而，这个馆到了六七十年代，因为藏品不断增加的原因，就需要扩大它的空间，最终华裔建筑师贝聿铭获得了这个项目。当然，这个过程我也觉得蛮有意思，据说基金会开始找到路易斯·康，但是他表现得漫不经心，基金会的人对此也感到很无力。之后找到贝聿铭事务所后则大不一样，贝聿铭的态度非常友善，充分展示了东方社交的魅力，最后这个项目便顺理成章地交由贝聿铭事务所设计。当然这对于贝聿铭个人发展而言也具有里程碑的意义，确立了他在现代建筑历史中的位置。因为艺术博物馆是著名建筑师必争之地，顶级建筑师在艺术博物馆、歌剧院这种文化类标志性建筑上的竞争必定是非常激烈的，他们需要在这些万人瞩目的项目上展现自己的观念，施展自己的才华。最后贝聿铭的方案以一个非常简洁的、雕塑感很强的建筑形态亮相，技惊四座。我们看到在这个方案中它高大的台阶消失了，我认为这和政治有关。民主的诉求会体现在公共建筑上，大台阶的消失意味着这个美术馆和公众的关系是直接的，它会和都市的公共空间融为一体。更为重要的是建筑内部空间形态的变化，我们看到这种复合性的空间形态是非常生动的，建筑变成了容器，内部充满活力；空间在流动，延展，贝聿铭展示了他令人眼花缭乱的空间组合能力。相比之下古典的建筑空间像一个进化初期的生物，它是原始的、单一的、线性的，但是到了现代主义盛期，已经变成了复合的形态，是相互交合、彼此渗透的。

深入而言，我们会发现空间美学被提出来之后，当展品缺席时，这个空间看上去依然是完整的。

但古典的展厅无论是纽约大都会博物馆也好，大英博物馆也好，乌菲齐美术馆也罢，当展品缺席的时候，建筑中会显得空空荡荡。因为古典建筑奉行的不是空间美学，它一直期待着有内容加入进来。现代主义的展厅则不同，就像一台收音机有两个互相不冲突的频道，它的空间美学是独立存在的，和之后置入的艺术品互相没有什么太多的干扰。贝聿铭先生这个作品在 20 世纪 80 年代对中国建筑的影响很大，那时候中国学界只看到了它的一面，即老馆和新馆之间构筑的一种和谐关系。这是一个非常开放的建筑，是世界博物馆的空间中第一个设有冰淇淋店的。另外就是这个现代美术馆里面有了旅游团，有了导游拿着喇叭在做介绍的生动景象，不再像过去那种让人大气不敢出的殿堂，而更像街区，更人性、更社会化了。此外，馆里放置的雕塑也变了，美术馆门厅上空悬吊着一个活动的雕塑，当室内气流波动的时候，雕塑也微微在旋转和摆动。

我们知道过去无论艺术还是空间，追崇的都是静态的东西和有距离感和永恒性的东西。现代主义开始，所有的东西都开始具有运动的趣味，比如建筑中的自动扶梯、景观电梯、可开合的屋顶，家具设计要便于挪动，灯具要设计成色温和照度可调节的等。当代就动得更厉害了，当代的"动"已经成为事物表象中的一种属性。艺术博物馆中艺术和观众有了更多的互动，艺术家甚至开始在现场创作。展厅中的艺术作品经常在里面生成，空间是生成它的一个载体和环境，而不仅仅是展示它的地方。影像艺术的变化会更多，活动雕塑居然有了自己的组织。我在 20 世纪 80 年代的时候看到美国国家美术馆东馆的时候，曾和老师发生过争执，那时候老师们总是强调东馆的成就在于新旧互相妥协，而我认为还是在于它的本体。我们过去从来没有见过空间形态这么丰富的美术馆，设计手法非常有技巧，使用的是现代艺术的造型语言。组合手法上非常丰富。着重于本体的魅力就是创造新的空间形态，妥协是一个基本态度，但不是本质。本质是空间形式已成为历史样式，这并不是因为它是最好的，而是因为建筑师开创了一种新的模式。这种模式在早期一定是有很多残缺的，比如赖特设计的古根海姆美术馆，他首先拿出了一个惊世骇俗的方案，即把人先通过电梯运到楼顶，然后再让人们顺着螺旋的坡道下来，一边行走一边观展。古根海姆开始运行的早期，它的交通和展示空间存在的矛盾一直被一些人诟病，但这并不能妨碍它成为一个伟大建筑。古根海姆美术馆中的展览空间始终围绕着一个大空间，观众的路线也是一直环绕着它而行进，它开创了今后半个多世纪的美术馆公共空间模式。

在我看来，当今所有当代艺术的博物馆，包括未来的中国国家美术馆，可能都会拥有一个巨大的有复合性的公共空间。在这样的空间里面人和人会有更多、更便捷的交流，它是一个流动的、整体的、复合的新型空间形式。这种新型的空间体现着空间美学趣味的变化和意识形态的变化。但是古根海姆美术馆在功能方面还是存在一个问题，它并没有解决线性流线的问题，从设计人文关怀的角度来说，线性的、单向的交通还是不够民主，它太过强制性了。而今天的博物馆可能在这方面做了很多优化。这个方案在当时被人诟病的主要原因在于展品布置和人走动之间的矛盾，但是在今天看来这早已不是问题。因为今天的观展行为中凝视一件作品的情况似乎越来越少了，更多是在观展过程中反复打量，甚至会不断变换视角，如平视、仰视、俯观。古根海姆这个馆在业内享有很高的声誉。2016年我和它的亚洲部主任梦露女士见面，她是充满批判性的一位女性，见面的第一句话就说："为什么中国还在用'美术'这个语汇！'学院'也是很陈旧的东西，未来可能是不应该存在的。"我对此表示赞同，在清华美院讲《学院5.0》时，我也曾提到此事。她表示，当代是动感十足、变化无穷的时代，我们身在其中，更多的应是记录和观察。在当代的艺术空间里更强调作品在此的生成，作品和观众的互动。

同时，新的艺术形式也发生了变化，甚至建筑本身也变成了一种传递观念的媒介。下面我给大家举几个例子，这是在韩国首尔三星集团自己的美术馆，三星美术馆的设计请了三个建筑师，这也是建筑史上很少见的。过去一个场地中的建筑设计大多只能做一种表达，而三星集团则破天荒地邀请三个建筑师同时同地做出了完全不同的表达。但令人钦佩的是，最终他们的作品让人们感到既有变化，又不失协调，这个拼盘式的设计方案令人愉悦，它们有效地分解了艺术中时间维度上的复杂性，并更加妥帖地予以应对。2005年我在宋庄参加了一个叫作"阁"的展览，当时有一个艺术家做了个"自由女神"，挺个大肚子举个火把，作品名称是："只要是我怀的都是我的"。

就韩国的当代艺术发展历程而言，我想发表一些个人的见解。韩国的传统文化艺术在世界文化范畴来看识别性并不算高，但这些年它在现当代艺术上发展迅速，我认为和它的包容性、开放性有关。以三星美术馆为例，这三个建筑师的作品代表着三个时期。那就是韩国艺术的历史三阶段，包括传统、现代和未来，土红色的那部分就是马里奥·博塔，他强调建筑的永恒性，把历史变成了一个建筑性的符号。三星博物馆把多元性混杂放在一起，让该稳定的稳定，该流动的流动，该发生冲突的发生冲突，三种不同的空间形态，我觉得这或多或少能反映出今天的审美趋势。韩国的一位建筑师曾解释说，韩国今天的文化经常被称作"拌饭文化"，尽管元素是多元的，但如果方法得当，拌在一起依然好吃。同时每个东西都保持它鲜明的特点，胡萝卜还是胡萝卜的样子，青菜还是青菜的颜色，大米还是那么晶莹透亮。重要的是辣酱（而融合在了一起），这是代表他们民族性的核心东西。也就是说，民族性的东西反而变成了一种媒介来调和多元文化。按照这个思路再看那三个建筑师个人的主张也不一样，三个人放在一起彼此估计都互相看不上，但这些问题都被三星集团

韩国光州双年展
图片来源：苏丹

用类型学的方法很巧妙地解决了。三星美术馆是一个非常典型的当代设计案例，使观念的价值超越了视觉习惯。

这些年我去看韩国光州的双年展感触很深。在非常先锋的当代艺术展览中，往往有血腥的，又有暴力的、情色的这些内容。但令人惊讶的是，在韩国像这种展览不仅鼓励中小学生现场观看，也允许幼儿园的小孩进去看。所以说，当代韩国人的审美习惯中，其"心脏"已经得到了反复锤炼而变得很大（承受力很强）。这两年韩国电影发展的势头非常猛，和其现当代艺术发展有关。我认为也和这个心理训练是有关系的，因为它一直存在高度的环境刺激，在这样的母语环境中，艺术表达一旦发力其量级就会很大。所以整个环境是造成民众审美习惯的基础，这种基础非常重要。韩国的艺术是从现代主义崛起的，实际上我们看到对于他们的传统艺术，如果拿到中国文化体系进行参照的话，那种陈列在艺术博物馆之中的传统绘画、陶瓷、漆艺等艺术品的品相都不算太高，他们一流的绘画在中国顶多算二流。但是进入现代主义以后，他们采用的这种开放态度以及和发达国家频繁的交流，导致韩国艺术有了非常迅速的发展。

335

刚才我们大概讲了一下当代展览空间的其中一种类型，即像三星美术馆这样敢于把三种不同类型并置在一起的多元文化空间组合模式。还有一种类型，是把艺术展览空间视作文化生产和艺术生产的空间现场。其实这种现象过去在旅游业倒是挺普遍的，比如让游客走进生产车间观看当地工人在生产制造的场景，谓之体验式工业旅游。艺术现在好像也在朝这个方向发展，较为典型的像伦敦泰特美术馆。泰特过去是一个发电厂，当这个工业建筑遗产变成艺术空间之后，被转化成为一种生产社会的能量，因此，如果我们从文化遗产保护和艺术生产的双重价值来考虑的话，这个工业建筑的特征都被保留了下来，它成为举世瞩目的当代艺术圣地。泰特美术馆现在每年都会有大展，而这种大展都是"伤筋动骨"的，动作非常大，几乎每个都是大型工程。当然也有很多极端的例子，比如 2007 年的一个作品《负面空间》（*Shibboleth*），在泰特美术馆的场地里面平摊了几十厘米厚的水泥，这层厚厚的水泥自然龟裂之后形成一个巨大的裂缝，这道裂缝就是一个醒目的造型，也就是说这个作品本身是在空间产生的。其实，这个作品隐喻了犹太人逃离埃及历史过程中的叙事，即便不提及艺术作品所隐喻的历史叙事，我们依然会被这种景象所惊愕。

苏丹在韩国设计国际大会做专题报告
图片来源：苏丹

此外我还想谈一下空间的语法，它是基于空间类型性质的日常性行为模式，也就是让空间中发生的场景和日常产生某种关联，会带入场所中的熟悉感，并令其和作品的核心思想建立一种相互辅助的结构关系。比如说在 2013 年威尼斯建筑双年展中有一个艺术展，这个策展人是我在米兰的一位朋友，后来曾在上海喜马拉雅艺术中心作国际部主席（李龙雨的国际顾问）。2013 年我和这位策展人在米兰相识，然后相约在 7 月威尼斯看他所策划的展览。看这个展览的过程蛮有意思的，在前后两个小时左右的时间里，我从威尼斯人的日常自然而然地进入艺术现场。我有个习惯，在欧洲游走时有时会到教堂里坐一会，感觉到在那种神圣之地会自然而然产生一种肃穆敬仰的心绪。我不是信徒，但觉得人有时候安静一下挺好。那天早晨从酒店出来散步，我正要走进旁边一个教堂时，教堂门口的人示意让我进来在门口驻足等候，这时我才发现教堂门大开着，里面盛放着一口棺材。不一会儿人们就把这个覆盖着鲜花的棺材从教堂里抬出来，目送它被抬上一艘快艇，然后在众人的掌声中驶离。这是我第一次见证威尼斯人的葬礼。看完这个现场以后我就去赴约看朋友的展览，当他把我带到这个展场的一瞬，我浑身立马起了一身鸡皮疙瘩。他这个展场就像是教堂里放着类似棺材一样的这么几个钢板制作的铁屋子，但那种场所空间生产的内心和身体震撼是很强烈的。我意识到，这种空间中的行为习惯和空间的景象，与天主教堂和威尼斯乃是一种仪式规定的传统，习俗是接地气的。

另外一个展览他设置在了河对岸的小岛上，所以一个展览其实被他拆分成了两个部分，并对应着上下文关系，需要坐游艇到那个岛上去看。这两个展览在内容上就会有一种既有逻辑上的关联，在空间上又有非常巧妙的物理性关系。看展的过程需要穿越阳光明媚的广场、河岸，还需要穿越波光粼粼的水面，这似乎是策展人有意而为之的。

在此，我还想列举另一个非常经典的案例，也就是安藤忠雄设计的威尼斯海关艺术博物馆，这也是目前威尼斯最好的艺术博物馆。说到日本当代建筑师，他们对全球建筑界的影响真是挺大的，他们已经通过不懈的努力获得了欧洲人的信任。这里原本是一个历史建筑，面对这样的一个破败不堪的建筑遗产，安藤忠雄充分展示了他精耕细作的特点。在对旧建筑的改造翻修上，在防水、地下基础的修复，以及建筑本体构件的修缮、加固表现上，充分展示了亚洲人特有的一种耐心，据说完成之后欧洲人也很服气。同时，他在这个空间重构的过程中，也注入了一些自己特别的观念和手法。他能够把自己的空间叙事语言和建筑遗产保护非常完善地综合起来。他在空间中嵌入了具有自己形态特征的清水混凝土空间，通过夹层的增加丰富了建筑内部空间层次，又通过增加垂直交通内核把整个建筑的流线整理顺畅。他通过精细无比的建筑修复提高了建筑结构性能，又注重让建筑保持时间的痕迹。这是一个具有新气象的艺术博物馆，这个博物馆的展品基本上是没有传统艺术的，全部是现当代艺术，绘画、雕塑、影像、装置……另外在这个馆里面我们看不到作品的标签，这是一个很具启发性的动作。充分表达了对观众的尊重，让观者独立地对作品进行评判、理解和诠释。当然它的展品也都是现当代艺术史的巨作，我们能看到意大利先锋艺术家毛里齐奥·卡特兰（Maurizio Cattelan）的作品，一匹马头撞没在厚重的充满历史气息的墙体里，身体悬在空中；这个作品惟妙惟肖地体现了对现实的批判和怀疑。在它改造的数年时间里我始终关注这个由东方人主持的项目，之后这个馆成为我每次必去的地方，因为它的空间体现了一种威尼斯的历史感，同时也具有东方气质，它是两种文化、两个时代气息相混合之后的杰作。

下面再给各位介绍一个我个人近期策划的公共艺术案例。去年上海空间艺术季，我在浦东民生银行码头大粮仓做了一个艺术装置项目。原计划想把它做到大粮仓的外观表面上，就像是给粮仓建筑盖了一个代表合法性的图章，所以我原先想做一个"饿"字，因为我觉得"饿"和粮仓的存在有一个逻辑关系，因为没有饥饿就没有粮仓，粮仓是用以解决饥饿问题的。后来相关部门不同意这种"负能量"的表达，不让做"饿"，就让我把这个装置放到筒仓里面。于是我就转而写了个"饱"字，这个想法很快得到了认可。另外给我提供的空间选择也在不断变更，我只好不断调整方案。我这个艺术装置是在过去寺庙里用于播放佛教音乐的小装置改造的，只要有太阳能就响，作曲选择了刺激肠胃的频率（这在医学上是有说法的）。后来这个作品也受到了很多好评。为了稳定每一个声音源，就用不同的瓷碗做成了它的底座。通过碗也就形成了一个个反射装置，同时解决了在粗糙水泥地上能稳定的问题。所以

威尼斯海关大楼博物馆
摄影：苏丹

说，如今很多艺术创作都是结合空间的现场和条件去处理的，因此我们一定要对空间有一定的认知，并针对空间去调整作品。

这些年以来，我除了从事空间设计方面的教学和社会实践工作，也主持了数十场当代艺术的策展工作。我个人的空间观念也在变化，由单一的现代主义空间美学的表象，进入其内核深入了解。我意识到空间是物质支撑的，更是观念的，同时还是身体的。好的空间不仅仅有着文本上的意义，工程上的支持，它还要能在现场触动在场者的身体，然后让感动由表及里直至内心。这种感动既可描述又不可描述，所以说空间语言具有混沌的属性。而另一个现实就是长久以来知识领域的割裂所形成的后果，建筑师、艺术家、策展人都要警惕！

最后我想说，当艺术真正走进生活了，它不再是有距离感的，不再是架上的。

图书在版编目（CIP）数据

设计的课：苏丹艺术设计十二讲 / 苏丹著 . —北京：中国建筑工业出版社，2023.3
ISBN 978-7-112-27841-1

Ⅰ . ①设…　Ⅱ . ①苏…　Ⅲ . ①艺术—设计—研究
Ⅳ . ① J06

中国版本图书馆 CIP 数据核字（2022）第 158680 号

责任编辑：费海玲　焦　阳
书籍设计：张悟静
封面设计：王　宁
责任校对：王　烨

设 计 的 课
苏丹艺术设计十二讲

苏　丹　著

＊
中国建筑工业出版社出版、发行（北京海淀三里河路 9 号）
各地新华书店、建筑书店经销
北京雅盈中佳图文设计公司制版
北京中科印刷有限公司印刷
＊
开本：889 毫米 ×1194 毫米　1/24　印张：14⅚　字数：428 千字
2023 年 3 月第一版　2023 年 3 月第一次印刷
定价：**78.00** 元
ISBN 978-7-112-27841-1
（39973）